本书是全国教育科学"十二五"规划课题青年项目
"流浪儿童生命教育的实践研究"（CEA12114）最终成果

流浪儿童
生命教育的实践研究

王丹丹　著

科学出版社
北京

内 容 简 介

本书在以往研究的基础上,以重庆市救助管理站的未成年人救助保护中心为实践研究的场域,对流浪儿童的基本概念、特征、救助模式进行了介绍,按照生命教育的内容和目标,并结合工作实践中救助的流浪儿童群体,对优势视角下流浪儿童生命教育模式建构及其实践过程、技巧进行了探究,帮助流浪儿童发现自己的潜能和存在的价值,为他们重新融入社会提供可能。

本书可供教育学、心理学等专业的师生阅读和参考。

图书在版编目(CIP)数据

流浪儿童生命教育的实践研究 / 王丹丹著. —北京:科学出版社,2018.7

ISBN 978-7-03-058187-7

Ⅰ.①流… Ⅱ.①王… Ⅲ.①流浪-儿童-生命哲学-儿童教育-研究-中国 Ⅳ.①D669.5

中国版本图书馆 CIP 数据核字(2018)第 140877 号

责任编辑:任晓刚 / 责任校对:韩 杨
责任印制:张 伟 / 封面设计:楠竹文化

科学出版社 出版
北京东黄城根北街 16 号
邮政编码:100717
http://www.sciencep.com

北京教图印刷有限公司 印刷
科学出版社发行 各地新华书店经销

*

2018 年 7 月第 一 版   开本:720×1000 B5
2018 年 7 月第一次印刷   印张:17 1/4
字数:300 000

定价:82.00 元

(如有印装质量问题,我社负责调换)

前　言

当前，对于流浪儿童的研究主要从"问题视角"入手。这一研究视角下的流浪儿童救助理论强调服务对象问题的产生是由其缺乏某种能力而引起的；问题的本质需要专业人员的诊断和评估确定；问题处理的目标是帮助服务对象弥补不足和缺陷。问题视角下的救助模式不仅没有为流浪儿童群体创造改变环境的可能性和积极性，甚至其过于强调流浪儿童的偏差行为而刻意忽视流浪儿童的优势和长处，反而造成外界对流浪儿童的刻板印象和固有偏见，并将他们标签为"不受社会欢迎的人"，致使流浪儿童陷入社会的边缘地带。

本书以"优势视角"取代"问题视角"，肯定流浪儿童的优势所在，突出优势在流浪儿童转变过程中的重要地位。鉴于流浪儿童本身所处的环境特性，我们将"抗逆力"视为流浪儿童的优势之一，把如何提高流浪儿童的抗逆力作为本书的讨论核心。以 Richardson 对"抗逆力"的划分方式作为提升抗逆力的条件和判断依据，在此框架下寻找救助方法和实施手段。最终，发现生命教育的价值理念、内容、对人员的素质要求等能够培养流浪儿童正向抗逆力。

因此，如何实现流浪儿童抗逆力水平的提升，使其具有正向化解危机的能力并顺利回归社会是流浪儿童救助保护的核心目标，而教育是实现该目标的关键环节。所以，采用何种形式、内容的教育以回应抗逆力模型中的各项因子，进而真正帮助流浪儿童达成由非常规途径抗逆力向常规途径抗逆力的转变是本书的重点所在。然而，生命教育作为一种全新的教育价值体系，认为每个生命都是独一无二的。其始终强调个体的独特性与价值性所在，肯定个体的优势，这一教育理念恰好为本书研究流浪儿童的生命教育提供新的视角。

目 录

前 言 ·· i

第一章　流浪儿童 ·· 1

第一节　流浪儿童的概念界定 ·· 1

第二节　流浪儿童的基本特征 ·· 5

　　一、生理特征 ·· 5

　　二、性格及行为特征 ··· 7

　　三、其他特征 ·· 8

第三节　世界各地流浪儿童救助模式 ····································· 11

　　一、国外救助模式 ··· 11

　　二、国内救助模式 ··· 21

第二章　生命教育 ·· 30

第一节　生命教育的界定与发展历程 ···································· 30

一、生命教育界定 ……………………………………………… 30
　　二、生命教育的发展历程 ……………………………………… 33
第二节　生命教育的内容与目标 ………………………………… 39
　　一、生命教育的内容 …………………………………………… 39
　　二、生命教育的目标 …………………………………………… 48
第三节　生命教育的实施 …………………………………………… 51
　　一、生命教育在学校层面的实施 ……………………………… 51
　　二、生命教育在家庭层面的实施 ……………………………… 62
　　三、生命教育在社会层面的实施 ……………………………… 63

第三章　抗逆力的提出 ……………………………………………… 65

第一节　抗逆力的界定 ……………………………………………… 65
　　一、抗逆力是一种能力、潜能、特质 ………………………… 66
　　二、抗逆力是适应良好的结果,而不是固定的特质 ………… 66
　　三、抗逆力是危险因素和保护因素在某一时间点上
　　　　相互影响博弈的过程 ……………………………………… 67
第二节　抗逆力的学理解读 ………………………………………… 68
　　一、抗逆力内涵的解读 ………………………………………… 68
　　二、抗逆力运作模型解读 ……………………………………… 75
第三节　抗逆力研究的历史演进及特点 …………………………… 79
　　一、抗逆力的历史演进 ………………………………………… 79
　　二、抗逆力研究的特点 ………………………………………… 82
第四节　抗逆力视角下对流浪儿童进行生命教育的
　　　　优势分析 …………………………………………………… 83
　　一、流浪儿童与抗逆力 ………………………………………… 84
　　二、流浪儿童与生命教育 ……………………………………… 86

三、抗逆力视角下流浪儿童生命教育优势 …………………… 89

第四章 优势视角下流浪儿童生命教育模式建构 …………… 94

第一节 抗逆力模式回顾及反思 ………………………………… 94
一、问题视角与优势视角 ………………………………………… 94
二、流浪儿童抗逆力的提出 ……………………………………… 96

第二节 基于优势视角建构流浪儿童生命教育模式 …………… 105
一、抗逆力模型的重构 …………………………………………… 105
二、生命教育的提出 ……………………………………………… 106
三、流浪儿童生命教育的具体模式建构 ………………………… 108

第五章 研究计划 ……………………………………………… 116

第一节 研究内容 ………………………………………………… 116
一、课程设计 ……………………………………………………… 117
二、人员专业性要求 ……………………………………………… 119

第二节 研究意义 ………………………………………………… 120
一、理论意义 ……………………………………………………… 120
二、实践意义 ……………………………………………………… 121

第三节 研究方法 ………………………………………………… 123
一、行动研究 ……………………………………………………… 123
二、访谈法 ………………………………………………………… 124

第四节 研究评估 ………………………………………………… 127
一、评估指标体系内容 …………………………………………… 127
二、评估指标体系操作化 ………………………………………… 131

第五节 研究框架 ………………………………………………… 132

一、研究假设 ……………………………………………… 132
二、研究框架 ……………………………………………… 133

第六章　生命教育在重庆市某流浪未成年人救助保护中心的实践过程 ……………………………………… 134

第一节　重庆市流浪儿童的救助 ………………………… 135
一、重庆市某流浪未成年人救助保护中心 ……………… 135
二、需求分析 ……………………………………………… 137
三、流浪儿童生命教育课程实施的重要性 ……………… 142

第二节　流浪儿童生命教育课程设计 …………………… 147
一、把握生命教育主渠道 ………………………………… 147
二、流浪儿童生命教育课程设计 ………………………… 153

第三节　流浪儿童生命教育课程的开展 ………………… 164
一、生命教育实施者的角色分析 ………………………… 164
二、流浪儿童生命教育实施操作分析 …………………… 172
三、流浪儿童生命教育的具体开展 ……………………… 176

第四节　流浪儿童生命教育评估 ………………………… 196
一、流浪儿童生命教育评估体系构建 …………………… 196
二、流浪儿童生命教育评估 ……………………………… 206

第七章　实施流浪儿童生命教育的技巧 ………………… 220

第一节　解说技巧 ………………………………………… 221
一、经验学习法 …………………………………………… 222
二、三阶段引导模式 ……………………………………… 223
三、"4F"扑克经验反思法 ………………………………… 227
四、漏斗法 ………………………………………………… 229

五、六阶段发问模式 …………………………………………… 229

第二节　人际沟通技巧 ……………………………………………… 230

　　一、倾听技巧 ……………………………………………………… 231

　　二、引导技巧 ……………………………………………………… 232

　　三、反映技巧 ……………………………………………………… 235

　　四、影响技巧 ……………………………………………………… 237

第八章　流浪儿童生命教育的未来发展前景 ……………………… 240

　　一、流浪儿童生命教育符合我国社会救助体系的
　　　　发展趋势 …………………………………………………… 241

　　二、流浪儿童生命教育顺应我国教育理念的转变方向 …… 243

参考文献 ………………………………………………………………… 246

附录一　Piers-Harris 儿童自我意识量表（PHCSS） ……………… 254

附录二　一般自我效能感量表（GSES）简介 ……………………… 260

后　记 …………………………………………………………………… 262

第一章 流浪儿童

第一节 流浪儿童的概念界定

儿童流浪现象作为一个普遍性问题，早在17世纪，英国伊丽莎白女王就在《济贫法》中制定了预防儿童流浪行为的救助措施。这一时期，流浪儿童的概念尚未出现，西方国家仅限于从源头上采取预防措施，尽量减少儿童流落街头现象的发生。直至19世纪，第二次工业革命致使流浪儿童数量不断增加，这类群体才引起西方各国学者的关注。此时，流浪儿童概念初步形成并在一定范围内开始使用。而后，随着《儿童权利公约》于1989年由第44届联合国大会通过，越来越多的国家开始加入并致力于儿童保护的事业中来，流浪儿童群体逐渐得到各国政府的重视。自此，学术界就流浪儿童概念展开热烈讨论。

目前，国际上统一引用《儿童权利公约》中关于流浪儿童的定义。即指18岁以下离开家人或监护人，在外超过24小时且无可靠生存保障并最终陷入困境的未成年人。而实际上，受不同地域的政治、经济、文化和社会形态差异的影响，学者对流浪儿童概念的理解和定义各不相同，分歧点主要集中在两个方面：一方面是关于"流浪"一词的解释；另一方面是对儿童年龄范围的限定。

　　首先，从文献资料来看，学者多围绕"流浪"一词展开研究，意在通过表述儿童"流浪"时所呈现的具体生活状态，包括从居住场所、谋生手段、与家庭联结的密切程度、流向特征、流浪原因等方面来界定流浪儿童的定义，并形成了差异化概念。如迁移流动儿童（migrant children）、乞讨儿童（begging children）、无家可归儿童（homeless children）、童工（working children）、流浪漂泊儿童（vagrant children）、被拐卖儿童（trafficked children）。其中，由二分法得出的定义受到国外学者的普遍认可，此类方法主要以流浪儿童的居住方式为标准，将其划分为不完全流浪（the children on/in the street）和完全流浪（the children of the street）两种类型。不完全流浪指的是儿童并未彻底与家人断绝联系，仅为维持生计而选择白天在街头流浪，晚上回归家庭。完全流浪则强调儿童已经脱离家庭，游荡街头。参照国外学者所采用的二分法界定方式，国内学者结合中国本土的政治经济面貌及社会形态，又相继提出了三分法、四分法。郑颖虹将流浪儿童分为三类。第一类是在街头生活的儿童，这类孩子已经完全脱离家庭，得不到家人的任何支持，他们在街头工作、生活而且过夜。第二类是在街头活动的儿童，这类孩子白天在街头工作或玩耍，晚上回家过夜，他们与家人保持着规律性的联系。第三类是作为随行者的流浪儿童。这类孩子因为跟随或依赖着父母、兄弟姐妹、其他亲戚或非亲戚的成年人过着流浪生活，所以一起在街头生活并过夜①。刘日飞针对目前中国儿童的流浪情况，在二分法的基础之上引申出第三类流浪儿童，即指受家庭经济因素、父母文化水平的影响，被一些思想闭塞的父母出租给利用儿童谋取暴利的不法分子，而游走于大街小巷的受困儿童，他们主要以乞讨、卖艺甚至偷抢等方式谋生②。安怀世从讨论"流浪"一词的概念出发，引入四分法概念。他依据流浪儿童的居住方式和关系网络将其划分为与

---

① 郑颖虹：《宁波市流浪儿童救助多方合作模式研究》，上海：同济大学硕士学位论文，2008年，第6—7页。
② 刘日飞：《社会工作在流浪儿童救助中的介入及其意义》，《福建行政学院学报》2011年第1期，第62—68页。

家人分离后独自生活、与家人分离后与群体生活、与家人同住但在街头谋生、与家人同住但在街头游荡四种类型①。这与国外某些学者的意见具有共通之处。此外，部分学者就"流浪"一词的本质特征展开研究，对流浪儿童做出概括性定义。严海波等人指出，流浪儿童是指由于居无定所、四处游走且没有法定监护人的监护，而处于一种自立与被监护中空状态的弱势群体。②赵维泰通过个案调查和对某救助中心的部分流浪儿童档案资料的分析，得出流浪儿童是脱离了监护人及抚养人的有效能力范围，无固定居住场所，只有依靠自己才能满足衣食住行基本物品、生活资料，处于边缘性生存状态的那部分儿童。③关傲然依据流浪儿童社会环境的转变规律，强调流浪儿童是脱离一种特定环境的弱势群体，其中特定环境是指有利于儿童完成社会化过程并对儿童发展有所保障的地方。④

其次，就儿童概念的界定，国内学者一直争议不断。我国政府依据国际《儿童权利公约》中流浪儿童的内涵将流浪儿童定义为完全脱离家人和监护人、连续超过24小时生活在街头、无可靠生活保障的18周岁以下的少年和儿童。对于这一定义，有学者提出不同看法。其中，薛在兴结合目前《未成年儿童保护法》，以及流浪儿童自身的情况，认为16岁以上的儿童已具备胜任一定工作岗位的能力，尚未完全失去生活保障。因此，他主张将流浪儿童的年龄范围由原先的18岁以下更改为16岁以下，即把流浪儿童认定为16岁以下的离开家人或监护人在外流浪超过24小时且无可靠生活保障的人。⑤这一划分依据得到了凤阳阳等学者的认同和援用。⑥由此引发一个问题，流浪儿童的年龄上限究竟是16岁还是18岁？哪种更为合适，目前依旧不明确。

---

① 安怀世：《流浪儿童问题的国际背景和干预途径》，《社会福利》2002年第10期，第28—34页。
② 严海波，隋树霞，徐成：《关注中国城市流浪儿童——徐州市流浪儿童状况调查》，《青年研究》2005年第2期，第8—11页。
③ 赵维泰：《关于中国流浪儿童问题的调查分析》，《中州学刊》2005年第4期，第98—101页。
④ 关傲然：《流浪儿童救助模式若干问题研究》，武汉：华中师范大学，2012年，第15—16页。
⑤ 薛在兴：《流浪儿童问题研究述评》，《中国青年政治学院学报》2009年第6期，第17—22页。
⑥ 凤阳阳：《我国流浪儿童救助现状评估——从儿童福利政策视角》，《商界论坛》2014年第1期，第349、353页。

与此同时，笔者在整理文献时发现，目前国内学者仅限于探讨流浪儿童年龄上限问题，而对其年龄下限尚未做出清晰界定。菲律宾政府就界定流浪儿童的年龄范围为 5—18 岁，越南政府则将 6—18 岁在街头工作或生活的儿童视为流浪儿童。这种明确规定流浪儿童年龄分布的界定方法在一定程度上有助于为街头流浪儿童提供更加精准的救助。因此，笔者以为，确定流浪儿童年龄分布的上下限是十分有必要的。据民政部门统计，现阶段中国流浪儿童年龄分段集中在 12—15 岁。薛在兴指出，大多数未成年人救助保护中心对救助对象的年龄范围有所限定，既有以 3—16 岁为救助范围的，也有以 3—18 岁为救助范围的，不一而同。[1]谢琼则通过统计北京某救助中心流浪儿童的表象特征，从而推测出中国未成年人救助保护中心流浪儿童的年龄分布为 3—24 岁，其中 18 岁以上群体的出现源于个人接受救助初期对年龄进行了瞒报。[2]综合民政部的统计数据以及两位学者的结论，不难发现，不论是从受助主体，还是从提供救助的主体来看，前来参与救助的流浪儿童，其年龄下限普遍不低于 3 岁。基于此，笔者认为，我国流浪儿童年龄范围可以界定为 3—16 岁。

 此外，我国正处于社会转型的关键时期，政策调整、人口流动使得社会问题日益凸显，继而导致流浪儿童数量不断增加。随着国家对其救助范围的扩大，部分学者就流浪儿童概念界定问题又提出了一个新的分歧点。冯元等人认为，当下流浪儿童概念的政策界定已经小于流浪儿童救助工作实践中的流浪儿童概念，结合现有的救助情况，他主张将流浪儿童定义为 18 岁以下、脱离监护人有效监护、陷入临时性或长期性困境不能维持基本生活并处于流浪状态的未成年人。[3]

 综合上述所有学者对流浪儿童概念的界定，笔者发现，"离开家人或监护人""无可靠生活保障"是现阶段流浪儿童的共同特征。但是就

---

[1] 薛在兴：《流浪儿童机构救助的困难、困惑与思考》，《中国青年研究》2006 年第 5 期，第 5—9 页。
[2] 谢琼：《新时期流浪儿童的十大特征——对北京市未成年人救助保护中心的调查》，《中国民政》2007 年第 2 期，第 39—40 页。
[3] 冯元：《流浪儿童需要与机构救助研究——以南京为例》，南京：南京大学硕士学位论文，2013 年，第 11—13 页。

"流浪"与"儿童"概念的界定，学术界依旧争议不断，尚未得出统一的意见。因此，笔者基于前人所得结论，并结合工作实践中救助的流浪儿童群体，对流浪的概念以及流浪儿童的年龄范围重新做出调整，将流浪儿童界定为"完全脱离监护人有效监护，陷入临时性或长期性困境且无可靠生活保障的16岁以下的未成年人"。

第二节 流浪儿童的基本特征

一、生理特征

（一）性别比例

在性别比例上，尽管我国不同地区流浪儿童的男女比例存在差异，但都呈现男多女少的特征。

谢琼在对北京市未成年人救助保护中心所做调查的基础上发现，流浪男童比例高于流浪女童比例，数据分别为71.4%和28.6%[1]。处于青春发育期、文化程度较低的男童是构成流浪儿童的性别主体。刘志红在湖南省三个地级市对流浪未成年人进行调查的数据显示，男性占所研究的流浪未成年人总数的80%，女性仅占20%，两性数量悬殊显而易见[2]。顾宏翔、金钊、李争争在北京市的调查结果也显示，流浪男童占63%左右，流浪女童占37%左右，比例接近2∶1[3]。这一比例与张雪琴等人在广东三地调研所得的数据基本上是一样的[4]。由此可见，

---

[1] 谢琼：《新时期流浪儿童的十大特征——对北京市未成年人救助保护中心的调查》，《中国民政》2007年第2期，第39—40页。
[2] 刘志红：《流浪未成年人的心理特征与心理救助》，《湖南师范大学教育科学学报》2008年第1期，第123—125页。
[3] 顾宏翔，金钊，李争争：《儿童流浪行为的心理原因分析》，《社会福利》（理论版）2012年第12期。
[4] 张雪琴等：《广东三地流浪儿童自我意识现状调查》，《中山大学学报》（医学科学版）2011年第1期，第121—125页。

虽然我国各个省市流浪儿童的性别比例有所不同，但是男多女少的特征是明显存在的，而这一特征的出现，与儿童的男女性别差异有密切关系。

（二）年龄分布

在年龄分布上，我国流浪儿童的数量主要集中分布在 12—15 岁这一年龄区间。顾宏翔、金钊、李争争的调研数据显示，流浪儿童当中，12—15 岁的孩子最多，占 65%，6—11 岁和 16—18 岁的孩子相对较少，分别占 16%和 19%①。谢琼在对北京市未成年人救助保护中心的流浪儿童进行调查时也发现，流浪儿童的年龄结构呈明显的"中间大两头小"的纺锤形，人数比例超过 10%的年龄段主要集中在 12—17 岁，其中处在 15 岁的流浪儿童最为密集②。同时，张明锁、周俊在郑州、成都、武汉、长沙、西安、石家庄等地的流浪少年儿童救助机构中进行的一项有效样本为 1285 份的问卷调查结果显示，流浪儿童的年龄集中在 12—16 岁，其中尤以十四五岁儿童居多③。从以上学者的研究结果中不难看出，我国流浪儿童的高发人群应该是处于青春发育期的孩子。处在这一时期的孩子，生理上的发育成熟促使他们渴望以成人的姿态处理事务、对待他人，并迫切希望社会、学校和家长能够给自己以成人式的信任和尊重，但其心理水平尚处于从幼稚向成熟发展的过渡时期，认知发展水平刚刚步入形式运算阶段，抽象逻辑推理水平较低，情绪体验不稳定，社会经验欠缺。这种心理上的成人感与幼稚性并存，使得青春期孩子往往表现出种种心理冲突与矛盾，并产生对社会道德、行为规范、成人要求等的反抗情绪。他们愈发认为父母或他人不能理解自己的想法，并与父母之间的感情发生疏远。当他们的某些愿望及要求遭受来自父母的阻止和干涉时，易出现过激行为。流浪行为即是青春期孩子表达反抗心理

---

① 顾宏翔，金钊，李争争：《儿童流浪行为的心理原因分析》，《社会福利》（理论版）2012 年第 12 期。
② 谢琼：《新时期流浪儿童的十大特征——对北京市未成年人救助保护中心的调查》，《中国民政》2007 年第 1 期，第 39—40 页。
③ 周俊：《当代中国城市流浪儿童社会救助现状及路径研究》，南昌：南昌大学硕士学位论文，2012 年。

的一种常见的方式。

二、性格及行为特征

流浪儿童在脱离家庭之后,会遭遇到许多常人难以想象的困境,加之长期处于失养失教的状态,这一群体的性格和行为会表现出一些特征。

李晓东、陈怡、高秋凤通过调查研究,将流浪儿童与处境正常儿童及流动儿童在心理和行为等方面的数据进行对比之后发现:与流动儿童及处境正常儿童相比,流浪儿童的自控能力、自我概念水平较低,享乐主义和潜在犯罪倾向较高,更倾向于外部归因;流浪儿童的依赖、焦虑、退缩、冲动、夸大等行为更多,更具有攻击倾向[1]。刘兰芝认为,流浪儿童由于"爱和归属"的缺失,会产生激惹冲动、孤独感、恐惧感、内疚感和厌恶感等一系列负性情绪,而负性情绪的外倾性行为表现为攻击行为、偷窃行为、撒谎行为;内倾性行为主要表现为默默忍受、防御。同时,缺少一定的社会支持,也使得流浪儿童在遇到困难和挫折时,往往不知道也不善于运用积极的应对方式去解决问题,更多的是选择逃避、退缩、抑制等消极的方式去应对[2]。刘志红则从认知、情感、意志、行为和社会交往五个方面分析了流浪儿童的心理特征[3],具体表现为:

(1)认知方面,具有自我否定的特点,典型表现包括自卑心理严重、遇到困难退缩、自我防御心理突出、觉得没有人看得起自己、自己也瞧不起自己等。

(2)情感方面,感情脆弱、冷漠、渴望关爱却又自我封闭等。

(3)意志方面,自控能力较差,难于理智地做出选择和判断。

---

[1] 李晓东,陈怡,高秋凤:《传统儿童的性格与行为特点研究》,《华南师范大学学报》(社会科学版)2007年第6期,第126—130页。
[2] 刘兰芝:《流浪儿童情绪特征及其负性情绪干扰研究》,桂林:广西师范大学硕士学位论文,2015年。
[3] 刘志红:《流浪未成年人的心理特征与心理救助》,《湖南师范大学教育科学学报》2008年第1期,第123—125页。

（4）行为方面，认同反社会的行为方式，沉默寡言，长时间不能集中注意，有说谎、盗窃、不守规矩等行为，有暴力倾向。

（5）社会交往方面，不信任他人，拘谨、羞涩，但同时喜欢与同类聚集成群体。

张雪琴等人对流浪儿童的自我意识进行分析，发现流浪儿童在不幸的成长历程中自我意识发展明显滞后，与正常处境儿童相比，他们表现出自我评价不恰当、自我监督减弱、外控倾向及低自我控制的特点[①]。

诸多研究表明，流浪儿童存在着一些共同的性格特征，主要包括：缺乏安全感，情感脆弱，自卑心理和防御心理较强；以自我为中心，自控能力低下；遇事冲动，攻击性强。在行为表现方面，其行为特征表现为冲动性、夸大性和攻击倾向，同时，由于缺乏社会支持，以及受流浪亚文化的影响，流浪儿童在遭遇困境时常常会用消极方式去应对，比如攻击行为、偷盗行为和撒谎行为等。

三、其他特征

（一）区域流动特征

鉴于我国经济发展迅猛，信息获取越来越及时、准确，交通方式也越来越发达、便捷，流浪儿童的流动性较过去而言有所增强，并表现出由农村向城市、由欠发达城市向发达城市流动的特征。谢琼的调查显示，来自上海、广东、福建、江苏、浙江等经济较发达地区的流浪儿童所占比例不足 3.5%，而来自新疆、河南、河北、安徽、四川和山西等经济欠发达地区的流浪儿童占总数的 65.9%[②]。调查还显示，流浪儿童绝大多数来自农村，占总数的 83%，父母外出务工频繁的农村地区，流浪儿童的数量则更为庞大。周俊也在其研究中指出，流浪儿

---

① 张雪琴等：《广东三地流浪儿童自我意识现状调查》，《中山大学学报》（医学科学版）2011年第1期，第121—125页。
② 谢琼：《新时期流浪儿童的十大特征——对北京市未成年人救助保护中心的调查》，《中国民政》2007年第2期，第39—40页。

童主要来自农村，比例高达 58.9%，来自城市的占 40.9%[①]。而在中国当前的环境下，大中城市和沿海发达地区是流浪儿童的主要活动区域，流浪儿童主要的流出地则是农村地区和经济不发达地区。伴随着社会发展进程的不断推移，不同学者在不同时期的调查数据虽然有一定出入，但都反映出流浪儿童的流向呈现由农村流向城市、欠发达地区流向较发达地区的总体趋势。

（二）文化特征

当下，流浪儿童普遍呈现文化水平较低的特征。比如，周俊在 2012 年的调查中指出，在参与调查的流浪儿童中，41.3%的流浪儿童小学未毕业；不识字的占到 14.2%，且大部分流浪儿童学习成绩属于一般或者较差。与此同时，刘志红的调查数据显示，年龄集中于 12—15 岁区间的流浪儿童，其文化水平在小学及以下的占 65%，而在初中及以上的仅占 35%[②]。随后，顾宏翔、金钊、李争争亦发现，在所调研的流浪儿童中，尽管 12 岁以上的流浪儿童占据调查总数的 84%，然而文化水平处于小学及以下的流浪儿童却占调查总数的 76%，小学以上的则占 24%。由此可见，12 岁以上的流浪儿童当中，文化水平在小学及以下者居多。然而，据我国《义务教育法》规定，凡年满 6 周岁的儿童，其父母或者其他法定监护人应当送其入学接受并完成义务教育；条件不具备的地区的儿童，可以推迟到 7 周岁。换言之，12 岁以上的儿童，其文化水平至少应当是初中。由此可以推论得出，多数流浪儿童未能在相应的年龄段内获得本该拥有的教育水平，进而呈现出低文化水平的特征。

[①] 周俊：《当代中国城市流浪儿童社会救助现状及路径研究》，南昌：南昌大学硕士学位论文，2012 年。文献中比例相加不足 100%，笔者据其调查方法猜测是因为个别流浪儿童没有在问卷中填写自己的流出地而造成的。

[②] 刘志红：《流浪未成年人的心理特征与心理救助》，《湖南师范大学教育科学学报》2008 年第 1 期，第 123—125 页。

(三)生存现状

目前,我国流浪儿童的总体数量较大,且呈现不断增长的趋势。据《民政部 2000 年流浪儿童救助教育工作进展》报告指出,"截止到 2000 年,我国的流浪儿童的总量达 15 万人次"。随后,在 2005 年,国务院妇女儿童工作委员会抽样调查后,认为全国流浪儿童人数在 100 万—150 万。然而,在众多流浪儿童中,实际受助的流浪儿童数量占总数的比例较低。据国务院妇女儿童工作委员会办公室、石家庄市保护流浪儿童研究中心课题组的估算,全国存在的流浪儿童应为 100 万—150 万,而实质上受到救助的流浪儿童仅有 20 万左右[1]。民政部近 6 年民政事业的统计公报数据(数据来源于民政部 2007—2009 年民政事业统计公报及 2010—2012 年社会服务发展统计公报)也显示,我国官办救助机构流浪儿童年均救助人次为 15.3 万[2]。因此,那些未及时获得救助的流浪儿童,在脱离监护人之后,将会遇到更多的困境。其中,如何维持基本的生计以解决温饱需要便是他们面临的首要问题。受年龄和技能的限制,流浪儿童一般无法掌握正当的谋生手段。有的流浪儿童可能会选择参与某些简单的城市经济活动来获取报酬维持生计,比如擦鞋、卖花、提供体力劳动等。有的则可能在生存受极大威胁的情况下慌不择路,并出现越轨行为以谋求财物,比如,偷盗、抢劫、诈骗。周俊据有关调查结果显示,儿童在城市中流浪,维持基本生活的方式有以下几个:排在第一位的是"打工赚钱",包括派发广告、卖简单的工艺品、打零工。排在第二位的是"偷、骗、抢劫"等犯罪违法收入。排在第三位的是"捡破烂"。排在第四位的是乞讨。另外还有一部分流浪儿童靠其他方式生活。

同时,流浪儿童在流浪过程中,除了谋生困难之外,其居住场所也极不固定,这些栖身之处一般都属于公共场所。这些场所可能是繁华的

---

[1] 李晓东,陈怡,高秋凤:《流浪儿童的性格与行为特点研究》,《华南师范大学学报》(社会科学版)2007 年第 6 期,第 126 页。
[2] 凤阳阳:《俄国流浪儿童救助现状评估——从儿童福利政策视角》,《商界论坛》2014 年第 1 期。

商业地带，也可能是公共娱乐场所，如网吧、游戏厅，还可能是天桥下、马路边等一些只能够遮蔽风雨的简陋场所。这些场所不仅环境恶劣，而且属于当地流浪者的聚集地，流浪儿童无论在生存能力上还是在生存经验上都处于弱势地位，他们极易被流浪的成年人和年长的流浪儿童控制，被教唆或逼迫从而做出违法乱纪的行为。

此外，儿童流浪在外还将面临教育排斥的危机，在外流浪的儿童多数无力支付上学费用。一方面源于其脱离家庭，本就缺乏监护人的经济支持；另一方面，高额的借读费更增加了其求学的难度。根据我国中小学教育的学籍制度，一个儿童只有在他的户口所在地的学校才能够获得学籍，对于那些希望在异地就学的流动儿童，《流动儿童少年就学暂行办法》（教基〔1998〕2号）规定：招收流动儿童少年就学的全日制公办中小学，可依国家有关规定按学期收取借读费。而流浪儿童普遍来自外地，这也就意味着，他们若想获取教育资源，还需缴纳借读费，这对于没有经济支持的他们而言，更是难上加难。反过来，流浪儿童在教育资源获取无门的情况下，缺乏对求生技能的学习和明辨是非能力的掌握，进而加剧了其谋生的困难性，并增加了上当受骗的风险。

由此发现，不管是流浪儿童的谋生手段、居住场所还是受教育情况，流浪儿童的生存状态都呈现出极大的不稳定性，加之国家现有的救助力度有限，救助数量较少，这种不稳定的生存状态会使得流浪儿童陷入更危险的境地。

第三节　世界各地流浪儿童救助模式

一、国外救助模式

流浪儿童问题是世界各国普遍关注的社会问题之一。流浪儿童长期脱离监护人，在社会上流浪，居无定所，加之自然、社会因素的影响，其生存权及发展权不能得到有效的保障。流浪儿童群体恶劣的生存状况及对城市治安秩序的负面影响，引起了各国政府和学者的极大关注。如何给予流浪儿童有效的救助，使其回归家庭、不再流浪，成为国家和政府致力解决的难题。

针对流浪儿童生存处境艰难这一社会现象，世界各国政府及国际组织都高度关注，并采取相关措施来保护流浪儿童的合法权益及构建完善合理的救助体系。尽管流浪儿童问题在某些方面有一定的相似性，但世界各国和地区由于政治、经济和文化等方面存在差异，这一问题又呈现出各自不同的特点，在流浪儿童的预防和救助方面也是如此。从国家对儿童的保护角度来看，各国福利供给的实现过程及方式虽不同，但其通过强大的国家力量编制严密的社会安全网，在政策和制度上保障了流浪儿童的生存权及发展权，并实施较为有效的社会救助措施，在一定程度上缓解了流浪儿童处境艰难的问题。

（一）发达国家流浪儿童救助模式解读

1. 以非政府组织救助为主的英国救助模式

英国对流浪儿童进行救助始于 15 世纪末，他们并非是专门救助流浪儿童，而是对流浪群体进行广泛救助。到了 20 世纪初期，英国的政治环境发生了巨大转变，政府倾向与非政府组织进行合作，共同解决流浪儿童救助领域的一些问题。布莱尔当政时期提倡的"第三条道路"，大力促进了第三产业的发展，为政府与非政府组织之间进行交流沟通提供了极大的便利。就整个流浪儿童救助体系来看，英国政府的救助重点在研究流浪儿童救助政策这一方面，同时对政策进行监督和管理，主要由非政府组织承担救助的具体工作。政府在非政府组织展开救助工作的程序上采用"监督—评估—资助"这一管理措施，充分调动了非政府组织的主观能动性，此外还对其提供适当的财政支持。由此根据英国非政府组织参与的情况，构建其救助模式，如图 1-1 所示。

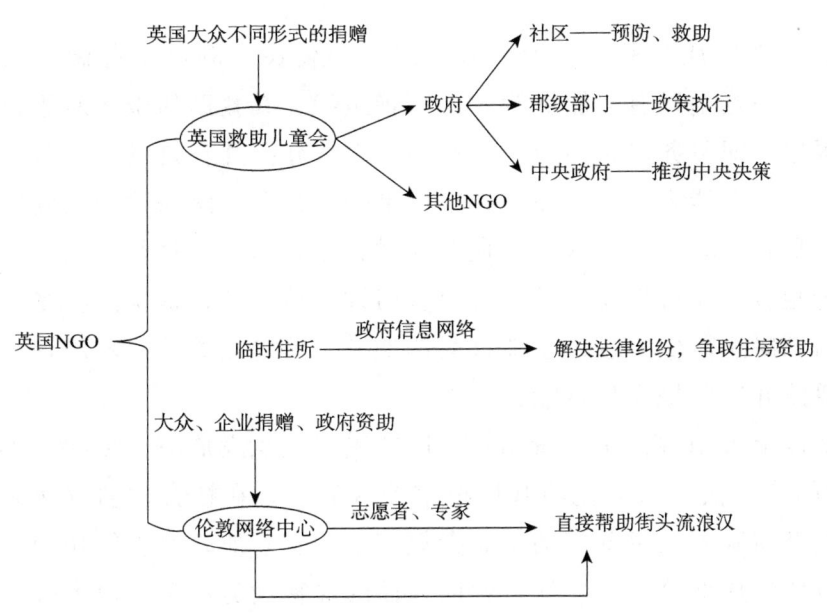

图 1-1　英国非政府组织参与社会救助模式

英国救助儿童会至今已有近百年的历史，是一个以救助保护儿童为目标的非政府组织，其资金主要来源于各类社会捐款。它通过与政府部门及各类团体进行长期合作来开展儿童权利保护工作。英国的流浪儿童救助体系中，非政府组织多种多样，其工作主要分为三种：一是在社区层面上的工作，通过社区掌握和了解相关信息，为问题儿童和失学儿童提供切实可行的帮助。二是与各郡政府部门合作，帮助政府完善相关政策，有利于社会救助政策的人性化和实施的通用性，同时流浪儿童的权利也得以实现。三是与中央政府的合作，在议会通过法案后，政府以此为据在职能范围内开展相关工作，而英国非营利组织则依据政府制定的相关政策，有效地协调各部门之间的工作。与此同时，政府相关部门还需根据各非政府组织的执行能力进行一系列评估，评估结果较好的部分非政府组织或机构将可能会在政府相关部门的拟定期望下获得其涉及领域中所需的资金支持。

伦敦网络中心是帮助无家可归者的救助机构。网络中心主要通过街头咨询和技术培训等方式开展街头流浪者的救助服务，引导受救助者逐步脱离街头生活、融入主流社会，同时使市民对无家可归者的看法有所改观，为维护社会秩序、改善社会环境等便民、利民服务做出切实贡献。而中心点是以有偿服务为主的慈善组织，其救助的服务对象也有基本的限定，即服务对象须经相关救助组织链介绍并且是具有街头流浪经历和基本生存能力的人。该慈善组织是一种具有追踪保障和延续服务的机构，受救助者与中心签订租住合同时，受救助者要每月缴纳一定金额的低价租金，便可接受一系列的免费培训及后续的追踪保障。受救助者接受培训时还需做好进入主流社会的准备，接受相关的技术培训后走上工作道路并以此提高生存能力。

从以上救助举措中可看出，英国的民间组织发展较为成熟，英国政府–民间合作伙伴型的流浪救助模式成效显著，在社会救助方面非政府组织逐渐将政府相关部门的拟定期望变成现实。非政府组织作为社会生活的重要组成部分，其在社会救助方面的独特优势使自己成为政府不可或缺的合作伙伴。在非政府组织和政府的合作和不懈努力下，通过提供一定程度的直接救助、技术培训、政策解读和法律援助等有效的帮助，街头流浪者尤其是流浪儿童的数量显著减少，部分受救助者依靠技术培训中学到的手艺，摆脱了恶劣的生存环境、融入了主流社会，其社会生存能力和社会地位也相应得到提高。

2. 以社区和民间援助为主的美国救助模式

1935年，美国《社会保障法》（Social Security Act）出台，标志着美国现代社会救助制度的确立。此后，历经80多年的实践与发展，该社会救助制度不断修订完善，最终形成现在较为全面和成熟的救助制度。

流浪儿童群体（美国官方称之为无家可归儿童）作为美国社会救助制度救助的主体之一，其生存境遇、教育难题、住房困境、少年司法和医疗保健等方面的基本生活状况引起了美国政府和学者的高度重视，相关法案中也设置了惠及无家可归儿童的条款，并制定了专门或重点针对无家可归儿童的法律法规和救助措施，其中最为重要的便是《离家出走和无家可归青少年法案》、《麦克基尼–文托无家可归者援助法案》和《寄养照料独立法案》3部法案中的救助计划。

《离家出走和无家可归青少年法案》包括"基本中心计划"、"生活过度计划"和"街头拓展计划"3项计划。

（1）"基本中心计划"针对的是18周岁以下离家儿童，该计划为他们提供最多14天的临时住所，供给衣物、食物、医疗和心理辅导等帮助。该计划提供的是短期服务，作为应急性的救助措施该计划是有显著效果的，其基本思想是通过促使流浪儿童回归家庭，从而减少流浪儿童无家可归的现象。

（2）"生活过度计划"旨在为年满16周岁或18周岁的流浪儿童提供帮助，这些无家可归者由于即将成人，基本具有自主生活能力和权利，因而无法继续获得社会福利资助，该计划提供的是长期服务，为许多将面临独立生活的无家可归儿童提供了向成人成功过渡的机会，但由于其经费资助有限，因而福利机构往往救助问题行为较少的流浪儿童。

（3）"街头拓展计划"的实施机关是专门的民间机构应急收容所，服务人群是遭受剥削、性虐待或有上述潜在危险的街头流浪儿童。收容所旨在帮助他们离开街头，接受适当的生活安置，其资助年限是3年。

近年来，儿童和家庭管理署还要求受资助机构在服务中体现"青少年能动发展"的策略，即为儿童和青少年提供锻炼领导能力和融入社区的机会，让他们发挥自身的最大潜能。这种重视无家可归儿童能动性的救助策略，被认为是预防儿童和青少年风险行为的最佳途径。

《麦克基尼-文托无家可归者援助法案》提出的教育计划显著提升了街头流浪儿童的教育机会。教育计划的主要目标有三个：一是辨别和发现无家可归儿童。二是减少无家可归儿童的入学障碍。三是促进无家可归儿童的学业成功。自《麦克基尼-文托无家可归者援助法案》颁布后，无家可归儿童的入学率稳步上升，无家可归儿童获得教育求学的机会大大增加了。但美中不足的是，这项法案是在无家可归儿童失学后采取的应对手段，并不能从源头上消除无家可归儿童失去教育机会的风险。

《寄养照料独立法案》针对的是因超龄或其他原因而不再有资格继续接受寄养和相关福利服务的儿童，为其提供经济、住房、就业、教育等方面的支持和服务,帮助他们养成独立生活的责任感,这在一定程度上避免了流浪儿童无家可归现象的发生。

除了制定相关的法律以外,美国也构建了一系列社会救助服务体系,主张从关注高风险无家可归的流浪未成年人的治疗性措施向关注一般无家可归儿童的发展性措施转变。这个系统提供基本的生活服务,如提供衣食、住宿、医疗、教育和心理咨询等,与此同时也提供生活技能培训和戒毒治疗等特殊服务。此外,系统的救助干预政策涉及社区、家庭、学校和社会等各个方面。在美国的社会救助活动中,慈善组织居主要地位,而政府则主要起监督和营造环境的作用。从总体上看,美国社会福利改革试图通过政府与非政府组织在救助提供中的合作,在效率与社会公平二者之间寻求平衡,实现无家可归儿童的全面、合理化救助。

(二)发展中国家流浪儿童救助模式

1. 以社区干预为核心的菲律宾、越南模式

菲律宾、越南两国同为流浪儿童问题十分突出的亚洲发展中国家,它们根据本国实际,在流浪儿童保护工作中创造出了各具特色的救助工作模式,为保护流浪儿童权益做出了巨大的贡献。菲律宾政府和越南政府都将流浪儿童救助的工作重点放在了社区,虽然开展的具体方式、方法有所不同,但是立足社区、以社区为核心的迹象较为明显,本书主要从5个方面进行了归纳。

(1)流浪儿童概念界定。菲律宾政府将流浪儿童定义为5—18岁在街头生活或工作的儿童。越南政府将流浪儿童定义为6—18岁在街头生活或工作的儿童。

(2)法规政策体系。流浪儿童被形容为"一颗嘀嗒作响的定时炸弹",今天的流浪儿童很可能成为明日的罪犯。为此,菲律宾政府制定了一系列有关儿童权益保护的法规政策,旨在从源头上预防流浪儿童的产生。早在1978年,菲律宾就颁布了《儿童与青年福利法案》,1992年颁布了《反虐待、剥削、歧视儿童特殊保护法》,1996年通过了《关

于建立家庭关系法庭的法令》，2002年通过了《儿童早期照料和发展法案》，针对流浪儿童保护工作，菲律宾国会专门通过了《反流浪法案》，不允许人们在街头流浪。菲律宾政府还以总统公告的形式，要求所有的政府组织和非政府组织投入保护流浪儿童的工作中。

而越南作为亚洲第一个、世界第二个签署联合国《儿童权利公约》的国家，高度重视儿童的保护工作。越南国会于1991年通过了儿童保护的专门法案，对全面保护儿童的生存权、发展权、受保护权和参与权做出了详细规定，并于2004年对这一法案进行修订。越南政府1991—2000年实施了第一个保护儿童十年规划，2001—2010年实施了第二个保护儿童十年规划。针对流浪儿童保护工作，越南政府制定了以社区干预为优先考虑的国家政策，希望通过综合运用社区干预手段，到2010年彻底解决流浪儿童问题。

（3）政府部门职责分工。菲律宾儿童福利委员会是只接受总统委员会领导的跨部门的儿童事务综合协调机构，主要负责协调相关部门开展儿童保护工作。社会福利和发展部则是负责流浪儿童保护工作的政府职能部门，通过直接创办流浪儿童保护机构，为流浪儿童提供生活照料、教育、职业技能培训等服务。然而，相对于政府创办的流浪儿童保护机构而言，菲律宾儿童保护的一大特色是，由非政府组织创办的流浪儿童保护机构数量更多，提供的服务内容更丰富，社会影响力也更大。而这些非政府组织的资金大部分来自于国外基金会的捐赠。

相对于菲律宾而言，越南的流浪儿童保护工作的特色是政府主导，越南的非政府组织数量较少，在流浪儿童保护工作中发挥着辅助的作用。其人口家庭儿童委员会是负责人口、家庭、儿童事务的跨部门综合协调机构，该委员会专门设有儿童司，负责协调与儿童事务相关的政府部门共同制定儿童保护政策，发展与儿童成长有关的保护项目。此外，越南残疾人劳动和社会事务部是负责流浪儿童保护工作的政府职能部门。该部负责流浪儿童保护国家政策的制定，并通过指导各地建立和管理流浪儿童中心，来为流浪儿童提供直接服务。

（4）工作理念。菲律宾在流浪儿童保护工作中将儿童友好、儿童参与作为基本工作理念。所谓儿童友好，是指按照联合国《儿童权利公约》的要求，本着儿童利益最大化原则和儿童利益优先的原则，通过在有关儿童的教育、健康、环境卫生、儿童保护等领域开展工作，有效保障儿童的生存权、发展权、受保护权和参与权得到充分实现。

越南在流浪儿童保护工作中则将社区干预作为基本工作理念。越南政府立足于社区，开展早期预防和回归家庭、回归社会等方面的工作，将流浪儿童保护工作的重心放到了社区，帮助其解决遇到的困难和问题，使其重新过上正常的生活。

（5）流浪儿童保护方式。菲律宾开展的流浪儿童保护项目包括以社区为基础的项目、以街头为基础的项目和以救助中心为基础的项目。其中，以街头为基础的项目包括开展社会工作服务、街头教育项目等；以救助中心为基础的项目，主要活动包括生活照料、医疗、职业技能培训等，以上两种项目只占流浪儿童总人数的 25%—30%，而针对流浪儿童总数 70%—75%的项目则是以社区为基础的项目，其主要包括宣传教育、经济援助、小额贷款等服务项目。

越南在开展流浪儿童保护项目方面，使用了社区干预的理念。越南政府对于返回家庭的流浪儿童提供三个月的资助，包括返乡车费、职业技能培训费用和接受正规教育的费用，保证流浪儿童尽快回归正常生活；而对于经济困难的家庭，可以提供小额贷款项目，帮助家庭摆脱贫困。越南政府通过建立全天候救助站，为城市流浪儿童提供有针对性的社会服务工作，同时定期开展儿童活动，及时掌握社区儿童的问题，从源头上预防儿童的流浪行为。

菲律宾和越南实施的社区干预模式，最大的特色就在于围绕社区这一单元开展流浪救助的一系列工作。在流浪儿童救助前期，主要围绕社区展开宣传，通过帮助困难家庭解决实际问题，从根源上帮助他们打消让孩子外出流浪的打算。在流浪儿童的救助中期，开展了一系列以社区为基础的活动，这些活动及时救助了陷入困境的流浪儿童，又给予流浪儿童长期的后续安置，不仅给流浪儿童提供基本的物质保障，还结合各地方政府的相关政策，对于安置流浪儿童和激励他们后续发展都做了充足工作，流浪儿童不仅可以接受救助中心暂时性的帮助和教育，还可以通过社区接受长期的技能培训等，获得过上正常生活的保障。

2. 以非机构化救助为主，注重儿童参与的印度救助模式

印度是一个宗教、文化、语言和地理环境多样化的国家，现有13亿多人口，其中儿童约有4亿，大约占了全世界儿童的20%。印度流浪儿童的数量庞大，问题比较突出，但与此同时，印度在预防和救助方面也取得了相当大的成就。印度流浪儿童救助保护工作主要有以下几点特色。

（1）非机构化。非机构化是印度政府政策的重点之一，有利于对儿童权利的保护。以蝴蝶组织为例，蝴蝶组织的工作方法注重非机构化，同时也注重流浪儿童的参与和权利，其采取的是灵活的教学方式，没有固定的教室，取而代之的是12个联络点，每个联络点有2个老师，他们和附近的流浪儿童商量达成一致的时间，流浪儿童通常是生意清淡的时候，聚集在一起上课。这些联络点大多分布在商业繁华区，比如火车站、市场、旅游点这些孩子们可以找到赚钱机会的地方。非机构化被认为有利于保护儿童权利，也是对儿童需要和生活环境做出正确反映的有效制度，该方式更易与流浪儿童接触，更易得到流浪儿童的认同，也更易为他们提供非正式的教育尤其是职业教育。因此，非机构化的重要性被很多儿童保护部门重视，非机构化也是印度政府制定政策的重点之一。

（2）儿童参与。蝴蝶组织为每个联络点准备了一些普通学校使用的教材，但上课内容要视当天情况而定，比如孩子们若遇到了什么麻烦，那当天的课堂时间就用来讨论怎么解决这个问题。通过儿童的参与，蝴蝶组织与儿童之间建立了信任关系，这种信任关系的获得是教育者对儿童的尊重。蝴蝶组织在对流浪儿童的教育过程中，不仅与儿童建立了信任关系，还帮助其树立信心，提升其抗逆力，使他们能够以乐观的生活态度生存下去。

（3）设立专门的求救电话。印度1098儿童热线是为处于困境的儿童提供救援服务的24小时热线与应急响应系统。该儿童热线从1996年起在孟买运行，2000年青少年司法法案以法律的形式规范了儿童热线的相关法律制度，截至2002年儿童热线已扩展到印度30多个城市，为

寻求帮助的儿童提供信息、帮助和服务，人们也可以通过这个热线来报告失踪儿童的情况。儿童热线技术和人的服务融合在一起，将政府、企业和民营部门联系在一起，达至救助效率最大化。

无论是经济实力较雄厚的发达国家还是经济实力相对薄弱的发展中国家，各国政府都对流浪儿童救助问题高度重视，并制定一系列的政策法规，为流浪儿童提供多方面的保障措施。基于对以上各国流浪儿童救助内容的总结，可以发现目前国际流浪儿童救助工作主要具有以下三个方面的特征。

（1）"预防+救助"模式的运用。"预防+救助"模式是目前国际上最受青睐的流浪儿童救助模式。在国外，流浪儿童的救助工作不再局限于对已经处于流浪状态的儿童群体展开救助，同时，也将以预防儿童流浪行为的发生为目标所开展的工作纳入其救助体系当中。各国通过运用各种流浪儿童救助预防方式，从源头上控制并减少流浪儿童的数量，同时通过提供直接救助和技能培训等来保障流浪儿童的生存权和发展权，使其回归正常的生活轨道，避免再次流浪。

（2）第三部门的参与。从以上各国对流浪儿童救助的经验来看，成功的救助模式依赖于政府机构和第三部门的共同参与。现如今，政府不再是流浪儿童救助工作的直接参与者和执行者，而是扮演一个宏观指引者和管理者的角色。他们通过整合社会各方的资源优势，使得社会力量得到合理分配和有效运用，并向政府关注和期望的部分流入。而第三部门则充分发挥其灵活性和自主权，通过凝聚更多民间力量参与到救助活动当中，进而探索出更加丰富的救助措施，使救助更加科学化、人性化。

（3）安置方式的改变。在流浪儿童安置方式的选择层面，不论是英国、美国，还是菲律宾、越南，他们都具有不同程度的将流浪儿童安置在社区之中的倾向。原生态家庭的回归、寄养与机构照管不再是安置流浪儿童的仅有的途径，社区照顾成为流浪儿童的又一种安置方式。在社区环境之下得到救助的流浪儿童，能够更好地发展生存技能和获得文化知识，并最终融入社会。

二、国内救助模式

我国是一个十分注重儿童保护的国家,最早的救助思想可追溯至两千多年前的春秋战国时期。自国家的产生和阶级分化开始,贫富差距逐渐显现,贫穷人家的孩子因无法生存,便会随父母漂泊或独自四处流浪。处于社会弱势处境的流浪儿童自古以来都受到国家和社会慈善组织的救助。笔者根据冯元①的思想,将国内流浪儿童的救助发展脉络划分为四个阶段:鸦片战争以前的流浪儿童机构救助发展阶段;鸦片战争至中华人民共和国成立前的流浪儿童救助转型发展阶段;1949—2003年流浪儿童救助的创新型发展阶段;2003年至今流浪儿童救助的创新转型发展阶段。

(一)国内流浪儿童的救助阶段

1. 鸦片战争以前的流浪儿童机构救助发展阶段

几千年前,我国儿童的救助保护工作就已存在,《易经》中的"蒙以养正"、《礼记·礼运篇》中的"幼吾幼以及人之幼""幼有所长",以及《周礼》中的"慈幼"等思想,是我国几千年来指导儿童救助保护工作的主体思想。

西汉"文景之治"时期,在"与民修养"的政策指导下,政府实施了"赏赐长老,收恤孤"的社会实践,将儿童保护工作进行了官方化和长期化;而后南北朝时期,国家设有孤独园,对动荡社会中失去依靠又无生活来源的老人、儿童进行收养,这在我国流浪儿童机构救助发展历程中具有里程碑式的意义;流浪儿童救助工作发展到唐宋以后,相关组织根据南北朝的一些先进经验,开始设立悲田养病坊等专门的慈善机构,由佛教机构具体管理和运作,实施对流浪孤儿的救助。五代十国至两宋时期是我国流浪儿童救助发展的一个关键时期,战乱时期人们流离

---

① 冯元:《流浪儿童需要与机构救助研究——以南京为例》,南京:南京大学硕士学位论文,2013年。

失所，生活十分艰难，对此，政府开始兴办举子仓、慈幼局和婴儿局，专门从事救助儿童的事务管理。宋朝时期，流浪儿童的救助保护工作处于完善的状态并新增了福田院和居养院等机构。元明至清代前期，流浪儿童救助保护工作的形势严峻，国家积贫积弱，民不聊生，不少有识之士开始组建相关机构对遗弃的婴儿和流浪儿童实施救助。进入清朝后，政府和民间高度重视流浪儿童救助工作，并在全国各地广泛建立相关保护机构，推动了我国古代流浪儿童救助事业第一个发展高峰的来临。

2. 鸦片战争至中华人民共和国成立前的流浪儿童救助转型发展阶段

1840 年的鸦片战争给中国社会带来了前所未有的震动，一批有识之士掀起了"开眼看世界"的思潮，西方的传教士和西方的宗教文化越来越多地进入我国，并深刻影响着当时的社会生活。西方的慈善思想和慈善运作体系自鸦片战争以后逐渐融入清朝的社会体制中，教会成为中国近代历史上近百年的慈善事业发展的主力军，其中"游艺所"这种授人以工艺的慈善救助方式在我国得到快速推广，因此也引起了我国传统慈善救助事业的转型发展。

在局势动荡不安、出现大量的流浪儿童和无家可归者的近代社会，一些民间机构对他们展开救助工作，如北平香山慈幼院。该慈幼院的教学方式独特，十分注重职业教育与实际训练，无家可归者在此学习实用手艺，以便将来走上社会能够自谋生计。由此，政府在 1928 年颁布《地方救济院规则》，对地方的救济机构及建设做了详细的规范。1938年，宋美龄、邓颖超等人发起了救济、教育难童的全国性慈善组织——战时儿童保育会，这一组织的出现体现了国共两党在救助战时的流浪儿童和孤儿等工作上达成了高度的一致，这也说明儿童保护工作已成为一件不容忽视的重要民生工作。紧接着，国民政府颁布了《社会救济法》（1943 年）和《社会部奖助社会福利事业暂行办法》（1944 年）两部具有里程碑意义的法规，这两部法规促成了各省设立社会部专门从事儿童社会福利事业的发展，这也标志着我国慈善事业的制度化发展和儿童福利事业官方化的开始。

3. 1949—2003 年流浪儿童救助的创新型发展阶段

中华人民共和国成立后,社会经济恢复发展加快,到 1961 年,旧社会遗留的流浪乞讨人员问题已经得到基本解决。同年,中央政府批准了公安部的《关于制止人口自由流动的报告》,该报告决定在全国各大中城市设立收容遣送站,由民政部担任主管部门,负责将俗称为"盲流"的盲目流入城市的人员实施收容管制,并将他们有序地遣返回流出地,这一政策的实施确立了我国最早的收容遣送制度。1982 年颁布了《城市流浪乞讨人员收容遣送办法》,对城市流浪乞讨人员实施救济、教育和安置。1991 年,国家进一步出台《关于收容遣送工作改革问题的意见》,将需要收容遣送的人员范围扩大到无"身份证、暂住证、务工证"的"三无"人员。然而,值得注意的是,中华人民共和国成立以来至 20 世纪 90 年代,我国的流浪儿童救助工作是涵盖在流浪乞讨人员收容遣送工作中的。流浪儿童这一群体尚未引起政府的特别重视,也未成立专门的流浪儿童救助保护工作机构和制定专门的政策制度。1989 年我国加入联合国《儿童权利公约》,自此,我国的儿童社会福利事业开始飞速发展。1992 年,我国颁布了《九十年代中国儿童发展规划纲要》,首次将流浪儿童纳入儿童福利发展纲领性文件之中。1995 年民政部在福州、岳阳等 10 个城市的收容遣送站内设立流浪儿童救助保护中心,对流浪儿童实施专门的救助保护,这不仅标志着我国流浪儿童救助成为国家的重要政策议题,也标志着流浪儿童救助开始了机构救助的制度化和专门化。

4. 2003 年至今流浪儿童救助的创新转型发展阶段

2003 年的"孙志刚事件"引起了强烈的社会反响,多名社会人士联名向全国人大常委会申请启动孙志刚事件的特别调查程序。由此,国家废止了运行长达 21 年之久的《城市流浪乞讨人员收容遣送办法》,颁布了《城市生活无着的流浪乞讨人员救助管理方法》,将以国家控制为本的收容遣送制度转变为以国家服务为本的社会救助制度,我国的流浪乞讨人员救助工作也开始进入了人性化、专业化和规范化发展的长期探索阶段。新颁布的管理办法规定对受助人员,包括流浪儿童提供下列基

流浪儿童生命教育的实践研究

本的救助：符合食品卫生要求的食物；符合基本条件的住处；对在站内突发急病的，及时送医院救治；帮助与其亲属或者所在单位联系；对没有交通费返回其住所地或者所在单位的，提供乘车凭证。与此同时，机构救助也相应成为流浪儿童救助体系中最为核心的主体力量，流浪儿童救助迎来了新的历史发展时期。

近几年流浪儿童数量居高不下，这样一个庞大的弱势群体，对我国推进儿童社会福利制度的发展提出了挑战，也对目前社会建设及社会稳定带来了一定程度的潜在压力和风险。2006年，我国民政部等部门印发了《关于加强流浪未成年人工作的意见》和《流浪未成年人救助保护机构基本规范》，由此拉开了构建中国特色流浪儿童福利政策体系的序幕，并初步建立起了流浪儿童救助保护的社会福利政策体系。2003—2012年有关流浪儿童救助保护的政策汇总如表1-1。

表1-1 2003—2012年流浪儿童救助保护的政策

年份	政策主体	政策名称
2003	国务院	《城市生活无着的流浪乞讨人员救助管理办法》
2004	国务院	《中共中央国务院关于进一步加强和改进未成年人思想道德建设的若干意见》
2006	十九部委	《关于加强流浪未成年人工作的意见》
2006	民政部	《流浪未成年人救助保护机构基本规范》
2007	民政部、国家发展和改革委员会	《"十一五"流浪未成年人救助保护体系建设规划》
2009	五部委	《关于进一步加强城市街头流浪乞讨人员救助管理和流浪未成年人解救保护工作的通知》
2009	民政部	《民政部关于在全国开展救助管理机构规范化建设的意见》
2011	国务院办公厅	《国务院办公厅关于加强和改进流浪未成年人救助保护工作的意见》
2011	财政部、民政部	《中央财政流浪乞讨人员救助补助资金管理办法》
2011	九部委	《关于在全国开展"接送流浪孩子回家"专项行动的通知》
2012	民政部	《关于促进社会力量参与流浪乞讨人员救助服务的指导意见》

经过近十年的发展，我国流浪儿童救助机构数量大幅增加，救助能力也明显增强。自2003年以来，我国对流浪乞讨人员救助是在"以人为本"理念指导下，坚持"自愿受助、无偿救助"的临时性救助原则，

这种救助制度是收容遣送制度的改革、转型和创新的结果。其转型的特点体现在三个方面：一是实现了由控制为本的强制管理制度向服务为本的人性服务制度转变。二是实现了流浪乞讨人员法律地位由对社会治安和社会稳定存在潜在危害的需要控制的人员向作为社会成员享有接受政府提供临时救助权利的公民转变。三是实现了救助方式由控制为主封闭式管理的收容向服务为主开放式管理的服务转变。相关统计数据显示，截至2012年，我国构建了一个由241个流浪儿童救助保护中心和1547个救助管理站组成的全国性流浪儿童救助保护网络，但其救助方式和救助能力还存在很大的创新与进步的空间。

（二）国内现有的新型救助模式

随着国家对流浪儿童这一弱势群体的不断关注，以及旧有救助模式弊端的接连暴露，一些地区在总结国外救助经验的基础上，结合国情，开始探索新型救助模式。至今，已有部分地区实现了救助模式的成功转型，成为其他地区学习和借鉴的典范。其中，具有代表性的救助模式分别如下。

1. 郑州模式

自1992年，民政部与联合国儿童基金会开展项目，并将郑州救助保护流浪少年儿童中心作为试点，致力于探究新型流浪儿童救助模式，"郑州模式"应运而生。作为我国地方政府流浪儿童救助保护模式中发展最完善、机制最健全、影响范围最广的流浪儿童救助模式，郑州模式主要以救助保护流浪少年儿童中心为依托，以"全天候街头救助点"（固定点和流动车）为纽带，以"类家庭"和"家庭寄养"为途径，以"技能培训"为手段，坚持跟踪回访，注重调查研究，并充分调动社会资源，通过与政府、民间机构、社会人士包括老师和在校大学生在内的多方展开合作，构建了一个多方位、全能型的流浪儿童救助体系。其中，"类家庭"模式是郑州模式中最为核心的一部分，它旨在强调家庭氛围对流浪儿童心理和行为良性发展的重要性，以此为出发点，以社区为平台，为不能回家和不愿回家的流浪儿童实施亲情式的救助。

这种坚持以儿童权利、儿童参与、儿童优先原则为价值理念基础，以儿童需求满足最大化、流浪儿童身心健康发展、流浪儿童顺利回归家庭和社会为目标的救助模式，在一定程度上强化了站外流浪儿童接受救助的意愿，同时屡送屡返的流浪儿童数量也有所减少，反复流浪之势得到缓解。

2. 长沙模式

长沙市流浪儿童救助保护中心对流浪儿童的救助工作主要涉及保护和教育两方面。为确保流浪儿童在救助过程中享有更加系统的教育，并充分得到社会主流文化的熏陶，从而树立正确的世界观、人生观及价值观，机构工作人员在原有的救助机制下探究出一条新型的救助模式——"大房子"救助保护模式。这类救助模式与郑州模式中的"类家庭"模式具有共通之处，都是为特定的流浪儿童提供一套设备齐全的场所，保证其在相对温暖和稳定的环境中接受正规的教育和劳动技能的培训，同时在救助场所内需配备专职的保育人员，实行开放式救助，充分尊重儿童的权利。此时，被赋权的流浪儿童更易与保育员建立亲密关系，若保育员给予正确引导，便能唤起他们回归主流社会的强烈愿望。

3. 宝鸡模式

2001年，世界无国界医生组织与宝鸡市流浪儿童救助保护中心展开交流与项目合作。2006年，双方成立了我国首个地方性的、全天候从事流浪、困境儿童援助及保护工作的社会组织——宝鸡市新星流浪儿童援助中心。至此，宝鸡模式在政府和救助站工作人员的不断探索中诞生，并逐渐成熟，形成了较为完善的工作机制和救助体系。不同于国内其他地区以地方政府为主体，包揽对流浪儿童的一切救助工作，而缺乏第三方部门参与的救助模式，宝鸡模式自形成之日起，就致力于追求政府购买服务、多方合作的救助理念。其中，宝鸡市救助管理站通过政府购买服务的方式将流浪儿童救助及源头预防工作外包给宝鸡市青少年工作者协会与宝鸡市新星流浪儿童援助中心，为其提供资金及场地支持，参与管理两家机构的日常工作。而宝鸡市青少年工作者协会和宝鸡市新星流浪儿童援助中心则分别负责为城区和贫困山区的流浪儿童提供及时救助，通过构建完整的救助网络，从源头上预防流浪儿童的产生。此外，宝鸡市新星流浪儿童援助中心还全面承担对流浪儿童的救助保护工作，为符合条件的流浪儿童提供长期性救助，包括生活照顾、专业教育及技能培训等。作为政府主导、民政牵头、部门负责、社会协同、公众参与的新型救助模式，宝鸡模式的出现大大提高了流浪儿童救助的效率和质量，为我国社会组织参与流浪儿童救助树立了典范。

宝鸡模式的具体运行机制可见图1-2。

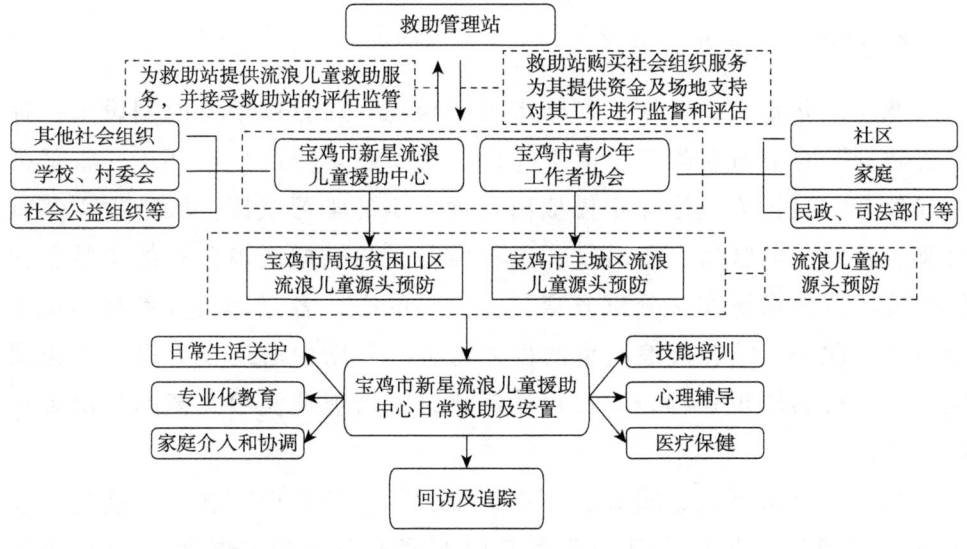

图1-2 宝鸡模式具体运行机制

4. 北京模式

北京模式是一种以教育的形式针对流浪儿童的心理和行为问题进行纠正和辅导的新型救助模式。通过邀请老师和在校大学生进驻未成年人保护中心，这些流浪儿童获得差异性的服务与指导。参与人员一般为来自社会工作系、心理学系、特殊教育系等专业的志愿者，他们运用专业化的个案、小组工作方法、业内评估量表，在了解流浪儿童的基本情况下，采取有效措施，促使其心理和行为问题得到改善。

5. 上海"工读教育"模式

不同于北京模式中所提倡的对教育工作者的引入,上海未成年人救助保护中心强调将流浪儿童输送到工读学校接受集中化的教育,一来可以保护儿童受教育的权利。二来通过技能培训、知识灌输纠正儿童错误的人生观、世界观和价值观,帮助他们更好地适应和回归社会。同时,工读学校在招收流浪儿童后,其不断萎缩的趋势一定程度上被缓解了。救助站采取的这种与工读学校相互协作、互利共赢的救助方式反响很大,救助成效显著。

6. 广州"类学校"模式

就流浪儿童教育问题,广州市另辟蹊径,在救助中心内创设出一种"类学校"的学习空间和生活空间,一切参照学校的生活环境、管理模式和教育方式,为流浪儿童模拟出一种真实的学习氛围。救助中心配有食堂、教室、电脑房、图书室、洗衣房等,并根据流浪儿童的年龄、文化程度、智力水平实施分班教育,由专门的志愿者老师负责教授知识、技能等。此外,结合流浪儿童的群体特征,救助中心还设有思想道德课程及心理行为矫正课程,通过再社会化,重新塑造流浪儿童的价值观和行为模式。

纵观当下新型救助模式,不难发现,相较于普遍存在的"接受流浪儿童—查询流浪儿童信息—联系流浪儿童家长—家长接回或者护送返乡"救助模式,这些具有地方特色的模式在不同程度上补缺了以往救助模式的弊端。笔者对上述几种模式进行整理,总结得出以下规律。

(1)第三部门开始参与救助,并逐渐扮演重要角色。

(2)意识到家庭氛围对儿童社会化的重要性,立志打造温馨的救助环境。

(3)重视流浪儿童教育问题,多方协作,整合资源。

(4)由站内救助延伸到站外救助,加强对流浪儿童的预防工作。

(5)因地制宜,结合当地流浪儿童具体特征制定合理的救助模式。

总之,新型救助模式的成功实践在一定程度上增大了流浪儿童回归社会的概率,并为尚未转型成功的地区救助中心提供了宝贵经验,不论是对流浪儿童、社会成员还是部门机构而言,都具有深远意义。基于实际情况,吸取国外经验,善于发现问题,探索解决方法,优化整合资源,加强执行力度,及时跟进评估,各地区救助站只有做到层层相扣,步步把关,才能不断革新、完善救助模式,真正帮助流浪儿童摆脱困境,实现自我发展。

第二章 生命教育

第一节 生命教育的界定与发展历程

一、生命教育界定

(一) 生命与教育

生命教育的落脚点是教育,而教育的对象是人,更准确地说应该是"人的生命"。因此,为了能更全面地把握生命教育的内涵,在对"生命"进行探讨后,还有必要对生命与教育之间的关系做出阐释。

1. 教育的含义

首先,要明确"教育"的定义。一般认为教育有广义和狭义之分。广义的教育指的是任何有目的的增进人的知识和技能、影响人们的思想品德、增进人的体质的活动。它包括我们所熟悉的家庭教育、学校教育和社会教育。狭义的教育则指学校教育,它是根据一定的社会现实和未来的需要,遵循年青一代身心发展的规律,有目的、有计划、有组织地引导受教育者获得知识技能、陶冶思想品德、发展智力和体力的一种活动，其目的是把受教育者培养成适应一定社会（或阶级）的需要并促进社会发展的人。其次，还要清楚教育的目的所在。教育的目的可分为内外两个维度。"其外在目的是促进社会政治、经济、文化的发展，内在目的是促进人的发展，形成人丰富个性和健全人格"①，而教育促进社会发展的功能，归根到底也是通过促进人的发展来实现的。因此，无论从教育的定义还是目的来看，教育的原点和归属点都应该是人。

2. 教育危机与生命危机

既然教育的原点和归属点是人，毫无疑问，一切教育活动就应该是以人的全面发展为目标而开展。但是在功利主义和实用理性主义占据主流价值观的当今世界，教育离培养完人、实现人全面发展的目标越来越远，"表现出功利主义教育的取向和唯科学主义教育的倾向，教育不是成'人'的教育，而是成'材'、成'器'的教育"②，教育危机出现。同时，这种脱离生命本原，忽视人性的教育，只教人"何以为生"的本领，却没有引导其对"为何而生"的思考，最终导致漠视生命存在、生命情感匮乏、生命意义丧失等一系列生命危机的出现。

3. "以人的生命为本"的教育

尽管现代教育已将"以人为本"作为基本教育观念，但是教育危机和生命危机的出现说明，这种"以人为本"急需提升至"以人的生命为本"这一更高、更准确的层次。"以人的生命为本是以人为本教育主张的进一步落实。以人为本的教育是当代重要的教育思想，如果进一步追求以人的什么为本，那么以人的生命为本则是最佳答案。如果不能将人本教育落实于人的生命上，那么人本教育难免流于形式"③。因此，教育必须重视人的生命，遵循人的生命本质和特征。"与其说人是教育的核心，不如说人的生命是教育的核心；与其说是教育对人的关注，不如说是教育对人的生命的关注。所以关注人的生命，才是教育真正的本真

---

① 张娜：《生命教育理论研究》，长春：东北师范大学硕士学位论文，2004年。
② 冯建军：《生命与教育》，北京：教育科学出版社，2004年，第30—41页。
③ 刘慧：《生命教育的涵义、性质与主题——基于生命特性的分析》，《南昌大学学报》（人文社会科学版）2012年第2期，第39—43页。

所在。教育只有把人的自然生命、价值生命、智慧生命、超越生命四者有机地融合起来，以培养能够维持生命、认识生命、理解生命并能够提升生命的健全人格作为其基本追求，才能充分发挥教育的功能并引导社会和个体的发展走向光明"①。

总而言之，生命是教育的本真所在。它既是教育的原点，又是教育的归属点。教育应"以人的生命为本"，依据生命的特征，遵循生命发展的规律，引导生命走向更加完善、和谐与无限的境界。从这个意义上说，以生命为教育基点的生命教育就值得被认可和期待。

（二）生命教育的界定

生命教育由美国学者杰·唐纳·华特士于1968年提出，而后逐步在世界各国开始发展起来。在我国，生命教育出现较晚，在教育领域的实践还处在起步阶段，但学术界对它的探讨却十分热烈。不同学者从不同的角度和层次出发，提出了对生命教育的认识，而这些认识可大体归类为狭义的生命教育观和广义的生命教育观。

狭义的生命教育观强调的是将生命教育视为一种教育内容。如冯建军认为，学校生命教育的内涵主要是教人认识生命、保护生命、珍爱生命、欣赏生命，探索生命的意义，实现生命的价值。王学风②认为，学校生命教育是指通过对学生进行生命的孕育、生命发展知识的教授，让他们对自己有一定的认识，对他人的生命抱珍惜和尊重的态度，并让学生在受教育的过程中，培养对社会、他人尤其是残疾人的爱心，使学生在人格上获得全面发展。这种狭义的生命教育观与西方的生命教育观较为接近。它倾向于把生命作为教育的内容看待，是对生命本身的关注，包括个人与他人的生命，并扩展到一切自然生命。

广义的生命教育观强调的是将生命教育视为一种教育的价值追求。如刘济良认为，生命教育就是在学生物质性生命的前提下，在个体生命的基础上，通过有目的、有计划的教育活动，对个体生命从出生到死亡

---

① 刘济良：《生命教育论》，北京：中国社会科学出版社，2004年。
② 王学风：《中小学生命教育论纲》，《教书育人》2003年第1期，第7—10页。

的整个过程,进行完整性、人文性的生命意识的培养,引导学生认识生命的意义,追求生命的价值,活出生命的意蕴,绽放生命的光彩,实现生命的辉煌。程红艳[①]指出,生命教育旨在唤起人们对生命价值的认识,全面恢复人类生命的本性,采用理想的教育推动人的发展,提升人类生命的本性,使教育成为生命本质觉醒和显现的过程,成为个人向"人类"世界和自我不断开放的过程,从而改变教育的工具化和教育目标片面化的现象。不难看出,这种广义的生命教育观不仅包括了对生命本身的关注,而且还包括了对人生存能力的培养和生命价值的提升,既把生命教育当作一种教育内容,也注重对生命的终极关怀,强调生命的价值诉求和社会意义。从这个角度来看,生命教育实际上是一种价值教育,而将生命教育定位为价值教育也与笔者所持观点相符合。

综合以上学者的观点,并结合笔者对生命、教育和生命教育的理解,本书认为生命教育是一种价值教育,它从人的自然生命、社会生命和精神生命出发,通过有目的、有计划地开展与生命有关的体验式和参与式的教育活动,培养人保护生命、珍惜生命、敬畏生命、热爱生命等一系列生命意识,并引导人认识生命的意义,追求生命的价值,从而达到"天人物我"的和谐统一。

二、生命教育的发展历程

(一)生命教育的提出及其社会根源

生命教育作为一种教育思潮,在全世界范围内的兴起有其深刻的历史背景和社会根源。第二次世界大战以后,人们开始对残酷的战争给人类带来的灾难进行反思;此外,由于教育活动过多地倾向于科学主义而忽视人文主义,美国青少年自杀及暴力事件频频见诸报端,吸毒、堕胎、性危机、安乐死等伦理问题日益突出;与此同时,环境污染、自然灾害、能源紧缺、粮食危机等诸多威胁人类生存的问题也受到更多关

---

① 程红艳:《教育的起点是人的生命》,《现代教育论丛》2003年第5期,第1—6页。

注。所有这些因素促使西方于 20 世纪 50 年代中期将死亡教育（Death Education）提到重要地位。到 20 世纪 60 年代，死亡教育已在美国大学学院开始系统地且有计划地推广，并在西方逐渐成为一个教育分支科学，后来发展为"生死教育"（Life-and-Death Education）。再后来，随着现代化进程的推进和人类文明的发展，一种新的教育理念悄然兴起，即生命教育。

正式的生命教育可以追溯到 20 世纪 60 年代的美国，杰·唐纳·华特士（J.D.Walters）于 1968 年在加利福尼亚州创建"阿南达村"（Ananda Village）学校，开始倡导并实践生命教育的思想。杰·唐纳·华特士在他的著作《生命教育：与孩子一同迎向人生挑战》中提到："孩子们所学习的是如何生活在这个世界上，而不只是如何找到一份工作、一种职业；他们必须懂得如何明智、快乐而且成功地生活，而不违背自己内在深层的需求；当然，更不会执着于金钱和权力"[①]。几十年来，杰·唐纳·华特士所创立的生命教育理念受到了人们的高度重视，而通常认为，最早提出"生命教育"（Life Education）概念的是 1979 年在澳大利亚悉尼成立的"生命教育中心"（Life Education Center）。该中心自成立起，就致力于预防药物滥用、暴力和艾滋病，认为对青少年开展"生命教育"，培养他们积极、健康、向上的人生观，创设一个健康的生活环境，是防患于未然之道。目前，生命教育的实践已在全球范围内得到迅速发展，但其具体的发展状况会因国家和地区之间的经济、文化以及社会缺失和需求的不同而有所差异。以下则是生命教育在几个典型西方国家和我国的发展概况。

（二）国外生命教育的发展历程

1. 美国生命教育的发展概况

美国是世界上最早推广和实施生命教育的国家。美国的生命教育最开始主要表现为死亡教育，即通过科学的生死知识的传授和生死观念的

---

① （美）杰·唐纳·华特士著，林莺译：《生命教育：与孩子一同迎向人生挑战》，成都：四川大学出版社，2006 年，第 1—5 页。

树立，从而塑造正确的生命态度，追求生命的价值和意义。后来，在当时新兴的人本主义教育思潮的影响下，华特士提出，学校教育不能只是训练学生谋取职业或获取知识，还应该引导他们充分体验人生的意义，帮助他们做好准备，迎接人生的挑战。他认为，这一教育目的只能通过生命教育（Education for Life）来实现。鉴于这一主张，华特士于1968年在加利福尼亚州创建了"阿南达村"学校，专门倡导和践行他的生命教育理念。从此，生命教育开始在美国广泛实施，并向世界各国辐射扩展。

作为一个联邦制国家，美国一方面鼓励各州因地制宜发展校本生命教育课程；另一方面则推动社会媒体、民间组织、社区乃至家庭共同构建一套多层次的生命教育网络体系。从内容来看，目前美国生命教育大致分为人格教育、迎接生命挑战的教育、情绪教育三类；从实践来看，美国生命教育方式灵活，不仅有生命教育和资源网络（Life Education and Resource Network）这样的生命教育计划，通过互联网及电子传媒来宣传和推广生命教育，还有Life Skills Ministry等生命教育机构专门训练青少年生活技能。此外，进行野外生存训练也是美国生命教育的特色，通过实践体验来教育学生认识生命的珍贵。20世纪90年代，美国中小学生命教育已基本普及。"对于孩子提出的死亡问题，家长会直截了当地回答。孩子们还在家长或老师的带领下，到郊外专为绝症患者提供善终服务的宁养院，把花瓣轻轻撒向临终者的床榻，微笑着目送患者告别人世"[①]。

2. 澳大利亚生命教育的发展概况

澳大利亚的生命教育主要缘起于反药物滥用。1974年，澳大利亚的Rve.Ted Noffs牧师针对青少年吸毒并致死这一问题，提出了"生命教育"。Noffs牧师认为，要想解决青少年吸毒这一严重的社会问题，必须从小对孩子们开展相应的预防教育；于是，经过5年的努力，他于1979年在悉尼成立了第一所"生命教育中心"，协助学校进行反毒品

---

① 黄渊基：《生命教育的缘起和演进》，《求索》2014年第8期，第172—177页。

教育。该中心的宗旨为"预防药物滥用、暴力和艾滋病"。现在,生命教育中心已经发展成为一个国际性机构,属联合国"非政府组织"中的一员,并在中国香港、新西兰、南非、泰国、英国、美国等八个国家和地区设有分支机构。

澳大利亚的生命教育中心,每年为大约100万名从幼儿园到高等学校的学生提供相关的药物教育和正向的预防课程。在此过程中,它还注重发展学生的社交技巧和有效决策、沟通、谈判的能力,并努力通过学校教育和社区教育的结合减少青少年使用非法药物和吸烟,鼓励他们远离酒类、减少其他药物的伤害。"除此之外,实施机构亦提供不同方案协助每一位学生发展个体的独立性和维护个性上自信的技巧。因此,澳洲生命教育的目的,欲借由学校及社区的合作关系,帮助年轻人消除不合法的药物使用和吸烟,促使他们避开或延迟使用酒精,减少任何使用药物所可能产生的危害;同时还基于最新的研究,提供高品质的药物教育"。

3. 日本生命教育的发展概况

日本的生命教育可以追溯到1964年谷口雅春的《生命的实相》。而后,针对青少年的自杀、杀人、欺辱、破坏自然环境和浪费等日益严峻的社会现实,日本政府在1989年修改的新《教学大纲》中,明确提出以尊重人的精神和对生命敬畏之观念来定位道德教育的目标。在1996年《21世纪日本教育的发展方向》中,日本教育部门把培养学生的"生存能力"作为21世纪日本教育的发展方向。

日本虽然没有明确提出生命教育的概念,但在其实际的社会、教育、生活过程中都体现着对于生命的尊重与热爱。特别是其推行的各种体验活动和各项有关青少年健康培育的计划,都存在值得我们反思和借鉴的经验。

(三)中国生命教育的发展历程

1. 台湾地区生命教育的发展概况

我国台湾地区的生命教育是在社会殷切需求及政府主导下发展起

来的，至今已经有20多年的时间，其发展迅速且成绩极为显著。20世纪 90 年代初，有关生命教育的知识已经散见于台湾某些大学的课程中。20 世纪末，台湾青少年自杀、药物滥用、中途辍学、暴力与野蛮行为、帮派、性泛滥、儿童虐待等问题日益严重，促使台湾当局教育部门意识到在学校推广生命教育的必要性和紧迫性。在这样的社会背景之下，当时的台湾当局教育部门负责人陈英豪于 1997 年率先提出"生命教育"的概念与愿景。1997 年底，台湾制定"台湾省国民中学推展生命教育实施计划"，提出以初中阶段为试点，并在此基础上逐渐在小学和大学校园中进行推广，从而使生命教育在十六年学校教育中能得到全程化、一贯化与完整化的实现。同时，台湾当局教育部门还将拥有几十年伦理教育经验的台中市教会学校晓明女中设为推动学校，委托其设计"生命教育"课程，推动办理研习、训练师资等，并设立"伦理教育推广中心"（后更名为"生命教育推广中心"）。1998 年，"生命教育"在台湾地区的中学全面展开。2000 年，台湾当局教育部门成立"生命教育推动委员会"，指导和督促各级学校推动生命教育，并将 2001 年定为"生命教育年"。此外，我国台湾地区教育行政部门还在40所中学和10所高中设置生命教育中心，专门从事生命教育理论研究和实践探索，编制生命教育教材，以更好地指导和推广生命教育。

在这些努力之下，台湾地区的生命教育最终得以在大中小学校园中推行，覆盖了整个 16 年教育阶段，并在教育目标、课程设置、课堂教学到评价活动方面形成自己独有的体系，逐渐积累了丰富的经验。

2. 香港地区生命教育的发展概况

我国香港地区的生命教育开始于20世纪70年代后期，几乎和台湾地区同步。最开始在香港地区倡导生命教育的是一些宗教团体，后来逐渐被教育界认同，因而香港地区的生命教育先天就带有宗教特色，其生命教育内容涉及宗教教育、伦理、公民教育等。1994 年，香港成立了"生活教育活动计划"慈善组织，目的是为学生提供正面的、系统的药物教育课程，协助预防药物滥用。这可以说是香港生命教育的萌芽。1996年，香港天水围十八乡乡事委员会公益社中学率先开展"生命教育课程"的探索与实践。2001年，天主教香港教区出版了《爱与生命》教育系列丛书，除了为家庭生活教育提供素材与方法之外，也鼓励教师将这些内容融入相关科目的教学。2002年，香港教育学院公民教育中心在多次举办研讨会后，明确提出要以生命教育整合全校的公民及价值教育，并在多所学校推广正规及非正规的生命教育课程。同年，《香港生命教育通讯》创刊，致力于向社会宣传和推动生命教育。香港撒玛利亚防止自杀会（The Samaritan Befrienders Hong Kong）也在2002年获得香港赛马会慈善信托基金520万港元赞助，成立了香港首个"生命教育中心"。此外，香港还设立生命教育委员会、训辅委员会、联课活动委员会、家校合作委员会与校外团体合作，推行生命教育。

3. 大陆地区生命教育的发展概况

我国大陆地区的生命教育起步较晚，但在理论和实践方面都已有了一定程度的发展。

1993—1999年可以说是我国大陆地区生命教育的萌芽阶段。这一时期虽然还未出现生命教育的相关概念，但已有许多学者开始关注生命与教育之间的内在联系。如叶澜教授撰写《让课堂焕发出生命的活力》一文，呼吁"从更高的层次——生命的层次，用动态生成的观念，重新全面地认识课堂教学，构建新的课堂教学观"。又如哲学家黄克剑先生在接受《教育评论》采访时提出的教育的三个价值向度——授受知识、开启智慧、点化或润泽生命。在这个时期内，虽然没有明确地提出生命教育的思想，但是生命教育已经开始在我国大陆地区出现萌芽。

21世纪初，生命教育在我国大陆地区正式出现。郑晓江于2000年发表《国外死亡教育简介》和《台湾中小学的生命教育课》两篇文章，前一篇从介绍国外死亡教育的视角解读生命教育的背景，后一篇介绍台湾的生命教育课堂实践，首次把台湾的生命教育引到大陆。同年，刘济良发表《论香港的生命教育》，详细地介绍了香港地区的生命教育课程情况，突出了生命教育课程的性质，强调生命教育是关于生命的教育。自此，学术界掀起了生命教育研究的小高潮。

2004年，伴随着《中共中央国务院关于进一步加强和改进未成年人思想道德建设的若干意见》文件的颁布，生命教育在大陆地区迎来了它在理论和实践上的发展期。在大量相关学术论文和书籍问世的同时，政府部门、民间组织和各地区在实践上也有一系列的举措：一是全国妇联等七部委联合发布《全国家庭教育指导大纲》，明确提出"家庭教育指导应尊重儿童身心发展规律""将生命教育纳入生活实践之中"。二是《辽宁省中小学生命教育专项工作方案》《上海市中小学生生命教育指导纲要（试行）》等文件的出台。三是全国性甚至国际性生命教育年会、论坛、研讨会的持续举办和开展，如中国宋庆龄基金会连续举办多届"中国青少年生命教育论坛"，中国生命教育协会主办"全国大学生生命教育高峰论坛"等。四是各类生命教育研究机构和实践基地的成立，如天津永安生命教育与殡葬文化研究所、北京青少年生命教育基地、北京师范大学"生命教育研究中心"等。

整体来看，生命教育在我国大陆地区正处在由理论走向实践的方兴未艾期。

第二节　生命教育的内容与目标

一、生命教育的内容

很多时候，人们在对生命教育的实质没有了解的情况下，会顾名思义地以为生命教育就是"关于人的生命的知识教育"，并将它与人口教育、生存教育等并列起来看待。可以肯定地说："关于人的生命的知识教育"是生命教育，但这只是生命教育的一部分内容，而生命教育的内容远远不止于此。从生命教育的定义就可看出，它是一种外延十分宽泛的教育实践活动。这种教育活动包含的内容甚广，不仅会因受教育者的年龄、群体特征的不同而不同，还会因不同的国家和地区的文化传统、社会需求的不同而不同。但毋庸置疑的一点是，作为一种以人的生命为原点和归属点，旨在引导人认识生命、珍惜生命、尊重生命、热爱生命、提高生存技能、提升生命质量的价值教育，生命教育的内容虽然广泛，但在总的内容规划上具有一定取向和维度。

（一）生命教育的取向

生命教育是一种"以人的生命为本"的教育，因而有关人的生命的方方面面理应被纳入其教育内容之中，比如两性、死亡、生理健康、感恩、信仰、安全、预防药物滥用、自杀防控、传染病预防、心理健康、生涯规划、交往技巧、宗教信仰等。把这些具体内容进行整理归类，可以将其划分为不同的生命教育取向。黄德祥对此的看法比较典型。他认为生命教育落实在具体的教育情境中包含五个向度：宗教取向、生理健康取向、职业（生涯）取向、生活教育取向、死亡教育或生死学取向，并且认为美国的品格教育亦可视为生命教育的一部分。冯建军则将生命教育的内容划分为身心健康取向的生命教育、生死取向的生命教育、伦理取向的生命教育、宗教取向的生命教育和社会取向的生命教育。

不同取向的生命教育有不同的侧重点。生命教育不一定是一种取向，也可以是多种取向的叠加。各个国家和地区，甚至具体到不同的学校会根据其实际情况和需要采取不同取向的生命教育。比如我国台湾地区的生命教育就有五大取向。

（1）宗教教育取向：生命意义、生死归宿、终极信仰（安身立命）。

（2）健康教育取向：生理卫生、心理卫生、生态保育（健康快乐）。

（3）生涯规划取向：认识自我、发展潜能（自我实现）。

（4）伦理教育取向：思考能力、自由意志、良心道德的培养（伦理行为）。

（5）死亡教育取向：珍惜人生、超越悲伤、临终关怀、安宁照顾（死亡尊严）。

（二）生命教育的维度

在我国台湾地区，生命教育被认为是一种全人的教育，这是有道理的。因为生命教育是围绕着人的生命所开展的综合性教育，而人的生命处在自然生命、社会生命和精神生命的包围之中，因此生命教育的内容往往与生命的存在领域和存在形态有密不可分的关系。

胡燕琴将人的生命划分为四个组成部分：自然生命、精神生命、价值生命、智慧生命。她认为"这四种生命体现出人的身体、心理、智慧、价值、道德的完整性和统一性，它们是生命系统的不同要素，发挥着不同的功能。与生命组成的四个部分相对应，生命教育应以学会生存、学会沟通、学会生活、学会做人、学会创造为己任"[①]，其内容应包括以下四个方面：意识与生存能力教育、态度与健全人格、信仰与真善美教育、艺术与创新精神。

张娜认为，生命教育是"以生命为基点，根据人的三重生命即自然领域的自然生命、社会领域的社会生命和文化领域的精神生命，相应开展关爱生命存在的教育、培育生命丰富社会属性的教育和生命精神教育"[②]。

笔者结合各学者的观点，并根据生命教育在实际教育活动中的内容，从生命的三种存在形态——自然生命、精神生命和社会生命出发，将生命教育的内容归纳概括为以下三个维度。

1. 生命知识教育

生命知识教育旨在引导个体认识生命，形成保护生命、尊重生命、珍惜生命的意识。它包括有关生命方方面面的知识，如生命的产生和变化，生命的生理结构和生活习性，人类生命与其他生物体生命的相关性、共生性等知识。通过这些客观且基础的知识，让个体正确认识生命，并进一步体悟到生命的珍贵性和平等性。生命知识教育还包括死亡

[①] 胡燕琴：《2004 年国内主要教育期刊生命教育研究新进展》，《宁波大学学报》（教育科学版）2005 年第 4 期，第 35—38 页。
[②] 张娜：《生命教育理论研究》，长春：东北师范大学硕士学位论文，2004 年。

教育，让个体明白死亡的实质和过程之后，使其树立起科学的死亡观，并进一步达到"向死而生"的教育目的。此外，生命知识教育还应该包括生存教育、灾难教育等，使个体认识各种灾难的特征和应对方法，培养个体各种生存技能、安全防范能力和自救能力等。

"总之，'生命知识教育'包括'人的生命的知识教育'，但是却不局限于此。它融合了环境教育、人口教育等内容，它是包括有关生命各种知识以及与生命密切相关知识的教育，但是，生命教育并不是它们的简单相加，它把所有的教育都提升到生命的高度进行"[①]。

2. 生命精神教育

所谓精神是指感性与理性的结合，是生命意义引领下生命情感、意志和理性等的综合。生命精神教育就是要引导受教育者在追求生命历程中形成丰富的情感、坚强的意志、牢固的信念和理性的精神。比如，在信仰与真善美教育中倡导崇高理想，坚定正确信仰，培养真之情感、善之人性、美之情操；在艺术和创新精神教育中发展科学与艺术素养、独立思考与批判精神、较强的实践能力与创新精神；在挫折教育和逆境教育中砥砺坚韧不拔的意志，培养抵御挫折和战胜困难的能力等。

需要说明的是，生命精神教育并非强制灌输式的将空洞人生观、价值观、世界观传授给受教育者，而是基于个体的生命和生活，通过一个认识、实践和体验的过程来引导个体不断去追寻生命意义、领悟生命意义，从而提升生命的质量。

3. 生命关系教育

人之所以为"万物之灵长"，与其社会生命有密不可分的关系。在社会中，个体不仅会通过社会化获得社会属性，还会处在各种关系之中，是"一切社会关系的总和"。因此，生命关系教育首先要立足正常社会生活角度，培养人丰富的社会属性。其次，还要指导个体处理各种生命关系。

---

① 张美云：《浅谈生命教育》，武汉：华中师范大学硕士学位论文，2003年。

在培养个体丰富社会属性方面，生命教育不仅要培养人求生所需要的职业素质，更要培养人作为家庭成员和社会公民所需要的素质，围绕上述素质全面培养起人的知识、技能、情感、态度、价值观和行为方式。相应教育应分为"生活教育"、"公民教育"和"专业教育"三个方向[①]。生活教育可培养个体的家庭观念、家庭责任感、生活态度和情趣、生活自理能力；公民教育可培养公民意识和公民素质，使得个体成为合格的社会成员；专业教育可培养个体的职业素质，使人谋生、乐业。

在指导个体处理各种生命关系方面，由于个体是处在各种关系之中的，所以生命只有处理好这些关系才能存在并进一步发展。所以人际关系、生命规则等教育就成了生命教育的重要组成部分。通过这些教育，个体能获得为人处世、待人接物的经验和方法，并具有人文关怀和道德涵养，进而与他人、社会、世界和谐共处。

除了上述从生命的存在形态出发划分出生命教育内容的维度，还有的学者考虑到人的生命存在的不同领域及在不同领域人与不同主体的关联性，将生命教育的内容又划分出不同的维度。

张娜认为，生命教育是"以生命为基点，根据人的三重生命即自然领域的自然生命、社会领域的社会生命和文化领域的精神生命，相应开展关爱生命存在的教育、培育生命丰富社会属性的教育和生命精神教育"[②]。

冯建军认为"生命教育是围绕着人的生命所开展的综合性教育，而人的自我生命处在自然生命、他人生命、社会生命和宇宙生命的包围之中"（图2-1）。

因此他将生命教育的内容划分为以下五个维度[③]：

第一，人与自我关系的教育。认识自我生命的意义和价值，珍爱自己的生命，能够进行自我心理和情绪的调控，规划人生的发展，开发生命的潜能，不断地超越自我、实现自我。

[①] 张娜：《生命教育理论研究》，长春：东北师范大学硕士学位论文，2004年。
[②] 张娜：《生命教育理论研究》，长春：东北师范大学硕士学位论文，2004年。
[③] 冯建军：《生命教育的内涵与实施》，《思想理论教育》2006年第11期，第25—29页。

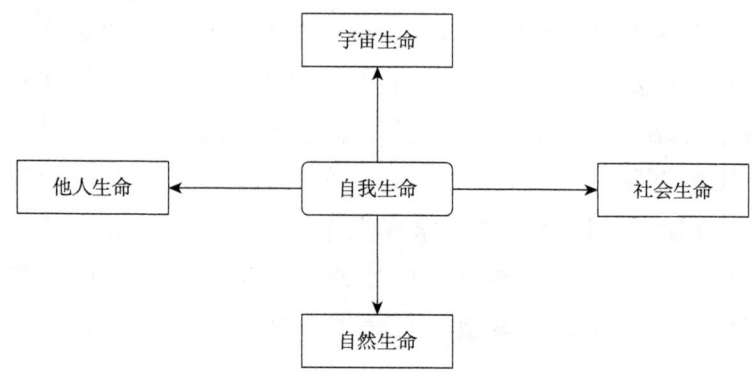

图 2-1　生命教育的维度

第二，人与他人关系的教育。理解他人的存在对自己生命的意义和价值，学会尊重他人、关怀他人，具有宽容的意识，尊重人与人之间的差异，创造一个和谐的人际环境。

第三，人与社会关系的教育。作为一个社会性的存在，个体生命首先要社会化，适应社会的要求，学会处理个人与社群、集体的关系，既要维护个人的正当权益、权利、自由，又要维护公共的道德和集体的利益，树立社会关怀意识和正义感。

第四，人与自然关系的教育。大自然是人赖以生存的环境，自然界的其他物种都是与人类息息相关的"朋友"。因此要具有一种民胞物与的情怀，尊重生物的多样性，珍惜周围的自然环境，保持自然生态平衡，追求可持续发展，创造一种天人合一的境界。

第五，人与宇宙关系的教育。生命以死亡为终点，但正因为有死亡，短暂的人生才要活出意义，所以生命教育教人思考死亡的意义，探索人类存在的价值，确立自己的人生信仰，努力创造自己灿烂的人生。同时，要认识国家、世界的伦理，关心人类的危机，树立地球村的观念。

黄建春认为，生命教育的内容规划则应实现学生每个学段独特的生命价值，从而实现学生一生的生命价值，它应先致力于帮助学生处理好以下几个人生重要关系[①]。

---

① 黄建春：《论生命教育的背景及实施》，福州：福建师范大学硕士学位论文，2005年。

（1）个人与自我的和谐关系，即"知我"。认识自我、悦纳自我、发挥潜能、实现自我、完善自我。

（2）个人与他人的和谐关系，即"知人"。关心他人、关心弱势群体、珍爱与尊重他人的生命。

（3）个人与环境的和谐关系，即"知物"。尊重生命的多样性、热爱自然、保护自然环境。

（4）个人与人类的和谐关系，即"知天"。关心人类的危机，创造人类美好的未来。

此外，也有研究者将生命教育的内容划分为不同的层次和层面。如许世平认为生命教育包括生存意识教育、生存能力教育和生命价值升华教育。生存意识教育，实际上也就是珍惜生命的教育。这是生命教育的第一个层次，是生命教育的基础和首要前提，包括生命安全教育、生活态度教育、死亡体验教育。第二个层次是生存能力教育，这是个体生命得以存在和发展的必要条件，包括动手能力、适应能力、抗挫折能力、野外生存及安全防范能力和自救能力的训练。第三个层次是生命价值升华教育，即生命质量提升教育，是生命教育的最高层次[①]。也有研究者认为，生命教育包括以下三个层面：一是认知层面，认识和了解身体及生命的意义和价值，熟悉与他人相处的法则，知道爱惜自己和他人生命的方法。二是实践层面，个体除了具备维护自身和他人生命的知识能力之外，还要能够真正去履行，不轻视、不践踏自己和别人，不做出伤天害理的事，能为自己的行为负责。三是情感层面，应具有人文关怀、社会关怀，而且能够不断自我省思，欣赏和热爱自己和他人的生命。除此之外，在实际的教育实践中，也有人把生命观教育、法制教育、心理健康教育、安全教育、健康教育、环境教育、青春期教育、禁毒教育、红十字教育、预防艾滋病教育等都统统归为生命教育的内容。

（三）生命教育内容的选择

如上文所述，生命教育所囊括的内容十分广泛，但是在实际开展生

---

① 许世平：《生命教育及层次分析》，《中国教育学刊》2002年第4期，第7—10页。

命教育的时候并不是必须对这些内容面面俱到,而是应该根据受教育者的具体情况,如心智发展程度、群体特征等,以及不同社会形态下的社会缺失和需求情况来选择适合的生命教育内容。

首先,生命教育的内容选择与受教育者的具体情况息息相关。以香港的生命教育为例,香港地区在对青少年群体开展生命教育时,会根据青少年在不同年龄阶段的身心特征,实行因材施教、分层教育。针对小学生生命知识匮乏、生命意识薄弱的特征,香港地区开设了诸如"迈向美好人生路""生活四重奏——平等、自由、生存、尊重"等内容的课程,旨在培养小学生的生活素质、自身修养、社会责任感和是非辨别能力,提高其对生命的敏感度;针对已处在青春期,且对生命的感悟、人生的价值和意义的理解已有一定基础的中学生,香港地区的生命教育结合日常点滴生活,向中学生传授青春期生理、心理知识,以及应对青春期敏感问题的方法,从而帮助中学生克服青春期的角色混乱等问题,使中学生逐渐认识自我,形成自我同一性①。

其次,生命教育的内容选择很多时候还与社会大环境有关。比如美国青少年生命教育内容包括了"关爱生命(死亡教育、健康教育、品格教育)、发展个性,注重和谐(环境教育、生计教育),挫折教育"②。之所以选择这样的生命教育内容,与在美国教育实用主义倾向下,出现的人们精神状况普遍迷茫、颓废、抑郁,自杀、滥性等社会问题突出的时代背景有很大的关系。再如,日本在20世纪末,基于自杀、杀人、欺辱、破坏自然环境和浪费等日益严峻的社会现实,开展了人性教育、爱国主义教育、人生观教育、国际化教育和余裕教育等方面的生命教育内容。

经过上一章的介绍,我们不难发现,流浪儿童这一群体在自我层面多表现出较低的自我评价和自我效能感,自卑心理严重;在人际交往和沟通层面大多表现出对他人的不信任,甚至表现出带有冲动性和攻击性的行为;在社会适应层面则表现出模糊的是非观,容易采取越轨行为。

---

① 郭平:《青少年生命教育现状研究》,上海:华东师范大学硕士学位论文,2009年。
② 崔淑慧:《文化视阈下的青少年生命教育研究》,开封:河南大学硕士学位论文,2013年。

针对流浪儿童的这些群体特征，本书较赞同的是台湾彩虹爱家生命教育协会（以下简称彩虹爱家）对生命教育内容的划分。彩虹爱家生命教育协会秉承"每个生命，都是上天独一无二的创造，都有其尊严与价值；并且这样的创造绝非偶然，而是要去体验更多生命的美好与完全"的生命教育核心价值，在17年专注的生命教育实践中收获了许多宝贵的经验，受到我国许多地区生命教育人士的肯定。其生命教育的内容划分主要从个体与外界的关系出发，被分为"天""人""物""我"四个维度，具体内容如表2-1所示。

表 2-1　生命教育的四个维度

维度	类别单元			
"我"（人与己）	认识自己	欣赏自己	爱自己	勇敢与信心
"人"（人与人）	人活在关系中	爱人如己	尊重他人	明辨是非
"物"（人与环境）	欣赏自然	爱护环境	生存与应变	社会关怀
"天"（人与生命）	欣赏生命	生死尊严	信仰与人生	

在表2-1"人与己"的课程中，帮助每个人知道"我是造物者精心设计、独一无二的创造，我是有价值的"，并使个人认识自己独特的特点；能欣赏、接纳自己；并带着自信活出应有的价值。在"人与人"的课程中，帮助每个人看见因为每个人原本就是独特且不同的，在与人相处上需要尊重与相互欣赏，让人际关系更和谐。而在"人与环境"的课程里，引导人们欣赏大自然的美好，从环境中体会生命教育的奥秘，并认识自然环境与人相互的密切关系与影响，学习以尊重的态度和大自然和谐共存。"人与生命"的课程，是生命教育的核心议题，除了引导人们欣赏生命、学习面对失落与死亡，也帮助孩子去思考"我为何而活？""生命的意义为何？"等问题，因为唯有找到自己生命的意义，才知道一生应当努力的方向和目标。而生命意义的寻找往往会追溯生命源头的信仰，所以"人与生命"也会引导人们探索信仰与人生的关系。"人与己"就像是建造美丽的大房子的第一块砖，也是生命教育中最重要的基础。彩虹爱家生命教育也依循这样的脉络，有系统地从"人与

己"谈起，进而推展到"人与人"、"人与环境"与"人与生命"[①]。而这样一个从"人与己""人与人""人与环境""人与生命"四个层面层层递进的教育体系正好契合流浪儿童在自我层面、人际交往层面及社会层面所表现出来的偏差和需求，可为流浪儿童的救助提供一个较为全面的指导。

二、生命教育的目标

首先，生命教育作为教育的一个分支，理应服从教育的目的，即"促进人的全面发展，从而促进社会政治、经济、文化的发展"。此外，生命教育作为一个独立的教育系统，它有自己独特的教育目标。总的来说，可以将生命教育的目标做以下划分。

（一）总体目标

本书在前文对生命与教育的关系探讨中已经明确，生命是教育的原点和归属点，生命教育是"以人的生命为本"的教育。因此，生命教育的总体目标就在于帮助个体认识生命、珍惜生命、尊重生命、热爱生命，提高生存技能、提升生命质量。这一层面的目标，学者们几乎达成了共识，只是各自在表达上有所差异。

（二）全面性目标

生命教育是一个独立的教育系统，学界在对其目标体系进行构建时，还会对其"全面性目标"进行探讨。对此，有些学者提出了实现学校、教师和学生三位一体的生命教育目标模式。

（1）学生。认识生命的意义；学会学习、自律；学生能自我教育；计划自己的生命远景，并能实现自己的计划。

（2）教师。认识自己生命的意义与教育生涯的价值；能将生命驾

[①] 佚名：《彩虹生命教育的缘起》，http://www.rainbowkids.org.tw/WordPress/%E6%9C%8D%E5%8B%99%E9%A0%85%E7%9B%AE/%E7%94%9F%E5%91%BD%E6%95%99%E8%82%B2/（2016-08-02）。

御融入各科课程，焕发学生生命活力；能通过教育教学研究，主动讨论生命教育的方法和策略；热爱、尊重、信任学生。

（3）学校。能形成以生命教育为核心的理念；制订生命教育实施计划，并全面、持续地进行研究；建构多元的学习环境；建立关怀生命的校园文化。

生命教育全面性目标的实现需要建立在层级性目标和具体性目标达成的基础上。

（三）层级性目标

生命不仅在于生物体的"活着"，更在于必须活出意义和价值。因此，"珍视生命，保护生命"只是生命教育最为基础性的目标，更高层次的生命教育则在于教人体悟生命的意义，追求人生的理想。从这一层面思考，生命教育是一个循序渐进的过程，其目标是有阶级性的。正如台湾学者郑崇珍（2002）的观点所述，生命教育的目标包括三个层级[①]：最基础目标——珍爱生命，活出尊严。第二阶层目标——发展生涯，建构生命愿景。最高目标——自我实现（图2-2）。

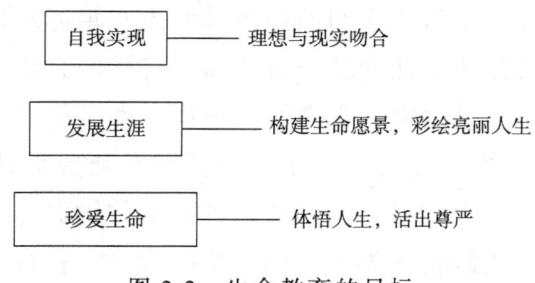

图 2-2　生命教育的目标

（四）具体性目标

根据生命教育所开展具体内容的不同，生命教育有其对应的具体性目标。比如余林梁提出生命教育的具体性目标如下[②]：（1）探索生命的

[①] 郑崇珍：《生命教育的目标与策略》，《上海教育科研》2002年第10期，第7—8页。
[②] 余林梁：《开展生命教育，提高大学生的人文素质》，《中山大学学报论丛》2003年第3期，第111页。

本质，培养尊重、爱惜及超越生命的情怀。（2）探讨生死的议题，涵养生死智慧，以面对人生的挑战和挫折。（3）探寻人生的价值，建立正确的人生观，充分活出生命的光芒。（4）追寻生涯的发展，开发个人生命潜能，开展兼顾工作、生活、休闲与学习的全方位人生。（5）培养生活的智慧，关怀自我、人际及社会，提高自我保护的意识和能力，以健全的人格和丰富的生命内涵，活出舒坦、丰盈的人生。

　　生命教育作为一种内涵丰富、外延广泛的教育，其内容可以有多种维度和取向，其目标也呈现出多元化，但落实到具体的教育场景时，学者们一致认为生命教育的内容和目标会因受教育对象的不同而有所差异。例如，《上海市中小学生生命教育指导纲要（试行）》指出，生命教育要形成各学段有机衔接、循序递进和全面系统的教育内容体系。小学阶段着重帮助和引导学生初步了解自身的生长发育特点，初步树立正确的生命意识，养成健康的生活习惯。初中阶段着重帮助和引导学生了解青春期生理、心理发展特点；掌握自我保护、应对灾难的基本技能，学会尊重生命、关怀生命、悦纳自我、接纳他人；养成健康良好的生活方式。学会欣赏人类文化。高中阶段着重帮助学生掌握科学的性生理和性心理知识，引导学生形成文明的性道德观念；培养对婚姻、家庭的责任意识，学会用法律和其他合适的方法保护自己的合法权益；学会尊重他人、理解生命、热爱生命，提高保持健康、丰富精神生活的能力，培养积极的生活态度和人生观。对于大学阶段，研究者认为应该让学生"既认识到生命的伟大与崇高，又认识到生命的脆弱与无助；既了解人类生命的价值，又了解自然界中其他生命的意义，教育大学生以平等的眼光看待世间万物，以敬畏的心情善待一切生命，以负责的态度关爱自己和他人的生命。"

　　此外，台湾学者徐敏雄针对台湾生命教育发展历程，整理出生命教育的内涵，也反映了不同内容之下，生命教育欲达成的不同目标，详见表2-2。

表 2-2　台湾地区生命教育研究中关于生命教育内涵的概述

两个方向	生命：为何而活，探讨生命意义与本质 生活：如何生活，寻找生命目标、追求丰盛人生
三个目标	正面积极的人生观：肯定、欣赏、尊重、关怀与服务生命 安身立命的价值观：良知、真善美、道德价值、终极信仰的建立 调和个体的知行情意：人格统整、情绪管理、自我实现与超越
四个向度	人与己：认识、欣赏与尊重自己，发掘潜能 人与他人：与人和睦、群体伦理、关怀弱势 人与环境：建立生命共同体，经营自然和人文环境的永续发展 人与宇宙：灵性超越之途径，寻得永恒价值、生命归宿等信仰提供的答案
五种取向	宗教教育取向：生命意义、生死归宿、终极信仰（安身立命） 健康教育取向：生理卫生、心理卫生、生态保育（健康快乐） 生涯规划取向：认识自我、发展潜能（自我实现） 伦理教育取向：思考能力、自由意志、良心道德的培养（伦理行为） 死亡教育取向：珍惜人生、超越悲伤、临终关怀、安宁照顾（死亡尊严）

第三节　生命教育的实施

　　生命教育作为一种价值教育，不同于其他学科教育，它更多的是一种综合性的教育活动，学者们一致认为，其实施是一项需要学校、家庭和社会多种教育力量共同参与和密切配合的系统工程。在这个系统工程中，学校是生命教育实施的主要阵地，家庭教育中生命教育的渗透和社会大环境的熏陶也必不可少。只有整合学校、家庭和社会三者的教育资源，营造出一个关爱生命、尊重生命、保护生命的氛围和环境，生命教育才能得到有效的实施。

一、生命教育在学校层面的实施

　　学校作为学生成长和社会化的重要场所，应该成为生命教育实施的主要阵地，而生命教育的开展可以从课程设置、教学方式、教师素养以及校园文化等多方面入手。

（一）课程设置

从目前生命教育实施的情况来看，其在学校的开展主要是通过有形的课堂教学来进行的，而具体的课程设置主要有以下四种形式。

1. 专门的生命教育课程

专门的生命教育课程就是将生命教育的基本内容编制为专门的课程，如悲伤教育课程、死亡教育课程和职业生涯规划课程等。也有学者将其定义为"生命教育校本课程或拓展课程，顾名思义就是学校根据学校的培养目标和资源条件以及某个年级学生的实际需要而独立开设的有关生命教育的具体课程。一般按每周一次或每两周一次排入正式课表，作为学校校本课程或拓展课程的组成部分"[①]。例如，我国台湾地区的"普通高级中学生命教育类选修课课程纲要"在 2006 年将生命教育作为选修课，正式列入高中正式课程。纲要涵盖了生命教育的三大议题领域：（1）终极关怀与实践。（2）伦理思考与反省能力的培养。（3）人格统整与灵性发展。其涉及"生命教育概论""生死关怀""道德思考与抉择""人格与灵性发展""哲学与人生""宗教与人生""性爱与婚姻伦理""生命与科技伦理"八门分科课程，并规定了选修课程实施的学期与时间安排，建议学生每一学期至少学习一门科目（两学分）的生命教育课程。

专门的生命教育课程的设计一般要由各学校来完成。各个学校所拥有的资源不同，且所处的环境和面临的问题有所差异，而生命教育又是一种内容涉及广泛的教育，因此，让学校作为专门的生命教育课程的设计主体能真正做到有的放矢，从而更好地落实生命教育的目标。

这种形式的生命教育课程设置的优点就是能通过专门的课程、课本，将生命教育的基本内容系统且完整地呈现出来，确保生命教育在学校的实施。但是，专业的生命教育课程因缺乏相应的师资力量，且鉴于我国学生当前学习的科目已经过多，学习负担沉重的情况，在国内还难

---

① 王文伦：《生命教育的功能定位与实施形态》，《当代教育科学》2010 年第 6 期。

以被推广。

2. 学科渗透

学科渗透就是指"充分挖掘蕴含在学科教学内容中的生命教育知识,在开展学科知识教育活动的同时,通过创设和利用学科教学所具有的生命教育情境,潜移默化地增长学生的生命教育知识,培养学生的生命情感,提高对生命价值的判断能力"①。例如,《上海市中小学生生命教育指导纲要(试行)》指出,"小学的自然、体育与健身、品德与社会等学科,初中的生命科学、科学、思想品德、社会、体育与健身、历史等学科,高中的生命科学、思想政治、社会、体育与健身、历史等学科,是生命教育的显性课程。要在这些学科的教学中增强生命教育意识,挖掘显性和隐性的生命教育内容,分层次、分阶段,适时、适量、适度地对学生进行生动活泼的生命教育"。

学科渗透的优点之一是将生命教育的基本内容巧妙地融入常规学科中,能在平时的教学中起到耳濡目染和潜移默化的效果,让学生在不知不觉中领悟到生命教育的精髓。首先,将生命教育的知识融入各学科后,学生可以从不同的学科视角,以不同的维度,去思考生命的价值和意义,从而获得更加深刻的生命知识。其次,学科渗透的生命教育不用再开设一门课程,也就不会在当前学业繁重的情况下,增加学生的学习负担。最后,学科渗透也存在不足之处。"它缺乏连贯性,不能为学生提供一个具有逻辑顺序的知识体系。不过,从国外开展生命教育的情况来看,只要这些课程的任课教师能相互协调,教育教学效果可以在某种程度上得到改善"②。

3. 专题教育活动

专题教育活动是"根据本地生活环境以及本校形势需要和师生实际,针对学生可能面临的重大学习和人生困扰或危机议题,由学校或年级组织特定领域的专业人员进行专题讲座,为学生释疑解难。专题报告

---

① 冯建军,武秀霞:《生命教育:研究与评论》,《中国德育》2008年第8期,第27—32页。
② 张美云:《生命教育的理论与实践探究》,上海:华东师范大学博士学位论文,2006年。

的内容和形式比较机动和灵活,所需要课时也不会太多,但针对性很强,具有重要的区域性和校本化特点"①。例如,结合学校学生的身心特点,生命教育可充分利用两性教育、安全教育、环境教育、禁毒和预防艾滋病教育、法制教育等专题教育形式,开展灵活、有效、多样的生命教育活动,也可以借助节日来开展生命教育活动。比如五月可配合母亲节安排"生育体验"的专题活动,九月可配合重阳节安排慰问孤寡老人等专题活动。

此外,有学者也提出,生命教育专题教育活动的开展还可以以"研究性或探究性学习活动或研究型课程"②形式开展。即利用研究性学习或研究型课程课时,学生以小组为单位,在指导教师的辅导下,选择生命教育领域的某个专题开展研究性学习活动。

4. 活动课程

这种形式的生命教育课程,将生命教育的基本内容以学生的活动为中心组织起来,以帮助学生在体验和实践中领悟生命教育的真谛。活动课程可以在课堂上开展,也可以在课外开展。

对于在课堂上开展的活动课程,教师通常会围绕日常生活中学生遭遇的种种生活经验,来安排特定的主题,并将生命教育的基本内容通过游戏、辩论、角色扮演、分组讨论、影片欣赏等多种活动组织起来,让学生在课堂上通过参与和分享达到特定的教学目标。"这些活动有些是为了增进学生的自我概念;有些是为了增强学生之间的人际互动,培养学生的交往技巧;有些是为了提高学生解决问题的能力"③。

在课外开展的活动课程,也可以称为课外活动,是学生体验生命成长的重要途径,它充分利用班团活动、社会实践活动等多种载体开展生命教育活动,让学生在参与和体验中感悟生命的意义和价值。例如,"组织学生去医院参观,一方面可以和孕妇交谈,了解孕育生命的艰辛,体会生命的来之不易,并感受迎接生命的喜悦;另一方面也可以参

---

① 王文伦:《生命教育的功能定位与实施形态》,《当代教育科学》2010年第6期,第34—35页。
② 王文伦:《生命教育的功能定位与实施形态》,《当代教育科学》2010年第6期,第34—35页。
③ 张美云:《生命教育的理论与实践探究》,上海:华东师范大学博士学位论文,2006年。

观急诊室,从而体会生命的易逝,甚至可以和临终病人交谈,感受他们对生命的领悟和眷恋。生命之所以宝贵,就在于生的偶然和死的必然。还可以组织学生参加义工活动,通过自己的力量去帮助他人,感受自己给别人带来的欢乐与幸福,相应的也从中感受自己的快乐"[①]。基于此,也有学者提出,要建立生命教育基地。如殡仪馆、墓区、社区、医院、康复中心等经过专门的设计和规划,都可以改造成为生命教育基地,以供学生在基地通过亲身的实践与体验,感受到生活的美好,生命的可贵,从而理解生命,珍惜生命,善待自己与他人。

活动课程的开展形式多样、灵活,能够通过积极参与、接触自然和社会的具体方式来强化生命教育的效果。但是,它在一定程度上也面临着学生学业负担重、课外活动少、形式主义、难以协调等方面的限制。

除上述四种生命教育的课程设置之外,考虑到生命教育的内容与其他学科的内容有交叉重叠,还有学者提出以"综合有关联的几门学科而组成跨越广泛共同领域的课程——综合课程"的形式来开展生命教育(即"使生命教育成为综合课程的一部分,并给予一定的课时比保证")[②]。总而言之,不同的生命教育课程设置有其自身的优势和劣势,但无论是哪一种,其课程内容都应该融合生命知识,其课程目标都应该以促进学生的全面发展为出发点。各学校可根据实际需求和资源情况,选择适合本校的生命教育课程,不一定是一种,也可以是多种形式的课程相结合。

(二)教学方式

生命教育作为一种与生命和生活息息相关的教育,其教育方式有别于传统义务教育的教育方式。它摒弃了应试教育背景下通过"外在灌输"来实现教育目标的方式,转而强调体验性和情景性在教学中的重要作用,并通过学生的参与体验和反思内省,"内在构建"起生命教育的精髓。基于生命教育这种特别的教育观念和教育追求,体验教学就成为

[①] 张冲:《大学生生命教育的意义及实施》,《江苏广播电视大学学报》2007 年第 6 期,第 91—93 页。

[②] 冯建军:《生命教育的内涵与实施》,《思想·理论·教育》2006年第21期,第25—29页。

其课程开展的一种典型方式。

1. 体验教学

体验对于个体来说是十分重要的,因为个体的信念都是从其生命的经验及体验中获得的,而信念又会影响个体的态度和行为。哲学家狄尔泰认为,体验是生命存在的一种方式,是具有本体论意义的。它不是一种外在的、形式的东西,而是一种源于内在的,和生命、生存相联系着的行为,是对生命、对人生、对生活的感悟。刘济良认为,"体验是生命在活动过程中产生的内在感受、主观经验和深刻情感,生命通过体验感知自我,认知他人,解读生活;生命通过体验获得意义,升华情感,净化灵魂。所以,人的体验在人的生命存在、人的自我生命的升华、人的精神的解放中具有十分重要的意义"[1]。而在教育学视野中,体验主要有三层含义[2]:(1)体验是教育过程的本质之一。教育过程不只是一种对客观世界认识的过程,而且是学生在教育情境中不断体验的过程,是学生体验生命成长的历程。知识、经验及其他教育影响只有通过学生自己去体验才能真正融入学生的内在精神世界,成为学生生命的一部分。(2)体验本身是教育所要达到的目标。教育不只是让学生获得各种知识,而且要丰富他们对世界的感受和体验,发展他们对生命意义的深切感悟。教育最根本的目的是培养人不断体验和领悟世界的意义和人本身存在的意义,充分关注人的生命体验和全面发展,使学习者成为自我生命的体验者和创造者。(3)体验是达到教育目标的方式和手段。教育应通过创设开放的、个性化的情境,让学生通过各种体验方式,对自己的潜能和周围的世界有深切的体悟,并通过多种体验渠道发挥自己的潜力,使学生的心灵得以充分发展。综上所述,既然体验在人的生命存在中具有十分重要的意义,且其在教育中的地位也不可小觑,那么作为旨在培养个体正确生命意识,引导个体追求生命价值的生命教育,就应该在其教学方式上对体验教学有所重视。

所谓的体验教学是一种以"体验"为核心,促进学生全面发展的教

---

[1] 刘济良:《生命教育论》,北京:中国社会科学出版社,2004年。
[2] 辛继湘:《体验教学研究》,重庆:西南师范大学博士学位论文,2003年。

育价值观、方法论和教学策略，在这种教育方式中教师通过创设各种开放情境或借助各种媒介，让学生通过亲身体验去感悟周围世界、理解并建构知识、发展能力、产生情感、生成生命的意义。体验教学以人的生命为基础和目的，尊重生命、关怀生命，拓展生命、提升生命，蕴含着高度的生命价值与意义。它所关心的不仅是人可以经由教育获得多少知识、认识多少事物，还在于人的生命意义可以经由教学获得彰显和扩展。因此，体验教学尊重生命的独特性。它关注每个学生在学习活动中的独特风格，让每个学生都有属于自己的成功体验。体验教育理解生命的生成性。"它关注着学生的变化、成长，理解他们在不同学习阶段的不同生命体验，为学生创设一个有助于其生命充分成长的情境，把学生的生命力量引发出来，使学习过程成为学生生命成长的历程"[1]。体验教育善待生命的自主性。它关注到生命自主探寻、自主追问、自主创造的本能，主张让学生在学习中主动探索世界、探索自我，从而增强自主性，在不断自我超越过程中体验到生命的意义和力量。

2. 生命教育的体验教学

生命教育的体验教学是指在生命教育的过程中，教师创设合理的情境或借助各种媒介，设置相应的活动，以生命教育为目的，有计划地开展生命教育活动，并在与学生共同参与生命教育活动的过程中引导学生体验生命的内涵、本质及特征，培养学生独立选择与自主判断的能力，帮助学生认识生命、欣赏生命、尊重生命、珍惜生命，提高生存技能和生命质量，实现生命价值的一种教育模式。这种生命教育方式不拘泥于死记硬背的知识灌输，而是强调学生通过亲历情景，并结合自身经历反思和分享，从而内化认识，进一步深化自己的观念。"体验式生命教育要兼顾两个层面：一是形而上的宗教、哲学等层面；一是形而下的医学、心理学、社会学等层面。人的生命不仅是自然的物质生命过程，通过形而下的经验实证来解释生命构造与生命机能；而且还是一个精神生命过程，通过把形而下的体验获得的经验知识进行形而上的终极

---

[1] 辛继湘：《试论体验性教学模式的建构》，《高等教育研究》2005年第3期，第64—68页。

思考来寻求生命的意义。由于人的生命是物质生命与精神生命的统一体，因而体验式生命教育就不能停留在表层的经验体验上，应该向意义体验深化"①。

按照不同标准，体验教学可以划分为不同的类型，如按照体验的对象来分，体验教学包括文本体验教学、情景体验教学、生活体验教学等；按照体验的目的来分，体验教学包括探究体验教学、情感体验教学、审美体验教学等。例如，文本体验教学就是借助书籍、绘本等开展生命教育，形式包括"读书会""绘本阅读"等。教师在找准文本中生命教育的切入点后，将学生带入文本情景之中，"以身体之，以心验之"，最终达到生命教育目的。又如，情景体验教学可以借助场景模拟再现某个情景来对学生进行生命教育。在这类体验教育方式中，可以采取角色扮演法，通过扮演角色，学生投入情景并在不知不觉中进行换位思考，获得不一样的生命体验。再如，审美体验教学可通过组织学生赏析音乐、电影、绘画等艺术形式，启发和培养学生认识生命之美的觉悟、创造生命之美的能力。此外，生命教育的体验教学模式还可以通过生命叙事的方式来开展。所谓的"生命叙事""是叙事主体在生命成长中所形成的对生活和生命的经验、体验和追求。它包括叙事主体自己的生活经历、自我经验、生命体验和生命追求以及自己对他人的生命经历、经验、体验与追求的感悟等"②。教师在开展生命教育时，应鼓励并倾听学生讲述自己独特的生命故事，因为这些故事往往是学生最真实、最有生命意义的体验，对其进行述说和分享可以"找回往日自己生命的感觉，可以再现过去生命的辉煌，可以坚定自己生命的信心，可以鼓励自己生活的勇气"③。同时，学生在倾听他人故事时候，也会产生共鸣、震撼、感动等情绪，从而形成对他人的理解和尊重。

如上文所述，不同方式的生命教育体验教学在具体实施过程中会有所差异，但是无论哪种体验教学，它们都基本遵循如下类似的教学

---

① 戴昀：《青少年体验式生命教育研究》，漳州：闽南师范大学硕士学位论文，2015年。
② 戴昀：《青少年体验式生命教育研究》，漳州：闽南师范大学硕士学位论文，2015年。
③ 刘济良：《生命教育论》，北京：中国社会科学出版社，2004年。

过程①。

（1）导入主题。体验教学并非一开始上课就进行体验，而是首先要让学生明白即将学习的内容，这就需要教师花少许时间导入学习主题。在导入主题时，教师不应该为了导入而导入，而应该让学生明白学习内容，同时想方设法激发学生的学习兴趣和求知欲。

（2）进行体验。教师用少许时间导入教学后，就应该创设条件进行体验。体验是一个非常自我、非常个性化的过程，在这一阶段，教师要设身处地为学生着想，不要强行用自己的思想代替学生的思想，或用自己的行为代替学生的行为；而要理解学生"幼稚"的言行，珍视学生的奇思妙想，呵护学生的独立"精神"。当然，这并不意味着教师不发挥任何作用，而是说教师要运用教育学和心理学的相关知识，科学地引导学生体验。

由于体验教学有多种类型，因此，教师可以根据具体情况决定体验的途径和方法。如情景体验教学，即通过创设情景让学生进行体验。而情景的创设，可以采取多种途径，如用实物演示情景，即以实物为中心，略设必要背景，构成一个整体，以演示某一特定情景；用音乐渲染情景，即用音乐特有的感人的力量，展现鲜明的形象，渲染广远的意境，如果能把音乐与文本结合起来，作用于学生的听觉和视觉，则会起到相互渗透、相互补充、相互强化的作用；用图画再现情景，即通过图画将文本中用语言描写的情境再现出来，把课外内容形象化；用表演创设情景，即根据文本，让学生担任角色，真切感受文本的内容等。

（3）将体验系统化。这一阶段的主要任务是将学生的体验进行抽象概括，形成系统化的知识或观念。体验是一个非常个性化的过程，不仅不同学生会对同一对象有不同感受，即使同一个学生，在不同时期对同一对象的感受也会有所差异。但是，教学作为一种有组织、有计划的活动，不仅有自身的目的，而且有价值导向，这就需要教师能在尊重学生体验的基础上，运用教学智慧，引导学生走向正途。"在这个过程中，教师要用宽容的心态对待学生在体验过程中出现的不同体验感受，

---

① 张美云：《生命教育的理论与实践探究》，上海：华东师范大学博士学位论文，2006年。

要从注重学生的统一性变为尊重学生的多样性和差异性，努力营造出一种民主、和谐的氛围，为学生更深层次的体验提供必要的条件"。

（4）内化体验。内化，在社会心理学或人格心理学中，是指个人认可社会的价值观或实践标准并将其作为自己生命的一部分；在认知心理学领域，是指抽象概念、规则的学习过程；在教育领域，它囊括了上面两种含义。内化在所有教学过程中都非常重要，在体验教学中，体验的内化则使体验教学达到顶峰。这一阶段，学生的任务是将系统化的体验"通过个体反思、同化或顺应等方式，将亲历中对事物、知识的感知或者对情境、人物的情感体验内化为自身行为或观念"；而教师则"可以组织学生讨论、辩论、互相启迪。交流可以促使体验主体再一次梳理自己的感受，使内化进一步深入。"

针对生命教育的开展，除了通过体验教育，有学者还提出了主题教学模式、探索教学模式等。

（三）教师素质

生命教育强调用生命去温暖生命，用生命去呵护生命，用生命去撞击生命，用生命去影响生命，而教师作为学生成长过程中的重要他人和生命教育的主动实施方，其素质的高低对生命教育的成败有着至关重要的影响。因此，实施生命教育的教师必须要具有生命情怀和生命智慧，并懂得如何开展生命教育。

首先，在知识储备上，教师要具备"生命学"的学科知识。在前文的介绍中已经知道，生命教育的内容十分广泛，涉及的学科有生物学、医学、心理学、社会学、哲学等，几乎只要是与生命有关的，并且可以借以帮助学生"认识生命、欣赏生命、尊重生命、创造生命价值"的知识都可以是它的教育内容。这里所说的"生命学"就是由众多科目中直接关涉到"生命"、并以帮助学生"认识生命、欣赏生命、尊重生命、创造生命价值"为目的的内容所形成的一门"学科"①。对于这些知识，教师没有必要做到"门门精"，更重要的是要在"广博"的基础

---

① 张美云：《生命教育的理论与实践探究》，上海：华东师范大学博士学位论文，2006年。

上,懂得各学科中关涉"生命"的知识的迁移、融合与运用,将这些知识灵活地服务于生命教育的目标。

其次,在内在素养上,教师要具备以下几点:(1)教师要有热爱生命的情怀。爱是一种能力,一种品质,是教育工作者应该具备的最基本素质。第一,教师要热爱自己的生命。第二,在自爱的基础上,热爱他人的生命,甚至是一切生命体。只有热爱生命的教师,才能真正内化生命教育的价值观,将生命教育作为自我价值实现和生命意义超越的事业,才能真正做到用生命影响生命。(2)教师要有"以人的生命为本"的教育理念。教师要坚信教育应"以人的生命为本",不将学生看作是自己表演的道具,须注意学生是一个个具有鲜活生命的人;要能看到并尊重学生的个别性和差异性,因材施教;要用自己的生命体验与学生进行心与心的交流,真诚地倾听和关注学生的生命状态,关爱学生,信任学生。(3)教师要有进行教育教学研究的能力。身为把生命教育作为一种追求和事业的教师,在教育实施领域中要积极实践生命教育,并且在实践中要有自己的反思和研究,为生命教育的发展做出贡献。

(四)校园文化

生命教育的实施除了从课程设置、教学方式、教师素养方面入手以外,校园文化的渗透也必不可少。很多学者主张生命教育需要一个尊重生命的氛围,要通过生命化的课堂生活、学校文化、班级管理等,将生命化的理念贯穿到学校的一切工作之中,让其弥漫在学校生活之中,使学生在学校能时时处处感受到生命的关怀,沐浴到生命的阳光。

要形成深厚的文化底蕴,建设充满生命情怀的校园文化,首先,可以从学校的校风校训入手。校训反映的是一所学校的目标和使命,是学校治学育人的核心理念。校风则是学校师生的精神状态和行为风尚,一旦形成就会成为一种思维习惯,对人起到潜移默化的作用。学校在设定校训和整理校风时除了秉持励志、积极向上的理念之外,还应该融入尊重、真诚的生命教育价值观,陶冶学生的情操,净化学生的心灵。其次,学校的校容校貌、布局陈设也是生命教育通过校园文化渗透的一个切入点。学校在环境建设时要"于细微之处见真意",通过融入生命元素的校园设施使学生体验到归属与被爱的感觉。比如,设立"植物标牌""文化墙""校园烦恼信箱"等。最后,具有生命情怀的校园文化还有赖于校园和谐人际关系的形成。"学校领导之间,领导与教师、学生和家长之间,教师与教师、学生和家长之间,学生和学生之间等多种关系的处理要'以人为本',以'平等、理解、和善、宽容、合作'为基本的原则,力求使校园成为师生共同成长的乐园,成为师生向往和依恋的和谐场所"①。

二、生命教育在家庭层面的实施

家庭是家庭成员互动的场所,是社会的细胞,其不仅承担着孕育生命的责任,同时具有教育个体生命由自然性向社会性过渡的功能。因此,家庭是生命教育开展的重要场所。具体而言,生命教育在家庭中的实施可以从两个方面进行。

(1)营造舒适、温馨和幸福的家庭氛围。在充满爱的家庭中成长的孩子有更多的机会拥有快乐、幸福的生命体验,而这种幸福的感受能让孩子经由身体感受到关爱,并在潜移默化中唤醒他们积极向上的生命情感,而生命情感是指个体对自我生命的体认、肯定、接纳、珍爱,对生命意义的自觉、欣悦、沉浸,以及对他者生命乃至整个生命世界的同情、关怀与钟爱②。良好家庭氛围的营造主要取决于两个方面——夫妻关系和亲子关系。从夫妻关系角度来看,因为父母与孩子之间的血缘关系和亲缘关系的天然性和密切性,父母的喜怒哀乐对孩子有强烈的感染作用,同时,父母的言行举止往往是孩子效仿的源头所在。因此,一个家庭中的夫妻双方应该维持一种和谐、真诚、相互尊重的夫妻关系,使家庭充满欢声笑语,充满生命情感,避免在孩子面前表现出争吵等不和谐行为,尽力为孩子创造一个幸福温馨的家庭文化氛围,让其在该氛围中充分感受生命的快乐。从亲子关系来看,父母作为孩子的重要他

---

① 张素玲,巴兆成,秦敬民主编:《生命教育》,东营:中国石油大学出版社,2007年,第70—90页。
② 崔淑慧:《高校留学生入学教育模式探讨》,《高教探索》2014年第3期,第154—158页。

人，对孩子社会化的过程及价值观的形成起着举足轻重的作用。因此，父母应当给予孩子足够的生命关爱，用充足的时间陪伴孩子、倾听孩子，关注孩子在不同年龄阶段的需求和困惑，以便更好地发展孩子的人格和心智，让他们在家庭中感受到爱，拥有生命归属感和安全感。除此之外，家长还应该有意识地和孩子一起建立一种尊重、平等、民主的亲子关系。比如，家长要善于发现孩子身上的个性，并尊重这种个性的存在，给予适当的积极指导，并在这个过程中让孩子接纳自己、肯定自己、珍视自己。

（2）创设具有生命教育意义的家庭活动。这就要求家长要具备一定的生命教育素养，能在生活中灵活创设出具有生命教育意义的家庭活动，并在这些活动中对孩子的身体、情绪、意志力和心智的发育成长进行引导，使孩子在德智体美各方面取得完满的发展。这些活动可以是一次在森林中展开的家庭露营，可以是亲子之间的一次读书心得或是观影心得交流，也可以是一次秋日散步。家长要善于捕捉这些活动中可供生命教育的经验和情感，并及时引导孩子内化这些经验和情感，于无形之中建构出积极向上的生命观。当然，这对于家长的个人素养，包括生命情怀有着较高的要求，但这也恰恰说明，生命教育的对象不仅限于孩子，成人同样也需要这种教育。

三、生命教育在社会层面的实施

如果说，学校是生命教育实施的主要途径，家庭是实施生命教育的基础，那么社会则为生命教育提供了一个平台或依托。生命教育的最终目标是帮助个体实现生命社会化，活出生命意义。因此，社会也应承担起"生命教育"的责任。从社会层面出发，生命教育的实体建设需要依靠政府、社区、媒体等力量的共同参与和支持。

首先，政府应制定相关政策，将青少年的生命教育观念内化到青少年制度文化中，如制定以青少年的生命精神为先导，受生命伦理观念支配和约束的制度[①]。其次，社会需鼓励建立专门的生命教育机构，通过纠正和补充青少年生命教育工作所需要的知识系统，完善青少年生命教育的基础设备，保障青少年生命教育的有效实施。再次，社区作为除学校、家庭之外青少年社会化的第三方场所，同样是构建生命教育网络，组织各类文化艺体活动的重要基地，对营造向青少年乃至全社会进行生命教育的社会文化环境具有重大意义。如北京市西城区社区建立了"社区大百科活动基地"和"社区青少年培训基地"，组织社区志愿者为社区青少年开展辅导与培训；北京天寿陵园设立有"生命教育馆"，向群众展示有关生命的各类知识。最后，通过运用现代媒体科技，借助大众传播网络的高速率开展生命教育宣传，有助于在整个社会宣扬关于生命教育的价值理念，加强社会生命教育的文化氛围，以实现大众认识生命、理解生命、创造生命进而提升生命质量的最终目的。

[①] 崔淑慧：《文化视阈下的青少年生命教育研究》，开封：河南大学硕士学位论文，2013年。

第三章 抗逆力的提出

第一节 抗逆力的界定

我国现处于社会飞速发展时期，社会风险也随之增多，如何规避及妥善解决社会风险成为目前普遍关注和探寻的焦点之一。在积极心理学思潮的影响下，心理学、社会学等相关学科的研究焦点逐步从关注问题转移到关注优势，激发人的内在潜能并寻找出问题解决的最佳途径。由此，抗逆力研究成为国际范围内社会学、心理学、社会工作等领域的研究热点。数十年来，抗逆力作为抵抗逆境和挫折的能力已得到绝大部分学者的认同和接受，并被运用于心理学和社会工作的多个领域。

在抗逆力研究历程中，不同学者对其有不同的看法和观点，因此对抗逆力的命名也有所不同。例如，台湾学者将其称为"复原力"，香港学者称为"抗逆力""压弹"，大陆也有学者将其称之为"心理弹性""韧性"。虽然不同学者对抗逆力的命名各有不同，但其所对应的英语名称都是"resilience"，其原意是弹性、弹力的意思，后引申为个体在所处困难、挫折、失败等逆境时的心理协调和适应能力。在面对逆境的过程中，这种抗逆力使个体的心理健康恢复至逆境前的状况或者出现更理想甚至巅峰的心理状态，在克服逆境后这种抗逆力也会随之提升，使个体在遭遇挫折后逐渐成长或获得新生。

关于抗逆力的命名提法不一，而且学者们根据自己研究的或其认同的研究结果对抗逆力的概念界定也不完全一致。在现有的研究中，抗逆力的概念界定尚未达成一致，其界定大致分为以下三类。

一、抗逆力是一种能力、潜能、特质

陶欢欢、刘玉兰的特质论[①]认为无论抗逆力的定义有何不同，其核心始终包含以下三个部分：个体暴露在困境中，个体抵消困境影响的资源或者优势的出现及个体展现出积极的适应结果。抗逆力的这种能力受到个体和外部环境系统的影响，并在个体生命历程中不同的阶段表现出不同的形式。与作为品质的抗逆力的相异之处在于，能力是动态的，并不是个体先天具有的。而抗逆力展示的过程和最终状态则体现了作为过程和结果的抗逆力的内涵，因而特质论将其归结为一种能力、一种潜能、一种特质。

二、抗逆力是适应良好的结果，而不是固定的特质

马斯滕（A.S.Masten）和科斯特沃斯（D.Coastworth）认为，不能将抗逆力视为个体的一种固定品质，如果其所处的环境和危险因素改变，则抗逆力也会随之发生相应的变化，因此应该视抗逆力为一种适应良好的结果。换句话讲，即抗逆力是个体在所处环境和危险因素共同影响下努力适应并适应良好的结果，抗逆力本身具有不确定性，不是固定的特质。

---

① 刘玉兰：《西方抗逆力理论：转型、演进、争辩和发展》，《国外社会科学》2011年第6期，第67—74页。

三、抗逆力是危险因素和保护因素在某一时间点上相互影响博弈的过程

沃特（N. F. Watt）、大卫（J. P. David）等通过调查发现：研究者很难分辨出调查对象在公开探讨的过程中如何去成功地解决情感上的痛苦有多么重要，一方面，调查对象在这项研究中的参与是第一次他们公开探讨所面对的问题和别人的"倾听"。另一方面，很少迹象表明调查对象情感的宣泄在回应调查询问中受到抑制。正如预期的那样，似乎大多数人确实成功了，尽管面对强大的挑战，部分成年人是承认实现了自我价值。①由此可知，抗逆力是危险因素和保护因素在某一时间点上相互博弈的过程，抗逆力是一种时间过程中动态的而非静态的点的研究。

综合看来，不同研究中对抗逆力的界定有略微的差别，有的研究将抗逆力作为个体品质，有的研究将抗逆力作为一种适应结果，也有很多研究将抗逆力看成一个由多种因素组成的集合体。美国心理学会指出②，抗逆力包含多种因素：它是一种关系——在家人与其他人之间保持一种良好的支持性关系，这种关系创造爱和信任，能规范角色，给予鼓励和让人安心，从而增强个体的抗逆力；是一种能力——制订切合实际的计划并着力去实现；是一种态度——积极看待自己，对自己的能力有信心；是一种技能——沟通和解决问题的技能；是一种力量——控制冲动和强烈情绪的力量。个体通过以上多种因素集合的相互结合共同作用以克服难题，与此同时，起作用的因素特性也将被提升，进而综合提升个体的正向抗逆力。虽然学者从不同角度理解抗逆力，但绝大多数都认同抗逆力是个体面对困境时表现出的积极反应，个体从困境中走出来并且感到更有力量、更有资源、更具自信，获得成长和进步，即个人的抗逆力最终使个体产生良好的适应结果。而不论抗逆力是一种品质还是由多种因素组成的集合体，抗逆力都是个长年积累的各种能

---

① N.F.Watt et al,The Life Course of Psychological Resilience:A Phenomenological Perspective on Deflecting Life's Slings and Arrows,*Journal of Primary Prevention*,Vol.15,No.3,1995,pp.209-246.
② 沈之菲：《抗逆力：一种重要的心理品质》，《思想理论教育》2010年第18期，第73—78页。

力、才能、资源、知识、长处和适应技能的组合,并在个体与环境的交互作用过程中体现出来的,最终使个体产生出良好的适应结果。综上所述,抗逆力在能力、过程和结果三个方面均有体现,因而笔者认为,抗逆力强调的是当个体在面对逆境时能够理性地做出较为全面的、具有建设性的、正向的选择和处理方法,其不仅仅指面对逆境的复原能力,同时还包含个体克服逆境的过程与结果,即抗逆力是能力、过程与结果的统一。

第二节 抗逆力的学理解读

在有关抗逆力的研究之初,学者们发现在面对艰难的风险境遇时并非所有的个体都会产生适应的不良反应,有些个体会克服逆境中的不利因素,同时始终保持积极向上的心理状态,并采取正向的处理方法以面对逆境,最终个体脱离困境并以积极的心态面对此后同类逆境的出现,获得成长和发展。这个发现使得学者们将研究兴趣转向了研究那些保护个体在逆境中获得良好适应的因素。

一、抗逆力内涵的解读

一般谈及抗逆力,又可用"复原力""恢复力",即表示人在面对困境时的回弹或回应,是一种适应逆境的能力,是一个个体与环境的互动过程,同时也是一个良好的适应结果,在这种能力和机制的引导下,个体可以自己克服和妥善解决遇到的难题。抗逆力的提出将会使生命历程的"危机关注"及"治疗模式"的消极视角转变为"增权模式"和"福利模式"的积极视角,也有利于调动个体发挥其积极的生命潜能,在社会学、心理学、教育学、精神病学等多个领域引起变革。

第三章　抗逆力的提出

（一）抗逆力是能力、过程与结果的统一

在现实生活中，一个面对危机的个体，其抗逆力的体现实际是能力、过程与结果的统一，正如加拿大研究者昂纳尔（Michael Ungar）所说："抗逆力意味着个体面对明显的危机事件时所体现出的符合健康结果的能力、行为和保护过程。"[①]抗逆力是个体的一种资本和资源，能够引导个体在所处的恶劣环境中处理不利的因素，从而产生正向的良好结果。同时抗逆力亦是一个过程，可以通过不断学习而获得和积累，并呈现不断增强的趋势。

抗逆力是一种能力。抗逆力能够引导个体在恶劣情境下如何应对并处理不利的条件，正视逆境并采取具有建设性的、正向的处理方法，从而产生适应良好的结果。人的一生难免会遇到大大小小的挫折，但同时，这些挫折也是一种刺激，能唤醒蕴藏在个体身上的这种潜在能力，即抗逆力，并用这种潜在能力去应付这些大大小小的挫折。"抗逆力的核心因素在于复原，即重新回到压力事件之前所具有的适应的、胜任的行为模式的能力。"[②]

抗逆力是一个过程，是个体与外部环境互动的过程，可以通过长期学习和积累获得并呈现出不断增强的趋势。抗逆力形成主要涉及4个方面[③]：认知的过程、情感的过程、社会的过程及采取有目标的行动，这几方面是联系在一起的，其中一个方面得到了改善，也会带动其他几个方面得到改善。环境中的危机与挑战是激发抗逆力的先决条件，换言之，抗逆力是危机和挑战的伴生物，当个体与环境互动并面临环境中的危机和挑战时，个体为了适应环境得以生存就会发展出应对这些危机和挑战的能力，也就是说抗逆力会在个体与不利环境的调试中逐步发展起来。因此，"抗逆力并非一种绝对的能力，拥有抗逆力并不代表个人就

---

① M.Ungar,*Handbook for Working with Children and Youth:Pathway to Resilience Across Cultures and Contexts*,London: SAGE Publications,2005.
② N.Garmezy, children in Poverty:Resilience Despite Risk,*Psychiatry*,Vol.56,No.3,2003,p.56.
③ R.D.Everall,Jessica K.Altrows and Barbara L.pauson,Creating a future:A study of resilience in suicidal Female adolescents,*Journal of counseling&development*,Volume 84,Issue 4,2006,p.84.

能抵抗压力,一个人的抗逆力适用于何种压力情境,是增加、减少还是改变,取决于个人与环境的互动。"①

抗逆力是一种结果,是良好适应的结果。个体通过抗御困难,恢复其良好的适应功能和行为结果,从而恢复逆境前的心理状态,甚至产生更加积极的心理结果,其预示着个体向着良好、积极向上的结果努力,而这一努力也有利于正向结果的达成。"抗逆力是一种现象:尽管这种现象可能会对个人的适应和发展带来严重的威胁,但最终会有一个好的结果。抗逆力可以理解为处于危险中的个体获取幸福时的一种状态,也指一个人要获取幸福所应具有的特点和心理机制。"②

(二)抗逆力的具体表现

抗逆力并非天才所独有的特质,也并非遥不可及。抗逆力其实是人们与生俱来的一种潜力。人在平安顺利的时候其自身的抗逆力不会被激发,便以一种潜伏的状态存在。当人在面临逆境时,自身的内在抗逆力可能会被激发,抗逆力的表现形式也会有所不同,通常有常规途径和非常规途径两种形式。

常规途径简称为"4C",包括胜任力(Competent)、爱心(Caring)、贡献(Contributions)和乐群(Community)。其使用常规手段,采取亲社会的行为取向,个体往往表现出对社会的认同、顺从和一致,并同时得到社会的接纳和支持。

非常规途径简称"4D",包括危险的(Dangerous)、违规的(Delinquent)、失常的(Deviant)和混乱的(Disordered)行为。其使用非常规手段,表现为反传统、反社会、反主流的行为倾向,往往会受到成人的指责、朋辈群体的排斥及公共舆论的压力。

常规途径与非常规途径都是个体抗逆力的具体表现,相对于无聊、冷漠和焦虑而言,非常规途径也是有意义的。从行为本身来看,非常规

---

① M.Rutter,Pathways from children to adult life,*Journal of Child Psychology and Psychiatry*,Vol.30,No.1,1989,pp.23-51.
② A.S.Ann Masten,*Resilience in individual development:Successful adaptation despite risk and adversity. Educational resilience inner-city:Challenges and prospects*,Hillsdale.NJ:Erlbaum,1994,pp.3-25.

途径可能是危险的、违规的、失常的或混乱的，但它毕竟还是在诠释生命的力量，还在为意义而斗争。尽管常规途径与非常规途径在表现形式上呈现出两相对立的趋向，但这正如一枚硬币的两面，或正或反，都是有意义的，是抗逆力的具体表现形式，共同展示了生命的能量与驱动力。从表现结果来看，常规形式的抗逆力与主流社会趋势相契合，容易被社会大众支持和接纳。而非常规形式的抗逆力与主流社会趋势偏离，不容易获得社会大众的认同和支持，从而抗逆力发挥作用的过程也会加大难度。因此，要提高自身的抗逆力，还需认清自身行为的真正动因，逐步将非常规途径替换为常规途径以重构生活。

（三）从问题缺陷转向优势力量的理论视角

抗逆力的理论支撑——优势视角——认为每个人都有自己解决问题的力量与资源，并且具有在困难环境中生存下来的抗逆力。相比于关注个体问题的问题视角，优势视角让我们能看到个体身上蕴藏的抗逆力，从关注问题转变为关注优势，使个体在危机与挑战面前不再一味地感到无助和恐惧，转而通过发掘和利用自身的力量和资源去积极主动地对危机和挑战做出回应。

优势视角作为一种理念和观点，而非一种理论，强调以个体的优势为基础，以最大的限度挖掘和开发个体的潜能，从而帮助个体战胜困难、解决问题。在各领域的服务中，服务提供者反对将个体的问题本身放大化，将个体问题化，且认为人不是被动的，而是具有自身的潜能和力量，完全可以依靠自身的潜能和优势提升自我、发展自我，因而制订了正向的、积极的服务计划。相较而言，优势视角的缘起是对问题视角的反思。顾名思义，问题视角是以个体所处的困境为核心，在服务过程中无形放大其问题本身，且将个体问题化，同时个体的被动性和脆弱性也随之凸显，从而导致个体的难题不能得到妥善解决，显而易见，个体对外界的依赖性也将随之提高。而优势视角则是聚焦于优势的一种视角，正视个体面临的困难和逆境，积极寻找个体周围的能量和资源，从而寻找出最佳的解决方式。Saleebey曾对问题视角与优势视角做过详细对比，如表3-1所示。

表 3-1　问题视角与优势视角的对比[①]

问题视角	优势视角
个体被定义为一个实例：症状合计为一个诊断	个体是被定义为唯一的：特质、才能、资源合计为优势
治疗聚焦问题	治疗聚焦可能性
个体的解释帮助唤出来来自某个专家的重复说明的一个诊断	个体的解释是了解和欣赏这个人的基本路径
工作者怀疑个体的故事、合理化	工作者对个体所理解的事实给予优先考虑
童年的创伤是成人病理的先导或预言	童年的创伤不具有预言性：他可能削弱或增强个体
治疗工作的核心是由实践者制订的治疗计划	工作的核心是对家庭、个体或社区的欣赏
工作是个体生活中的专家	个体、家庭或社区是专家
选择、控制、承诺（义务）和个体发展的可能性因为病理学而受到限制	选择、控制、承诺（义务）和个体发展的可能性是开放的
工作的资源是专业的知识和技巧，帮助集中于降低影响；症状、消极的个人和社会后果——行为、情感、想法或关系	工作的资源使个体、家庭或社区的优势、能力和适应能力，帮助集中于继续某人的生活，肯定和发展价值与承诺，在一个社区中或作为一个社区形成和寻找成员资格

由此，"优势视角"是相对于"问题视角"而言的，是转换角度理性看待问题，挖掘"问题"背后的功能，寻找解决"问题"的最优途径，与此同时，也是提升个体面对逆境时的抗逆力的一种理念和视角。由问题视角转换为优势视角是"范式"意义上的变革，也是心理学、社会学等多种学科在理念和方式上的转变，通过优势视角探寻和发掘个体周围的力量和资源，从而超越"问题"的限制，这也是促进个体抗逆力提升的关键！

（四）抗逆力的构成因子

综观国内外关于抗逆力的研究，发现它们在抗逆力的构成因子研究方面也存在一定的分歧。构成抗逆力的要素有很多，因而各要素综合起来而言也有差异，美国加利福尼亚州的抗逆力测量表中将抗逆力分为内在保护因子和外在保护因子两个部分，中国香港学者更认同效

---

① S.Dennis,The strengths Perspective in Social Work Practice:Extensions and cautions,*Social Work*,Vol.41,No.3,1996,p.298.

能感、归属感和乐观感三大抗逆力要素,美国学者 Richardson 更倾向于三分法,将抗逆力的构成要素分为外部支持因素(I have)、内在优势因素(I am)、效能因素(I can)①。

美国加利福尼亚州的抗逆力测量表②中将抗逆力分为两个部分:内在保护因子和外在保护因子。且内在保护因子得分越高,个体的抗逆力也越高。其中,外在保护因子包括家庭、学校、社区和同伴四个方面,每一个方面还包括:(1)关心的环境。生活中至少有一位了解关心并支持个体的人。(2)积极的期望。有人经常与个体交流,并通过直接或间接的方式告诉其将来会取得成功。(3)有意义的参与机会。指个体能够参加一些活动,并有机会承担责任、做出贡献。内在保护因子包括:(1)社会胜任力。有效地与人交流的能力,在与人交往过程中对他人表示关心、回应和灵活解决问题的能力。(2)自尊和自主性。自我认同和自我效能感,其下包含两个子维度:自我效能感(信心)和自知力。(3)目标感和有意义的感觉。相信自己的生活既是与他人一致又是独特而有意义的。内在保护因子中社会胜任力越高,即自我认同感和自我效能感越强,目标感越强,则个体的抗逆力越强,其克服难题、脱离逆境也更快。

中国香港面向中小学推出的"成长的天空计划"(Understand Adolescent Program,UAP)认为抗逆力的三大元素分别为效能感(Sense of Competence)、归属感(Sense of Belongingness)、乐观感(Sense of Optimism),简称为 CBO 的概念③。其中效能感包括人际技巧、解决问题、情绪管理及目标制定等;归属感指人若在被照顾及被支持的关系里,对这段关系存在期望并积极参与其中;乐观感是指相信未来是光明和充满盼望的。Martin Seligman(1995)在 *Optimistic Child* 一书中强调乐观感是可以培养的,主要取决于我们怎样看待当前的逆境。我们若将当前的逆境看为暂时的、个别的和外在的,就能比较乐观

---

① 杨业:《提升单亲家庭儿童抗逆力的实务研究》,苏州:苏州大学硕士学位论文,2015年。
② 沈之菲:《抗逆力:一种重要的心理品质》,《思想理论教育》2010年第18期,第73—78页。
③ 钟宇慧:《香港抗逆力辅导工作及其启示——以"成长的天空"计划为例》,《广东青年干部学院学报》2009年第3期,第29—35页。

流浪儿童生命教育的实践研究

和正面地面对逆境。

美国学者 Richardson 认为抗逆力的构成要素可分为三类：外部支持因素（I have）、内在优势因素（I am）和效能因素（I can）。其中，外部支持因素（I have）的必备条件包括拥有正向的连接关系、坚定清晰的规范、关怀支持的环境、积极合理的期望、有意义的参与机会。内在优势因素（I am）则有完美的个人的形象感、积极乐观感，从而更容易接纳自己和正视所处的逆境。效能因素（I can）包括人际技巧、解决问题的能力、情绪管理及目标制定等。构成个体抗逆力的基本要素有很多，综合起来则主要体现在以上三个方面，当个体处于危机、面对逆境时，这三个要素则会相互结合共同起作用，化解当前的危机，同时提升个体正向的抗逆力。在整个关于抗逆力的行动研究中，笔者主要采用 Richardson 对于抗逆力构成要素的划分。

在个体面临逆境时，抗逆力的多种构成要素相互结合共同起作用，引导个体选择正向的、理性的解决方法，与此同时，起作用的多种因素也能分别加以提升，从而促进抗逆力整体的综合提升。而抗逆力的具体构成要素均会在个体与环境的互动过程中得以体现，个体在面临逆境时，会启动自身潜力，利用外部资源和内部因素调试以达成抗逆力的运作与成效。若内、外部因素总体能达到动态平衡，则个体就能表现出较好的抗逆力。

（五）抗逆力的影响因子

除抗逆力的构成要素外，与抗逆力联系紧密的还有其影响因素：风险因素（risk factor）和保护因素（protect factor）。奥瓦尔（Howard）等人指出，在抗逆力理论中，风险因素并不是指那些特殊的、临床的、生物学的或者认知方面的儿童的弱点，而是指环境因素中单个或者整合的那些造成儿童在生存方面更容易失败的因素[①]。风险本身是多维度的，既能造成个体面对逆境时的消极心态，同时也是小的压力、生命实

---

① S.Howard,J.Dryden and B.Johnson,Childhood Resilience:Review and Critique of Literature, *Oxford Review of Education*,Vol.25,No.3,1999,pp.307-323.

践等的组合①。而与风险因素相对的是保护因素，保护因素中的多个方面相互结合共同作用可以减轻或消除风险因素带来的影响。正如威廉（William）所指出，保护因素是那些与风险因素相互作用，以降低或改变由高危因素导致消极结果可能性的因素②。

保护因素不仅存在于个体内部，还存在于个体外在的资源和优势。而个体及其生活的环境系统不同，保护因素也有不同的界定。有相当多的学者倾向于二分法，将保护因素分为两类：一类是内部因素，另一类则是外部因素。但也有不少学者倾向于三分法，如加梅齐（Garmezy）认为保护因素来自三个方面：（1）个人层面上，包括一些基本的个体特质，如智力水平和性格等。（2）家庭层面上，包括家庭本身的特质及家庭可以给予孩子的支持、家庭的情感互动。（3）外部支持层面上，包括能够协助儿童和家庭的，在个体和家庭之外的其他任务和制度的外部支持。③

风险因素在个体面临高危环境中是客观存在的，因而多数学者着重研究保护因素发挥最大化效能方面。当危险和困难来临时，风险因素会受到个体保护因素的阻抗进而造成更严重的"后果"——启动抗逆力"阻击系统"，迸发出强大的力量，帮助个体逃离"危机现场"、整合力量渡过难关。许多临床实践也表明，提升抗逆力的关键在于协调好个人品质、家庭支持及外部环境支持系统这三种资源之间的"统筹"。

二、抗逆力运作模型解读

（一）身心灵动态平衡模型

抗逆力视角提出以后，欧美学者进行了大量的、卓有成效的探索。

---

① S.S.Luthar and E.Zigler,Vulnerability and Competence:A Review of Research on Resilience in Childhood,*American Journal of Orthopsychiatry*,Vol.61,No.1,1991,pp.6-22.
② R.B.William,The Role of Self-understanding in Resilience Individuals:The Development of a Perspective,*American Journal of Orthopsychiatry*,Vol.59,No.2,1989,pp.266-278.
③ N.Garmezy,Resilience in Children's Adaptation to Negative Life Events and Stressed Environments,*Pediatric Annals*,Vol.20, No.9,1989,pp.459-460,pp.463-466.

1999年，Richardson及其同事通过总结前人的成果和自己的实务研究，提出了身心灵动态平衡模型，如图3-1所示。

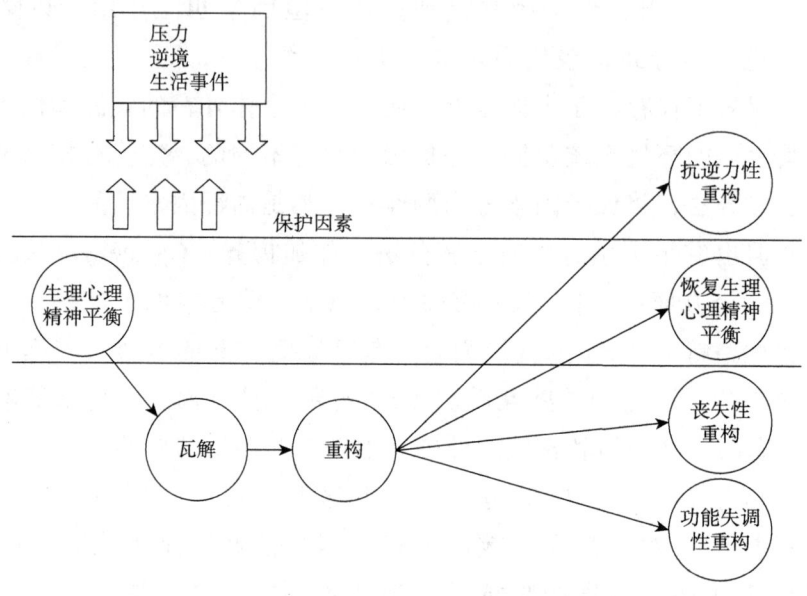

图3-1 身心灵动态平衡模型

Richardson侧重抗逆力四种重构水平的研究，他认为当个人的心理、生理、精神的平衡状态被打破后，通过风险因素和保护性因素的相互作用，个体会具有重构平衡的可能性。当个体处于压力和危机下，个体保护因素与外界危险因素相互作用，一旦外界危险因素的力量大于个体保护因素时，个体的"身心灵平衡"则会出现不稳定的现象，原有的理论结构瓦解，影响个体整个平衡系统的重构，出现以下四种情况：（1）伴随着功能紊乱而出现失衡的状态，个体只能是针对机能不良性的重构，即功能失调性重构（Dysfunctional Reintegration）。（2）伴随着丧失而建立起低水平的平衡，达到缺失性的重构，即丧失性重构（Reintegration with Loss）。（3）回复到原有的平衡状态，即平衡重构（Reintegration Back to Homeostasis）。（4）达到更高水平的平衡状态，即抗逆力重构（Reintegration with Resilience）。这四种重构的结果均是在面对逆境后的状态来描述互动结果，其中身心灵平衡状态作为抗逆力的标志，无论环境是好是坏，其在心理、生理和精神上都是对外界环境的一种适应状态。

抗逆力是个体与环境的交互作用,因而外在环境对抗逆力的形成至关重要,协助抗逆力形成的内在保护因素也是环境作用的产物。当个体面对危机时,是抗逆力状态还是自我平衡状态,是非适应性状态还是功能失调性的状态,都取决于个体与环境的交互作用。若个体沉稳面对、平稳反应则是其自身内在抗逆力的表现。突发事件和内在保护因素的相互作用决定个体状态是否会被瓦解,而平衡的瓦解又是重构的前提。在日常生活中,我们身心灵平衡很容易被现实中的突发事件、压力、逆境等破坏,若个体之前的抗逆力和重构之后的抗逆力能妥善处理面临的突发事件或逆境,则该身心灵平衡状态就不会被破坏,而平衡状态不被破坏,个体的身心灵动态平衡自然也不会出现重构的情况。对于如何界定突发事件的问题,Richardson 认为,突发事件不一定都是消极的,在他看来,所有侵入原有生活的新事物都是突发性生活事件,它会破坏个体原有的生活状态,使之发生改变,即便是积极的变化,也可能带来瓦解。因此,突发性生活事件可能会促进个体处理问题技巧的提高,并成为抗逆力提升的契机,而由突发性事件引发的重构则是抗逆力的结果,平衡的瓦解并不意味着毁灭,而是意味着新生活的开始。综合来看,抗逆力的产生在本质上并非纯粹地避免外在负面事件的影响,而是正向地、有效地面对和处理突发性事件。

(二)抗逆力轮

台湾心理学家柯永河教授早前提出一个著名的心理学公式:$B=P/E+S.S$,其中,B 表示症状的出现率即心理不健康程度,P 表示心理压力的总和,E 代表自我强度,$S.S$ 表示好的社会支援。通过该公式可知,影响个体的心理健康主要有三大要素:生活压力、自我强度和社会支援,且个体自我强度越高,其心理健康程度越高。因此,若期望个体心理健康程度得以提升,维持身心灵的平衡以建构或重构正向的抗逆力,还需从三个方面着手:(1)正视个体所面临的生活压力,寻找最优的情绪排遣方式,积极进行整体的调适,使面对的生活压力得以释放。(2)建立一个积极的自我认知,正视自己的优点,从而提升其自我强度。

（3）确立正确的人际交往态度、维持良好的人际关系以增加其社会支持的强度。

而对于抗逆力较弱的个体，Nan Henderson 和 Mike M. Milstein 提出了"抗逆力轮"模型，旨在克服环境中的危险因素。该模型主要从两个方面提升个体的抗逆力：改善环境条件和提升个体本身的能力，帮助个体在面对危机与压力时做出积极的调试，并找出正向的解决方法。抗逆力轮模型如图 3-2 所示。

图 3-2　抗逆力轮模型

而由图 3-2 可以看出：

（1）个体通过学习生存、生活方面的技能，脱离或缓解其生存困境。

（2）个体通过增加其亲社会联结，完善其社会支持网络。

（3）个体通过建立清晰、稳定的边界，提高其自身的明辨能力和防御能力。

（4）个体通过外部的关怀与支持，逐步建立和拓宽其外部支持体系。

（5）个体通过建立和表达高期望，提升自身的自信心，形成乐观向上的人生态度。

（6）个体通过积极参与各类活动，形成积极的人生观并增强其对社会的归属感。

抗逆力轮从行为系统的锻炼和认知系统的改变方面，提出了增强个体自身抗逆力的应对机制。工作者通过增加个体周围的亲社会联结并建立清晰稳定的边界，以及教授其生活技能来缓解个体周围环境中的危机因素，同时通过提供机会促进参与、建立和表达高期望、提供关怀与支持来建立个体周围环境中的抗逆力，便可"双管齐下"增强个体的自我效能感、乐观感和归属感，培养其积极面对困难和逆境的能力，从而综合提升其正向的内在抗逆力。

第三节　抗逆力研究的历史演进及特点

一、抗逆力的历史演进

关于抗逆力的研究，国外最早在临床方面进行研究。抗逆力（Resilience）一词最早来源于拉丁文 resilio，用于表示跳回这个动作，《牛津英语词典》对其的解释是：回跳和反弹的动作和伸缩性。抗逆力的概念最早出现在机械力学，其原意是弹力、弹性，是指物体受外力作用后发生形变后，若撤去外力，物体还能回复原来形状的力，即物体能在发生形变后恢复原有形状的作用力，英国科学家胡克根据这一现象发现了著名的弹性定律，该定律也成了物理学重要的基础理论。之后西方学者开始将"抗逆力"这一术语从物理学领域借鉴过来，将其正确运用到心理学、社会学乃至教育学的研究中，此举也得到各国学者的广泛认同，而关于抗逆力的研究最开始也仅用于研究特殊人群的心理健康和自我恢复能力。

诺曼·加梅齐（Norman Garmezy）是抗逆力研究的先驱，在 20 世纪 70 年代早期，他通过研究"为何部分孩子不会因为与患有精神分裂症的父母生活而患精神方面的疾病"而得出结论：抗逆力的某种特性在心理健康方面所起的作用远比人们之前想象的要大。①

随后，英国心理学家 Anthony 做出进一步的相关追踪研究。他挑选了 24 名来自精神疾病家庭的孩子进行追踪研究，发现 24 名孩子中仅有 8 名和其父母一样出现精神疾病或相同的困扰，另外 16 名孩子并未出现精神疾病方面的症状。由此 Anthony 得出：某些来自精神疾病家庭的儿童，虽然长期处于严重的社会心理逆境中，却超出预期，能发展出健康的情绪和较强的生活适应能力，并将这些孩子称为"适应良好的儿童"（invulnerable child）。②此后，有学者针对"适应良好"这一概念提出异议，认为"适应良好"不受危险因素的影响是绝对的，适应过程是一个发展的过程，随着生命周期的不同，优势或者缺点都会随之发生相应的变化，而抗逆力理论却能有效地展示这种相对性，从此抗逆力这个概念受到了学术界的关注。

从 20 世纪 80 年代中期起，抗逆力和保护因子的研究逐渐获得重视。诺曼·加梅齐对伦敦 6 个贫民区家庭进行了研究，这 6 个家庭的生活环境充满罪犯、毒品、精神疾病患者、家庭暴力、拥挤的生活空间等。然而这 6 个家庭的父母对待孩子表现出弹性的管教与反应态度，注意子女的在校成绩，维持家庭良好的氛围，给子女灌输对生活、人生的积极价值观。诺曼·加梅齐将这些特质简单地归纳为三项保护因子：第一，积极人格特质的建构。第二，家庭支持系统的建立。第三，社会支持和外在资源的建构。③

20 世纪 80 年代后期，抗逆力的研究得到较广泛的开展，研究者也提出了有关抗逆力方面较多的观点与阐述。从抗逆力的出现形态来看，其主要有三种形态出现：一是克服艰难的能力，凭借内在的自我系统的免疫机能化解危机。二是克服压力的因应能力，个体在面对压力情景时

---

① 黛安娜·库图：《有一种力量叫复原力》，《商业评论》2003 年第 7 期。
② E.J.Anthony,The syndrome of the Psychologically Invulnerable Child,In E.J.Anthony and C.Koupernik, *The Child is Family*,New York:wiley,1974.
③ N.Garment,Stress-resistant children:the search for protective factors,In J.Stevenson,*Recent Research in Developmental Psychopathology*,Oxford:Pergamon Press,1985.

第三章 抗逆力的提出

能表现出或做出某些因应行为，而使压力事件不致对个人造成影响。三是创伤复原的能力，具有这类能力的个体有可能因为过去生活中的成功经验，或因为在心理康复的过程中学习或建构成功的因应能力，最终化解压力的威胁而回复到心理健康。①

从个人危机情境的保护机制来看，抗逆力具有三种运作模式：第一，免疫模式（immunity model），个体过去学习的成功经验，能使个体在面对危机时有效地化解危机。第二，补偿模式（compensatory model），个体的人格特质或环境资源能协助个体在遭逢危机时能因之被应用或者适时出现，使得危机不致对个体产生影响。第三，挑战模式（challenge model），危机对个体而言，不是负向的资产，反而强化了个体解决问题的技巧。上述三种模式会在危机中单独出现，也可能交互出现，也可能在处理危机事件中的不同阶段中一次性出现。②

1994 年，Brook 根据人格成长的观点，分别从良好的个人自尊、和谐的家庭成长经验和良好的社会外在支持系统三个方面说明了建构青少年抗逆力的相关因素。

随着个体抗逆力研究越来越被重视，有关家庭抗逆力的研究在过去十年中亦逐渐受到重视。家庭抗逆力的研究，是从家庭整体层面（family-level）的角度，探讨如何从整体互动的角度建构健康的家庭。十几年来，抗逆力研究逐渐增多，并已逐渐成为一个相对独立的研究领域，其研究重点也已转到个体与环境交互作用的动态过程。据不完全统计，从 2005—2015 年文献共收录了约 5500 篇相关研究，近十年间抗逆力探讨已成为国际心理学、社会学界等最热门的研究课题。1987 年，Rutter 在其关于抗逆力的研究中强调了个体与环境互动的过程，在 1993 年的研究中他进一步提出抗逆力并非一种固定不变的绝对能力，且拥有抗逆力并不代表个体就能抗拒压力，抗逆力及其作用的改变或增加与否取决于个人与环境互动的结果。

---

① 周碧岚：《复原力研究的进展与方向》，《求索》2004 年第 10 期，第 132—134 页。
② 周碧岚：《复原力研究的进展与方向》，《求索》2004 年第 10 期，第 132—134 页。

二、抗逆力研究的特点

关于抗逆力的研究从自然科学领域拓展到社会科学领域，从抗逆力的发现到界定，再到成为近几年在各项临床实践的实证研究历经了数十年，由于研究者研究视角和学科背景的不同，其抗逆力研究的方向也不同。综观国内外关于抗逆力的研究，大致可以从这几个方面概括抗逆力的研究。

（1）主体性。抗逆力以个体和环境为研究载体，全面探索危机因子和保护因子的运作机制，而在此机制运作过程中的特质则是指个体的认知或情感的心理特质，强调了一定的主观性。

（2）客观存在性。抗逆力是个体的一种能力或品质，是个体所具有的特征。

（3）过程性。抗逆力是一种个体与环境交互作用的动态过程中产生作用的因应过程，是一种时间维度上的研究而非点的研究。

（4）方向性。抗逆力的努力方向是朝向积极、正向的目标，以期实现克服困境、恢复良好适应的功能或行为结果。①

有的研究者将方向性特质解释为结果性特质，笔者认为这是不全面的，服务过程中个体若表现出自暴自弃、逃避的行为则说明了抗逆力既有正面的作用，也可能存在副作用。例如，其正面的作用是指帮助主观能动性较低的或正处于某种困境的个体适应和缓解当前的现状，化被动为主动，正视当前的逆境，并运用最佳的方法解决问题。而负面的作用则是指该个体也有可能躲避问题或转化所面临的矛盾，以抗拒、否认或转移的态度面对问题，从而使问题不能更好地得到解决。

在抗逆力研究历史演进过程中，有关抗逆力的理论在研究视角、研究对象和研究内容这三方面也发生了不同程度的转变：在研究视角上——从单一的学科到多元的跨学科研究，随着生物技术、计算机技术、统计技术等发展，抗逆力研究远超早期的研究成果，形成整合性的、多元的跨

---

① 王君健，薛小勇，董凌芳：《社会工作视阈下的抗逆力解读》，《社会工作》（下半月）2010年第5期，第4—7页。

学科研究，其中生物学也重新进入现有的抗逆力理论和实践框架中；在研究对象上——从儿童和青少年到更多的逆境中的人群和组织，最早有关抗逆力的研究针对的是特殊人群的心理健康和自我恢复能力方面，而后儿童和青少年始终是主要的抗逆力研究对象，随着研究的深入，研究对象也由个体扩展为组织，如家庭抗逆力、社区抗逆力、社会抗逆力的相继问世；在研究内容上——从描述性研究到抗逆力理论与实证研究并重的整合研究，在近50年的抗逆力研究历程中，其研究内容具有明显的学术转型和鲜明的内容创新特征，如从经验性的探讨个体差异到关注多元的影响因素，从界定保护/风险因素到理解保护性过程和机制，再如从理论研究到社会政策和实践的整合研究，抗逆力的理论研究框架还被应用于各种旨在提升个体抗逆力的社会政策和社会实践之中。

第四节　抗逆力视角下对流浪儿童进行生命教育的优势分析

　　就目前来看，虽然我国的教育体制仍然带有较强的"应试"色彩，但幸运的是人们已经发现了应试教育对人全面发展的阻碍。应试教育下的学生犹如考试机器，尽管掌握了许多知识，却只会将这些知识填入试卷的空白处，不会将其与生活和自我联系。纵然他们满腹知识，却没有建立起对自身的觉察能力、对情绪的管理能力，当然，意志力和心智也很难成熟起来。这直接导致这些孩子在成年之后很难适应社会生活，表现出低下的抗逆力，难以面对社会中的危机与挑战。鉴于以上这些对应试教育局限性的反思，越来越多的人提出实行全人教育的愿景，以期用另外一种更加人性化的教育方式来使孩子拥有强大的生存知识和智慧。因此，德育教育、自然教育、生命教育等多种教育形式终于进入了大众的视野。结合书中前文对生命教育和抗逆力的介绍，很容易发现生命教育主要关注人的生存环境和生命本质，这种可以发掘教育内容和教育价值的教育形式，能很好地帮助孩子与生活、自己的生命产生联结，培养出强大的抗逆力，习得立身于世的智慧。就目前我国各地通过开展生命教育以提升抗逆力的总体情况来看，笔者认为香港中小学 UAP 相对来说是一项比较系统的抗逆力提升服务的项目。该项目经过 7 年的试点工作和实证研究、科学的效果评估，确实有效，并从 2001 年起被香港政府正式向全港中小学推广。该项目的设计及实施理念提出的社会背景、内容、运作方式等，都将对内地青少年抗逆力辅导工作的进一步发展和完善有着多方面的启示和借鉴意义。该课程采用小组辅导、班级辅导等多种学生喜闻乐见的形式，教授学生同辈合作方式、沟通技巧、冲突应对能力、问题解决能力、情绪处理、压力管理等方面的知识和技能。学生通过体验、感悟，对知识和经验进行整合，进而转化成为自身抗逆力的内在保护因子，并能学以致用，应用到他们的日常生活之中。同时，香港地区多年的实证研究证实，抗逆力这一内在心理素质，与青少年的"人际交往表现"、"学业表现"及"行为操守表现"等有密切的相关性，并起着重要的影响作用。

一、流浪儿童与抗逆力

流浪儿童作为青少年的一分子，就其目前状况来看，普遍缺乏安全感，情感脆弱，自卑心理和防御心理较强，加之生存状态都呈现出极大的不稳定性，其显现的异常的心理态势和不稳定的生存状态，也极可能使其面临更多困境和危险。而部分流浪救助站或未成年保护中心的工作以问题视角为起点，以假设流浪儿童是有心理、行为和人格缺陷方面的问题为前提，通过心理辅导、行为矫治等解决儿童的各类偏差行为，在开展服务时，工作者也主要遵循"诊断问题—解决问题"的治疗程序①。在此问题视角下的流浪儿童救助主要以返乡为中心目标，而非以流浪儿童的成长及发展为首要目标，从而忽略了儿童的主体性和参与性，也忽

---

① 王丹丹，凤阳阳：《抗逆力视角下的流浪儿童救助模式探析——以重庆市为例》，《中国青年政治学院学报》2013 年第 2 期。

第三章 抗逆力的提出

略了其自身需求和优势发掘,不能有效提升流浪儿童自身的内在抗逆力。因而笔者认为,要想对流浪儿童进行最大效度的救助,就应该关注其根本需求和优势,将抗逆力的提升纳入救助内容中来。

从抗逆力的构成因素来看,抗逆力的三类构成要素分别为:外部支持因素(I have)、内在优势因素(I am)和效能因素(I can)。当个体面对危机或逆境时,个体自身的内在抗逆力被激发,这三种要素则会相互结合共同起作用,化解当前的危机,与此同时促进个体自身的内在抗逆力的提升。而针对流浪儿童的总体情况,该群体无论在外部支持方面还是内在优势方面,抑或是效能感方面,都存在着不同程度的缺失,致使其自身的内在抗逆力不能得到有效激发或其抗逆力被激发后未能有效地解决问题。若在流浪儿童救助工作中,工作者以问题视角为起点,通过心理辅导、行为矫治解决流浪儿童的偏差行为,也许该做法在短期内矫治了流浪儿童的偏差行为,估且看似这种方法有效,但如果当流浪儿童脱离救助站,再次受到外界不良环境影响时,是否会再次出现原来的偏差行为或出现新的偏差行为却不得而知。信念改变态度,态度影响行为,若想要流浪儿童真正改变其态度和行为,还需从价值观入手。由于受救助管理站制度的约束,流浪儿童能做出的有效改变则是价值观的改变,即具有认定事物、辩定是非的一种思维或价值取向,而价值观改变的最终目的则是当面对逆境时能够理性地做出建设性、正向的选择和处理方法,即提升个体自身的内在抗逆力。

从抗逆力影响要素来看,抗逆力最为核心的两个影响因素即为保护因素和危险因素。对于流浪儿童群体而言,该群体的危险因素主要是社会排斥、食不果腹、生存环境恶劣和人际交往方面等;保护因素主要是流浪乞讨过程中习得的坚强、沉着品质和面对恶劣环境的能力,还可以包括来自相关救助机构的救助和保护、家庭与社区的接纳和支持、社会成员的关心和帮助等。要想从根本上缓解流浪儿童不再流浪的局面,还需帮助流浪儿童以积极乐观的心态克服外界的不利环境,或帮助其改变自身的不理性行为以符合社会规范。因此,在抗逆力视角下的流浪儿童救助,还需关注流浪儿童抗逆力生成的危险因素和保护因素、其自身的优势与可利用资源,努力创造提升其抗逆力的环境和条件,促进其运用积极因素来克服危险因素影响,努力适应困境并不断成长和发展。

流浪儿童不断健康成长和正向发展的必要条件是提升其自身正向的内在抗逆力,那么怎样提升流浪儿童的抗逆力呢?

二、流浪儿童与生命教育

抗逆力的本质是个体在逆境中克服困难,展示积极适应结果的能力。提升流浪儿童抗逆力即帮助流浪儿童挖掘自身所蕴含的资源,发现自身优势,增强其自信心以激发其积极面对困境并能妥善处理问题的潜力,从而建立起他们重回社会正轨、回归家庭、回归社会的意愿和信心。而在流浪儿童救助过程中,教育是回归家庭、回归社会的基本途径[①]。不少地方和学校都出台了相应的加强生命教育的指南或纲要之类的政策文件,有力地促进了生命教育的普及。生命教育是"以人为本",使个体得到全面发展的一种教育活动。

生命教育不等于品格教育,也不等于知识教育,生命教育是用生命感动生命,用生命影响生命的"爱的教育",它需要爱和尊重的教学态度,同时采用思考、体验、创意和真诚四位一体的教学历程,并透过故事、体验活动、多元艺术启动孩子思考、相互分享,让个体认知生命的美好并建构正向的价值进而产生行为的改变。马斯洛曾经说过这样一段话:

> 心若改变,态度跟着改变;
> 态度改变,习惯跟着改变;
> 习惯改变,性格跟着改变;
> 性格改变,人生跟着改变。

台湾彩虹爱家生命教育协会[②]认为生命教育是帮助个体建立优质生命信

---

① 王丹丹,凤阳阳:《流浪儿童生命教育的行动研究》,《湖北民族学院学报》(哲学社会科学版)2016年第1期。
② 台湾彩虹爱家生命教育协会,1999年由陈进隆先生创办,该协会以服务儿童、家庭为目标,配合学校、社区、家庭,致力于儿童生命的建造与培育。以真理的爱为核心,透过生命教育,让家庭婚姻更亲爱,儿童生命更精彩。

念的教育，使其认识生命的价值与意义，有能力做出正确的选择。正所谓信念决定态度，态度影响行为，信念可以塑造人格，但是也可以影响情绪。被完全地接纳使个体存在充分的内在安全感，被完全地尊重使得个体充分地尊重他人，因而要启动优质生命信念还需从爱与尊重开始，引发个体的内在动机，从而做出选择并对所选择的结果负责。若想从根本上解决流浪儿童不再流浪的问题，还需加强其生命信念的建构，帮助其建立内在信念与价值体系。

生命教育是爱的教育，其作为人全面发展的教育有利于让流浪儿童认识生命的美好，并建构正向的价值进而产生行为的改变。生命教育就流浪儿童救助情况可分为四大主题架构：人与己、人与人、人与环境、人与生命，在各架构理念中需配合流浪儿童自身的认知心理发展阶段，有针对性地、系统地开展主题课程，同时四大架构有着密切的联系和各阶段明确的目标，具体如图 3-3。

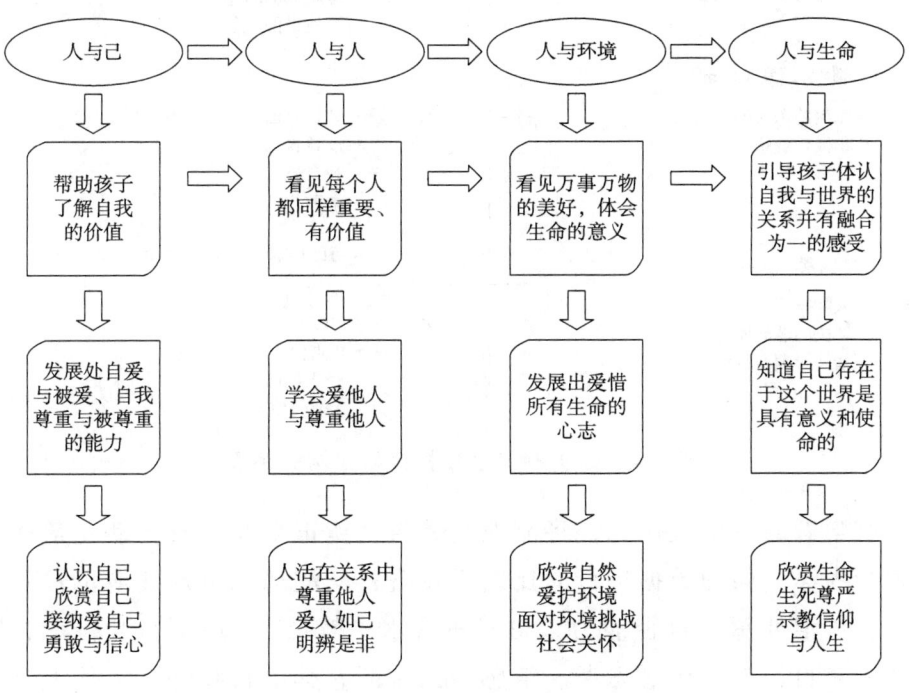

图 3-3　生命教育四大架构图

生命教育的优势在于发掘流浪儿童的自身优势及建立内在信念与

价值体系，最大限度地提升流浪儿童救助保护的效果，换句话说，生命教育有助于流浪儿童个体内部抗逆力的提升，进而提升流浪儿童救助保护的效果。为什么这么说呢？上文中我们提到抗逆力三大构成要素：外部支持因素（I have）、内在优势因素（I am）、效能因素（I can）。抗逆力三大构成要素与生命教育四大课程模块类似，都是相互结合共同作用，在特定情境下提供关怀和爱的环境。抗逆力提升可通过开展生命教育四大模块课程达成，两者的关系图如图 3-4 所示。

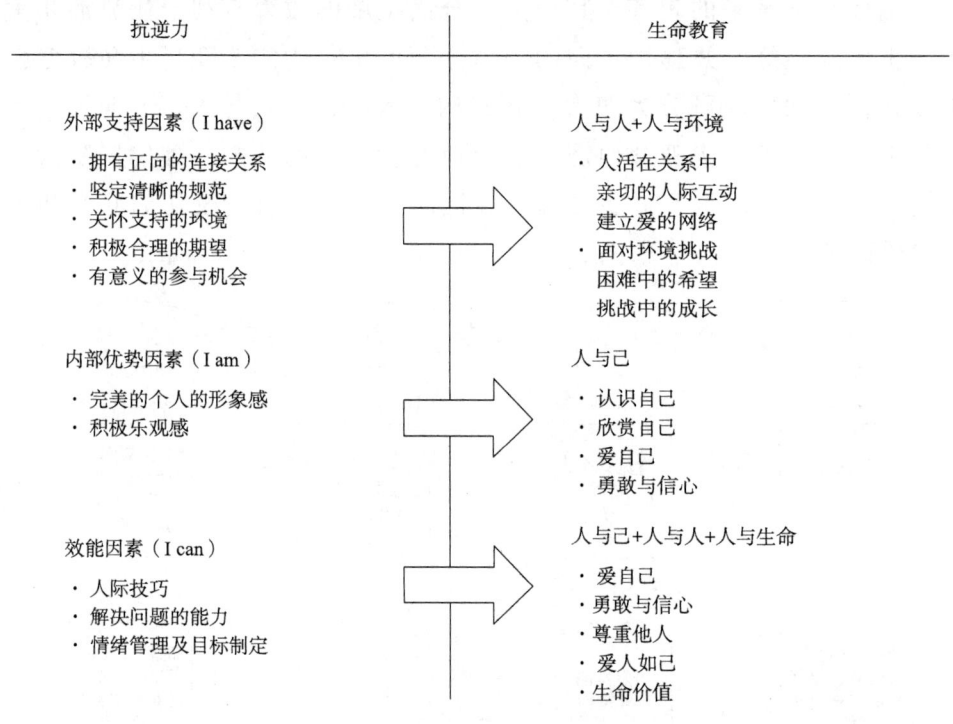

图 3-4 抗逆力与生命教育的架构关系图

有学者通过调查研究，将流浪儿童与处境正常儿童及流动儿童在心理和行为等方面的数据进行对比之后发现：与流动儿童及处境正常儿童相比，流浪儿童的自控能力、自我概念水平较低[1]。所谓自我概念，即一个人对自己的身体、思考、情感做出判断，其由自我评估、他人反应

---

[1] 李晓东，陈怡，高秋凤：《流浪儿童的性格与行为特点研究》，《华南师范大学学报》（社会科学版）2007 年第 6 期。

和社会比较共同影响而形成。而在流浪儿童成长过程中，自我概念协助个体正确地认清自己的优点和缺点，但由于该群体负面影响较多，加之处于较低的社会阶层，个体更多地看到自身的缺点，长期被张贴负面标签，其对自我的认知也发生变化，逐渐朝着负面标签的方向发展，极可能出现越轨行为。相关研究表明，自我概念与人际关系能力、行为质量、情绪商数（EQ）、高挫折忍受度均呈现正相关。因此，在流浪儿童救助工作中，工作者需引导流浪儿童建构正向的自我概念，使其改变原有负向的自我概念及负面情绪，协助其在友善的环境中将问题转变成正向积极的习惯或转换为自己的能力，建立新的、正向乐观的价值体系，促进其健康成长和正向发展。综上所述，生命教育的主题开展愿景与抗逆力构成要素的必备条件吻合度较高，因而流浪儿童通过生命教育，具体来说是通过生命教育中的价值教育，改变其原有负向的自我概念及负面情绪，有利于提升其积极面对困难和逆境的能力，进一步提升其抗逆力。

三、抗逆力视角下流浪儿童生命教育优势

流浪儿童普遍需求高而内部动机低，同时存在不稳定的心理素质和逆反心理。与一般儿童相比，流浪儿童由于缺乏社会规范制约，容易受到不良生活经验的影响，产生偏差的价值观念和行为，因而流浪儿童之间也存在着不同程度的认知和行为偏差。抗逆力视角下对流浪儿童进行生命教育，是以提升流浪儿童内在动机为重点，期望在个体生存环境中各项外在因素难以改变的前提下，通过生命教育帮助其探究生命的本质，认识生命的源头，促使其从内心产生实践的信心和力量，进而促进其自身内在抗逆力的培养，使得个体能够积极面对逆境，自主解决问题，摆脱环境中的危险因素。对流浪儿童进行生命教育的过程实质上是促进流浪儿童再社会化的过程，是帮助其认知、情感、行为逐层转变的过程。在此过程中需要对所发现的问题进行解构和重构，其中，解构是帮助流浪儿童认识自己、欣赏自己、接纳自己、爱自己，帮助其认识自己可以发挥的特长和了解发挥特长的价值的过程，也是转变对流浪儿童

的刻板化印象以完成去标签化的过程；重构是为流浪儿童提供一个关怀与支持的环境，提供一个学习生存、生活方面技能的机会，使其在环境中建立抗逆力，最终实现培养流浪儿童的正向抗逆力以替代负向抗逆力的过程。

首先，在课程特色上，"以儿童为中心"替代"以老师为中心"。生命教育突破传统学校教育的教学方法，以儿童为主体，以儿童为中心，改变传统的照本宣科、以讲授方式呈现课程内容，换之为体验学习和多元艺术的授课方式，让儿童在活泼有趣的环境中学习，在体验过程中学习。另外，改变传统的以事实为基础的封闭式问答，换之为以思考为基础的开放式、封闭式问答，提升流浪儿童的思考层次，同时也有利于改善流浪儿童的人际关系和提升其沟通能力。流浪儿童生命教育是结合流浪儿童的认知心理发展阶段并与其实际生活经验相结合，有针对性地、系统性地开展相关联的生命教育课程，协助其建构全人的生命信念。

生命教育作为一种与生命和生活息息相关的教育，摈弃了应试教育背景下通过"外来运输"来实现教育目标的方式，转而强调体验性和情境性在教学中的重要作用，并通过学生的参与体验和反思内省，"内在构建"起生命教育的精髓。以彩虹爱家为例，其生命教育的教学多元化，主要运用多元艺术、思考教学和体验教学等教学特色创设一个关怀陪伴的环境，以新的眼光看待孩子，以积极正向的态度，帮助孩子面对自己的问题，对儿童进行有针对性的、系统的教学和培育。其中，（1）多元艺术教学以创意为原则，运用故事、戏剧、美术、音乐、舞蹈、游戏等元素，带领儿童进行各种活动，让儿童在活泼有趣的环境中学习，活跃课堂氛围，提升儿童的学习兴趣，开发儿童创造潜能，发现儿童的内心世界并提升其观察体验能力。（2）思考教学以思考为基础，针对老师的提问进行思考和讨论，并通过开放式、对话式的问答帮助儿童从"思考"中学习课程内容。（3）体验教学主要是通过游戏和活动让儿童在体验、互动、反思、回应的过程中自主学习，深刻感受学习内容，并能通过观察儿童学习过程中的行为反应，进一步了解其真实需要。

第三章 抗逆力的提出

其次,从教育定位上,"全人教育"替代"德育教育"。目前,我国流浪儿童教育的定位是德育教育,意在通过模仿传统知识教育的方法、形式,对流浪儿童的行为进行约束和矫治。而这样的教育定位,在一定程度上忽略了儿童的个体潜能,同时缺乏对流浪儿童个性需求的回应①。流浪儿童大多处于青春期,加之在外流浪无人约束,与一般儿童相比存在较强的逆反心理,若直接对其进行说教式的教育,会使他们感到枯燥乏味,甚至对教学内容产生抵触情绪。因此,若在救助期间对流浪儿童进行德育教育,恐难达到原有的教育期望甚至造成相反效果。而生命教育帮助每个个体看见"真实自我",欣赏原来的自我,并对其做出正向、积极的回应,帮助其克服遇到的挫折或困难。该教育既关注儿童的生存与生活,也关注其生存和发展,更关注其本性和价值,即是帮助儿童认识生命、珍惜生命和尊重生命,提高其生存技能和生活质量的一种教育活动。

为什么说生命教育是全人教育呢?全人教育的教育哲学基础是培育"整体的人",它是价值重塑的过程,是注重人的内在特质与外在突显的行为及外在关系脉络整合的过程,是帮助个人建立整合的人格的过程。生命教育与全人教育两种教育活动基本的理念内涵是基本一致的,两者的教学目标都是帮助人在身、心、灵等方面的整合,以成为一个完整的人。在其实践向度上,两者均包含了天、人、物、我四个向度。但在理论的思辨上,全人教育可被视为教育过程的基础与不断追求的目标,在这过程中需要诸多配套的实践方法,而生命教育就是这个过程中一个非常适合的着力点,因此我们说生命教育是全人教育。而生命教育中的德育教育不同于传统的德育教育,全人教育中的德育功能并非枯燥死板的单向传授,而是通过体验式、互动式等多元形式活动获得。而传统的德育教育强调社会本位而轻视个人价值、强调政治倾向而忽视学生道德体验、强调道德宣扬而无视学生的价值判断,因而这种强调道德宣扬而无视学生的价值判断和思考,不可能会培育和塑造出道德人格,而

---

① 王丹丹,凤阳阳:《流浪儿童生命教育的行动研究》,《湖北民族学院学报》(哲学社会科学版)2016年第1期。

传统的德育也注定会走向死胡同，缺乏应有的生命力。

最后，在功能定位上，"发展、预防和干预的功能"替代"教育功能"。生命教育就个体本身而言，是关乎全人整体的教育，其目的是促进个人生理、心理、社会等方面全面均衡发展，因而生命教育具有发展生命认知、体验和实践的功能，而这种发展功能使个体学习并掌握必要的生存技能，认识、感悟生命的意义和价值，培养其尊重生命、爱惜生命的态度，使其学会欣赏和热爱自己的生命，即认识自己、欣赏自己、爱自己，进而学会对他人生命的尊重、关怀和欣赏，树立正向积极的价值观和人生观。除发展功能外，生命教育还具有预防和干预功能。生命教育的预防功能在于对个体即将面临的人际交往、生存等诸多问题进行预防和前置性处理，防患于未然，以减少这些问题带给个体的不便或伤害。生命教育的干预功能是指对个体所面临的困境或非理性行为进行及时、有效且合理的帮助和行为矫治，帮助其走出困境，重回人生正轨。传统的教育多注重学生知识掌握方面，对学生心理辅导和人际关系等方面出现的问题没有过多的经验和精力，不能有效帮助学生完成身、心、灵方面的整合。相反，在传统教育模式下的学生更容易出现心理和人际关系方面的问题，因而目前部分学校已陆续引入全人教育模式，并致力于学生的德智体美劳全面发展和个性发展。

发展功能、预防功能和干预功能构成了生命教育的基本功能定位，三种功能都是生命教育功能的组成部分，但三种功能在指向上还是有所差异的①。三者的分工既彼此关联又各有侧重点，因而其相应的课程实施形态也不同。中小学生命教育主要有两大类实施形态：渗透式实施和独立式实施。生命教育的渗透式实施与独立式实施既是不可分割的有机整体，同时也是有所分工和侧重的两类实施形态。生命教育功能定位间的指向、分工和实施形态如表 3-2 所示②，为保障生命教育在功能分布和落实程度上得到应有的保障，生命教育还须重视三种功能与两类实施

---

① 王文伦：《生命教育的功能定位与实施形态》，《当代教育科学》2010 年第 6 期，第 34—35 页。
② 王文伦：《生命教育的功能定位与实施形态》，《当代教育科学》2010 年第 6 期，第 34—35 页。

形态之间的匹配性问题。

表 3-2　生命教育功能定位间的指向、分工和实施形态

功能定位 区别	发展功能	预防功能	干预功能
指向	正确导向和促进	负面防范和化解	负面阻止和转化
分工	主动性功能 基础性问题	常态性功能 规避性问题	应激性功能 突发性问题
实施形态	渗透式	独立式	

目前在我国流浪儿童救助工作的发展中，较为集中的机构养护，也就是我们常说的流浪救助站开展救助，在这种机构养护下的流浪儿童一般来讲养护时限不超过10天，有的甚至停留1天就被送走，加之进站的流浪儿童年龄不一，受教育水平不一，因而机构进行传统教育的成效自然也就不尽如人意。而生命教育则不论年龄大小，也与受教育水平无太大关联，最开始接触生命教育的个体都是从"人与己"模块开始，再逐一添加其他课程。生命教育真正"以人为本"的教育观念、多元教学方式和深远的教育意义更易被流浪儿童所接受并使其蜕变，帮助其走出过去面临的困境，与此同时，可以帮助其提升其自身内在的抗逆力，真正做到回归家庭、回归社会！

第四章 优势视角下流浪儿童生命教育模式建构

第一节 抗逆力模式回顾及反思

一、问题视角与优势视角

问题视角作为当下流浪儿童救助的理论依据和行动逻辑,强调服务对象问题的产生是由其缺乏某种能力而引起的;问题的本质需要专业人员的诊断和评估确定;问题处理的目标是帮助服务对象弥补不足和缺陷。[1]从问题视角出发看待儿童流浪现象,认为儿童之所以选择流浪,是因为其在陷入家庭或个体的困境时,缺乏摆脱这类困境的能力,进而选择流浪乞讨以逃避困境。儿童流浪无疑给个体、家庭和社会带来不同程度的危害。于儿童个体而言,其很可能会遭受疾病、饥饿、创伤、压迫、虐待等伤害;于家庭而言,儿童流浪意味着家庭关系的失衡,家庭

---

[1] 冯元,彭华民:《我国流浪儿童救助模式的转向研究——基于抗逆力理论的视角》,《江苏大学学报》(社会科学版)2014年第5期,第24—30页。

第四章　优势视角下流浪儿童生命教育模式建构

结构的破坏，进而削弱家庭功能；于社会而言，在食不果腹、衣不蔽体的情况下，一些流浪儿童会出现越轨行为，包括抢劫、偷盗等，甚至为不法分子所利用，威胁社会秩序。换言之，恶劣的社会环境不仅会对流浪儿童造成身心伤害，还可能逼迫其从事非法活动，并存在行为偏差问题。基于此，当下救助人员的工作内容大致从基本生活的供给和医疗救助两个方面展开，加之心理辅导、行为矫治和技能训练，以实现防止流浪儿童因流浪而受到各种伤害；履行政府救济社会边缘群体的社会保障与社会福利责任[①]的救助目标。

实际上，从问题视角出发实施的救助本质上是强调对流浪儿童的控制性救助，其实是从儿童流浪的行为表象出发，一旦发现流浪儿童，就会由救助站强制性地将其遣送回原籍。这类将儿童流浪视为一种社会问题和社会风险进行治理的救助模式和救助手段在一定程度上提升了流浪儿童的救助能力。仅 2004—2012 年，内地救助流浪儿童即达 129.2 万人次[②]。然而，根据他人解读，以问题视角看待流浪儿童，强化其自身的问题意识并贴以标签是恰当的吗？换言之，流浪儿童自身没有优势可言吗？

当代建构主义心理学认为，问题存在于语言当中，并非个体本身。尽管相较于其他同龄人，流浪儿童常处于危险境地，遭受各类不公正的待遇，生活艰辛，但是饥饿、寒冷、疾病甚至是虐待对于他们而言不仅仅是一种危害，也可以是他们成长的资源。他们会因为这些境遇而具有面对困境的勇气和极强的社会适应能力。有学者甚至从流浪儿童个体的认知、动机、情感入手，发现流浪儿童的学习能力较强，接受新事物的速度极快，并具备吃苦耐劳的精神、毅力以及顽强合作的生命力。因此，流浪儿童本身也存在一些闪光点，将焦点集中于流浪儿童所面临的各类风险和问题上是不对的。

一方面，问题视角下的救助模式不仅没有为流浪儿童群体创造改变的可能性和积极性，其过于强调流浪儿童的偏差行为，而刻意忽视流浪

---

① 冯元，彭华民：《我国流浪儿童救助模式的转向研究——基于抗逆力理论的视角》，《江苏大学学报》（社会科学版）2014 年第 5 期，第 24—30 页。
② 冯元：《流浪儿童福利发展的阶段特征与动力因素》，《重庆社会科学》2013 年第 12 期，第 34—41 页。

儿童的优势和长处，反而造成外界对流浪儿童的刻板印象和固有偏见，并将他们贴上"不受社会欢迎的人"的标签，致使流浪儿童陷入社会的边缘地带。另一方面，当下流浪儿童的救助现状和救助成效也使得问题视角的弊端逐渐显现出来。其带有强制性的行政意义导致救助者始终忽视流浪儿童的参与性和主体性，过于强硬的态度不仅阻碍救助者与流浪儿童之间友好关系的建立，而且没有回家意愿的流浪儿童甚至会对其产生抵触情绪，进而降低参与各项救助活动的积极性与主动性。此外，问题视角之下的救助模式本质上仍是控制为本的政府本位行为，即便当下颁发了诸多有关流浪儿童救助的政策条款，多数救助机构仍然注重在保障最低法律和行政风险的前提下实施救助，因而，其救助逻辑十分简单，仅是发现流浪儿童，并将其送至救助站，在了解流浪儿童的常驻地址之后再采取强制性的遣送措施。这种仅从"结果"角度解决问题，忽视儿童流浪原因且未顾及其在救助过程中的成长与转变的救助模式，致使儿童选择重复流浪的概率极高，流浪儿童救助成效不彰。

因此，本章尝试以"优势视角"取代"问题视角"，肯定流浪儿童的优势所在，突出优势在流浪儿童转变过程中的重要地位。鉴于流浪儿童本身所处的环境特性，我们将"抗逆力"视为流浪儿童的优势之一，就如何提高流浪儿童的抗逆力作为本章的讨论核心。在此之前，笔者会先介绍以往提升流浪儿童抗逆力的几种救助路径，并提出这些路径的局限性，然后援引 Richardson 对"抗逆力"的划分方式作为提升抗逆力的条件和判断依据，在此框架下寻找救助方法和实施手段。最终，基于发现生命教育不论在价值理念、内容还是对人员的素质要求等层面，都能回应抗逆力中的各项内容，确定以生命教育作为救助对策，构建一套以优势视角为支撑的新型流浪儿童救助模式。

二、流浪儿童抗逆力的提出

（一）抗逆力是一种能力

优势视角作为一种理念和观点，而非一种理论，强调以个体的优势

第四章 优势视角下流浪儿童生命教育模式建构

为基础，以最大的限度挖掘和开发个体的潜能，从而帮助个体战胜困难，解决问题。其中，抗逆力作为优势视角的理论内核，认为每个人都具有解决自己问题的资源和在困难环境中生存下来的能力。其往往与"适应良好"（doing well）这一概念具有相同的结果和过程，特别是当个体的生存环境面临危机的时候。而达成"适应良好"的方式可以不尽相同，其可能是符合社会道德规范和主流行为准则的方式、方法，即常规途径的抗逆力或者是正向抗逆力。反之，尽管满足个体本身的生理或心理需求，却违背社会主流价值观，降低社会安全感的方式、方法，譬如，抢劫、偷盗、吸毒等，则被界定为非常规途径的抗逆力或者是隐形抗逆力。在此，我们认为不论流浪儿童是否采取符合社会道德规范的行为，其都具备抗逆力。

Kennis Saleebey 曾指出，我们应该超越个人的抗逆力和道德准则去个人所处的道德（通常无所谓道德可言）世界中——在此人们奋起而抗争从而定义自我[1]。在不同的处境中，个人的道德标准会发生变化，并决定自己在道德方面应该成为什么和不应该成为什么。譬如，流浪儿童在无工作能力的情况下会选择乞讨以维持生计，即便大众指责这类行为会有损社会形象，阻碍文明进步。然而，此时，个人的责任和义务还应当置于自身的基本需求之上吗？

当我们面对流浪儿童时，我们必须肯定其具有优势和潜力以应付环境中的各类风险，尽管其展现出的是一种非常规途径的抗逆力。Felsman 访谈 300 名流浪儿童时发现，"加入帮派团伙的行为反而是他们的一个保护因素，他们并不是为了结伙去偷盗或是打架，而是结合在一起以满足物质和情感方面的需要，不被排外，从而获得安全感和归属感。"[2] 此时，流浪儿童结伙偷盗的行为虽然从性质上说是一种消极适应行为，但却是与所处生态环境中的危机因素调适互动的产物，是一种危机处境中的调适行为，能够起到应对生存危机，获得关注和自我平衡

---

[1] Kennis Saleebey 编著，李亚文、杜立婕译：《优势视角社会工作实践的新模式》，上海：华东理工大学出版社，2004年，第42页。

[2] J. K.Felsman,Risk and Resiliency in Childhood:The lives of Street Children.In T.F.Dugan and R.Codes, *The Child in Our Times:Studies in the Development of Resiliency*,New York:Brunner&Mazel,1989.

的作用，具有一定的合理性和正向意义[①]。

价值观决定态度，态度决定行为。行为举止的好坏往往会牵扯对个体价值观的正误判断。而获得社会认同的前提条件是个体价值观与主流价值取向具有一致性。换言之，行为的好坏决定了个体能否获得社会认同。显然，流浪儿童的行为并不符合大众行为。为此，众多学者提倡以常规途径的抗逆力取代非常规途径的抗逆力，在帮助流浪儿童感受常规途径抗逆力的时候，同样需要帮助他们应对生活危机，转移注意力，摆脱无助和失败的体验，舒缓情绪和压力，获得关注和自我平衡等功能，再而推动其行为的替代与转变。本书所提出的以提升流浪儿童抗逆力为目标，正是指常规途径抗逆力的提升，所强调的是一种由非常规途径抗逆力向常规途径抗逆力的转变过程，而绝非"无"中生"有"的创造过程。而采取何种方式提升流浪儿童常规途径的抗逆力是本书接下来要讨论的重点内容。

（二）提升抗逆力的方式

构成因子和影响因子是提升个体抗逆力的关键所在。当下，多数学者从影响因子出发探讨提升个体抗逆力的方式、方法。其中，影响因子中的保护因素和危险因素被认为是抗逆力的核心要素。二者作为一对此消彼长、相互依存的作用力，在抗逆力作用的过程中通过相互博弈进而呈现出一种动态过程。具有常规途径抗逆力的个体在这种运动状态中，往往能够调动自身三种以上的保护因素以抵消危险因素对个体造成的伤害。因此，学者普遍认为提升流浪儿童的抗逆力应当从保护因素入手，以生态系统的角度寻找可能对其产生积极影响的保护因素。

Kennis Saleebey 表示，"个人的困窘和成功必须置于家庭、社区和社会等更大的情景之中，否则就会远离他们认同的本质"。[②]家庭、学校及社区作为与流浪儿童联系最为密切的场域，亦是抗逆力危险因素和

[①] 田国秀，赵军：《高危青少年问题行为分析及介入策略——基于隐性抗逆力视角的思考》，《首都师范大学学报》（社会科学版）2014年第2期，第121—126页。

[②] Kennis Saleebey 编著，李亚文、杜立婕译：《优势视角社会工作实践的新模式》，上海：华东理工大学出版社，2004年，第215页。

第四章 优势视角下流浪儿童生命教育模式建构

保护因素的源生地和聚集地。为此，各地的救助站纷纷尝试不同的流浪儿童救助模式，其中绝大多数都是从家庭、学校和社区入手，在不同程度上提升了被救助流浪儿童的抗逆力。

1. 家庭：类家庭流浪儿童救助模式

科克曾说家庭是每个人的城堡。家庭不仅在个体遭遇困境时，作为外在保护因子以避免个体受到伤害，同时，其对构建抗逆力的个人因素也发挥积极作用。一个家庭中父母的文化水平、家庭的经济条件、家庭的照顾状况、父母与子女之间的互动模式、父母对子女的教育方式、家庭的文化氛围等无不影响着儿童对自我和周围现状积极的认知能力和管理能力，以及对环境归属感的获得。简而言之，一个友好的、温暖的家庭环境，对挖掘和提升儿童自身和周围的保护因素具有促进作用。因此，在救助流浪儿童的过程中，帮助流浪儿童创造一个和谐稳定的家庭环境，营造一种关怀、支持的家庭氛围对于提升流浪儿童的抗逆力至关重要。

郑州类家庭模式正是一种借助"家文化"帮助流浪儿童获得保护因素的工作机制。其中，为尽可能地模拟家庭生活，工作者致力于发挥家庭所具有的部分社会功能，包括：教化和教育的功能、抚育的类社会保障功能（本质上正是一种社会保障功能）、闲暇生活和情感满足的功能及"子女"的地位获得功能等。如此一来，工作者不仅扮演家庭中父母的角色，执行抚养"子女"（接受救助的流浪儿童）的任务，同时担负教育"子女"学习基本社会规范、基本谋生技能和生产生活经验的责任。同时，组织相应的家庭活动，以加强家庭成员之间的互动与交流，理解与支持，增强家庭成员之间的亲密感。具体而言，类家庭模式为流浪儿童挖掘了以下几点内外保护因素。

（1）安全稳定的家庭环境。类家庭对于流浪儿童的接纳、照顾与关怀满足了流浪儿童的基本生理需求和心理需求，其不仅成为流浪儿童的"避风港"，帮助流浪儿童远离潜藏在社会中的各类风险，同时，增强了流浪儿童的归宿感，改变流浪儿童为社会所排斥的悲惨境遇。

（2）安全感与情感联结。安全感的获得源于个体早年对于父母的依赖。当父母不能满足这类需要时,儿童很有可能表现出焦虑情绪。社会文化精神分析的代表霍尼指出,当父母不能给予儿童信赖与关注时,儿童在敌视父母而又不得不依赖父母的矛盾情绪中,选择压抑,这种压抑的直接结果导致儿童把敌意投向整个世界和整个社会,使儿童认为世间的一切任何事物都不值得信赖,甚至是危险的。这种认知从某种程度上会诱导流浪儿童激发非常规途径的抗逆力以维持生存。而类家庭救助模式具有情感满足的功能,其注重工作者与流浪儿童之间亲密感的建立,为此,流浪儿童可以在工作者那里获得持续稳定的关爱与尊重,真诚的指导及积极的认同与肯定,进而降低焦虑心理,获得安全感与满足感。加之流浪儿童彼此之间的良性互动,有助于他们社会支持网络的建立,亦能为其后续发展常规途径的抗逆力提供可能性。

（3）尊重。环境性保护因素作用的方式在于降低危险环境对个人的影响,降低负性的连锁反应,促进儿童的自尊和自我效能感[1]。类家庭中的工作者始终赋予"子女"恰当的家庭地位,既不给予流浪儿童过度的保护和宠溺以影响其独立性的养成,同时也不具有独裁性和强制性,剥夺流浪儿童选择的权利。相反,工作者会尽力维护家庭中的稳定关系,尊重流浪儿童的主观感受和想法,因而获得尊重的流浪儿童更易形成自尊心,以抵制危险因素对其产生的负面影响。

2. 学校:工读学校救助模式

研究表明,对抗逆力知识的了解有助于培养青少年的抗逆力[2]。学校作为知识传播的主要平台,集合各类教育资源,能够为儿童学习抗逆力知识创造一个良好的学习环境。抗逆力知识具体包含自我认知、人际交往、时间管理、情绪管理、挫折应对、明辨是非等层面。学校在强调课堂式教学的基础上,可以将抗逆力的各个内容逐一传达给学生,进而实现其对抗逆力的正确认识。此外,各学校设有相应的心理咨询室,能够为出现心理障碍的学生提供心理辅导和危机干预,在一定程度上,避

---

[1] M.W.Fraser,*Risk and Resilience in Childhood:An Ecological Perspective*,Washington,D.C.:The NASW Press,2004.

[2] 朱虹:《青少年抗逆力的研究及其培养》,《全球教育展望》2013年第9期,第94—101页。

第四章 优势视角下流浪儿童生命教育模式建构

免这类学生因不良心理状态而激发非常规途径的抗逆力，以不恰当的方式应对危机。再者，人文化的校园环境有助于强化学生的安全感和信任感，在形成一定的社会支持系统后，学生具备克服困境的勇气和信心，并勇于尝试，接受人生的各类挑战。集体教育、个体辅导及充满人文关怀的环境特征使得学校成为学生成长的保护性环境，为提升学生整体的抗逆力水平提供可能性。

在意识到学校对改变流浪儿童的偏差行为并帮助其回归社会具有积极作用后，工读学校救助模式应运而生。工读学校救助模式是指以工读学校为载体，以流浪儿童为对象，借助工读学校的软硬件资源（如校舍、老师、管理经验等）开展救助服务，实行校园式管理。其中，工读学校的管理方式及部分教学内容可以回应抗逆力中的保护因素，具体如下所示。

（1）时间管理。半军事化的管理方式预示着流浪儿童必须遵守工读学校的各项制度与规范，包括对时间的掌控与遵守，有助于培养流浪儿童的时间管理能力。

（2）明辨是非。思想道德教育课程是工读学校流浪儿童的必修课程，通过教育流浪儿童培养良好道德观念、价值取向帮助他们树立清晰正确的是非观。

（3）挫折应对。工读学校还设有基本的劳动技能教育课程，帮助学生学习不同的生活技能，即便遭遇风险，也能够通过所学习的技能维持生计，避免出现偏差行为。

（4）自我认知。"班长管理制度"作为工读学校的特色之一，赋予不同流浪儿童以管理的权利，使流浪儿童产生存在感和价值感，正面评价自我，增强自信。

（5）危机干预。工读学校同样关注流浪儿童的心理健康状态，对有心灵创伤的流浪儿童开展心理辅导课程，帮助他们挖掘人生的意义，建立乐观感与自信感。

3. 社区：成都市杨柳巷社区儿童服务体系

Rutter 曾指出，"发展是一个你作为一个人和你生活的环境之间的连接问题……我们的希望在于致力于改变这样的联结、看到处于困难环境的儿童再呆到如此环境之中去且形成无能感。"当原生家庭出现功能失调,以至于不能为儿童提供保护性环境时,社区作为有能力去处理个人和家庭问题的场域,可以改变儿童与原生家庭的联结关系,强化儿童与他人之间的社会联系并赋予其生命以存在的意义和价值。总之,社区是发展这类儿童抗逆力的必由之路。其所具备的两种保护性甚或再生性的因素在帮助儿童减少危险因素的影响时发挥至关重要的作用,分别是:(1)每个社区都存在支持性、指导性和整合性的原生资源,包括人、机构和社团。(2)社区具有看到"潜力而非病态"的预测能力。对于家境贫寒、父母关系不好、丧失双亲、父母吸毒、父母入狱等原因而无人监护的儿童甚至是吸毒、暴力或违法犯罪的儿童,社区可以为其提供可能性的希望并制订建设性的计划帮助其健康成长,抵消家庭等对其产生的不利影响。

成都市杨柳巷社区儿童服务体系由成都市未成年人救助保护中心、成都日报、成都房地产优秀企业公民联盟与联合国儿童基金会展开合作,以社区为平台,围绕流浪儿童预防救助保护开展一系列工作。在资源利用层面,其创建作业吧、图书阅览室和绿色网吧;联系心理咨询师;建立志愿者团队并选举社区领袖(楼长)为流浪儿童和社区儿童提供良好的学习环境和上网环境;具有倾诉的空间和多样化的活动与培训课程等。在监测预防层面,社区工作人员通过联合社区楼长、社区志愿者、学校、派出所、医院、法院、妇联、关工委等联合会以及成都市未成年人救助保护中心,收集、监测并分类儿童信息,划分儿童级别,开展替代照顾和儿童保护工作的宣传教育活动,且不定期巡防幼儿园、学校及其周边的网吧和成人娱乐场所,以达到及时救助流浪儿童、预防儿童流浪的目标,建立社区与儿童的面对面关系,经由社区向儿童传达价值、规范、爱与合理的期望,增加儿童的保护因素。

(三)现有方式的困惑与思考

现有流浪儿童救助模式的创新在一定程度上改善了原有救助模式的弊端,尝试以流浪儿童为主体,开展多样化的教育活动,以改变儿童

第四章　优势视角下流浪儿童生命教育模式建构

在流浪过程中形成的扭曲价值观和偏差行为，逐渐向符合大众期待的青少年形象靠近。从某种层面而言，上述几种救助模式对提升流浪儿童的抗逆力具有积极作用。

（1）对问题的较少关注。不论是类家庭救助模式还是杨柳巷社区儿童服务体系都重视对流浪儿童的心理健康状况和精神文化生活的救助与保护。工作者脱离以往对流浪儿童行为问题的关注，将救助重心向改变流浪儿童的原有认知、增加流浪儿童的情感体验和转移流浪儿童的意志转变，并肯定流浪儿童的特长和本领。即便是执行半军事化管理的工读学校，也注重给予流浪儿童以存在感和价值感，结合他们的优势和兴趣发展他们的能力。由此可见，现有的救助模式已经开始打破从问题视角看待流浪儿童的旧有救助逻辑，并尝试由优势视角对待流浪儿童，为后续开展相关活动，提升流浪儿童克服困境的能力创造了条件。

（2）重视情境的影响力。Judith Rich Harris 认为情景是行为的决定性优势。人们的行为可以随情景的变化而改变。情景有大小之分，大至家庭、社区、学校或者其中的人群和建筑结构，小至更直接的、更人性化的，甚至是符号性的情景。现有的救助模式已尝试从大情景入手，以家庭、学校和社区为载体，在此基础之上创造出一个个小的情景，反之，通过小情景的添加或改变加以改善整个外部情景的形象或氛围，进而由内及外地理解并纠正流浪儿童的偏差行为。譬如，类家庭救助模式通过制造工作者接送儿童回家、为儿童洗衣做饭、和儿童一起游戏等家庭化的场景，弥补流浪儿童在原生家庭中缺失的关爱与照顾，为其营造出一种家的氛围，家庭作为流浪儿童的保护性环境增加了流浪儿童的保护因素，使其具备了抵制外在风险因素的能力。

（3）对日常言语的应用。联系家庭、学校及社区开展流浪儿童救助工作，不仅为流浪儿童提供了常规化生活化场域，同时在场域之下对日常言语的运用也弱化了流浪儿童对自我是社会边缘群体的认知，并形成归属感。从某种层面而言，这对流浪儿童适应常态化生活具有积极意义。

即便如此，笔者发现这类救助模式并没有明确抗逆力理念，在开展救助过程中缺乏系统性、操作性和指向性。

（1）系统性：未明确提升抗逆力的各项条件或因素。以上几种救助模式在提升流浪儿童的抗逆力过程中并未体现出循序连贯性。构成抗逆力的各种保护因素并不是杂乱无章的，反之，彼此之间存在某种内部逻辑联系。只有在救助过程中，做到明确抗逆力提升的条件，理清各条件之间的内部逻辑，设计具有针对性的服务方案，才能达到提升流浪儿童抗逆力的目标。显然，上述的救助模式发展尚未成熟，且未明确抗逆力理念，不具备系统性，在很大程度上限制了流浪儿童抗逆力的发展。

（2）操作性：难以判断流浪儿童的抗逆力提升与否。一个概念的真正定义不能用属性来规范，而只能用实际操作来给出。抗逆力作为一种抽象化概念，其在流浪儿童身上是否存在发展的空间难以判定。因此，从具体的行为、特征、指标上对流浪儿童救助前后的抗逆力进行描述有助于判断目标达成与否。然而，不论是"类家庭救助模式""工读学校救助模式"还是"杨柳巷社区儿童服务体系"并未围绕抗逆力的几点保护因素做出操作化定义，包括：对抗逆力提升的特征或可能产生的现象进行描述；对其测量指标、测量手段和判断标准做出规定以及对抗逆力提升的流浪儿童可能出现的动作特征加以形容，难以体现这类救助工作是否真正回应抗逆力中的内容，并实现儿童自身抗逆力的提升。

（3）指向性：服务内容缺乏针对性。上述三种救助模式并未根据流浪儿童的个人特点和抗逆力转变的构成条件，合理地确定救助内容、选择方法手段和安排相关活动，使之符合流浪儿童的实际需要，以便在环境发生变化时采取积极的应对方法。换言之，这三种救助模式即便尝试将家庭、学校及社区发展成为流浪儿童的保护性环境，但并没有围绕各个保护因素进行针对性的方案设计，因此，仍不能在短期内转变流浪儿童的抗逆力。

抗逆力是一个极其复杂的过程，其不仅使个人、家庭、学校和社会因素相互缠绕，同时，还衍生出更小的、更具有人性化的、更贴近生活的因素。人们不仅重视情景对于流浪儿童抗逆力提升产生的积极影响，而且对这些因素做出具体的、操作化的解释也尤为看重。实际经验表明，以家庭、学校和社区作为抗逆力的搭建模型，在具体提升抗逆力的过程中难以形成操作化的行动指导。因此，本书尝试从新的维度出发，重构抗逆力模型，并列举相关因素作为提升抗逆力的各种条件，在此基础上，探讨能够匹配新型抗逆力模式的操作手段和方法，以期在真正意义上实现流浪儿童抗逆力提升的目标。

第二节　基于优势视角建构流浪儿童生命教育模式

一、抗逆力模型的重构

与以往学者采用二分法划分抗逆力不同，美国学者Richardson认为抗逆力的构成要素有三种：外部支持因素（I have）、内在优势因素（I am）和效能因素（I can）。其中，外部支持因素（I have）的必备条件包括拥有正向的连接关系、坚定清晰的规范、关怀支持的环境、积极合理的期望、有意义的参与机会。内在优势因素（I am）则指个体应具有完美的个人形象感、积极乐观感，从而更容易接纳自己以及正视所处的逆境。而效能因素（I can）阐明了个体所需的能力，分别为人际技巧、解决问题的能力和情绪管理及目标制定的能力。构成个体抗逆力的基本要素有很多，综合起来则主要体现在以上三个方面，当个体处于危机、面对逆境时，这三个要素会相互结合共同起作用，化解当前的危机，同时提升个体正向的抗逆力。本书拟将抗逆力的三类构成要素作为判断流浪儿童抗逆力是否提升的依据。模型架构如图4-1所示。

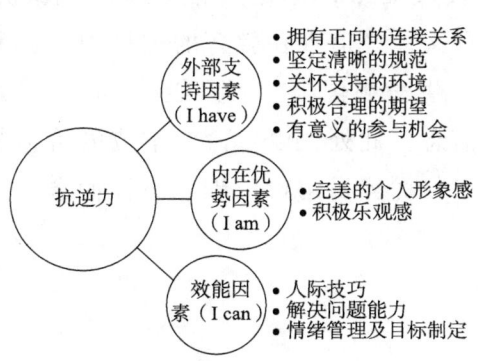

图4-1　抗逆力模型架构

二、生命教育的提出

我们认为，实现流浪儿童抗逆力水平的提升，使其具有正向化解危机的能力并顺利回归社会是流浪儿童救助保护的核心目标，而教育是实现该目标的关键环节。因此，采用何种形式、内容的教育以回应抗逆力模型中的各项因子，进而真正帮助流浪儿童达成由非常规途径抗逆力向常规途径抗逆力的转变是本书的重点所在。生命教育作为一种全新的教育价值体系，认为每个生命都是独一无二的。其始终强调个体的独特性与价值性所在，肯定个体的优势。不仅如此，生命教育内容还积极回应了当前救助体系中有关如何养成和提升流浪儿童正向抗逆力的问题，与本书中所设定的流浪儿童救助目标相契合。具体而言，生命教育与提升流浪儿童抗逆力的契合之处可以体现在价值理念、教学内容安排和对人员的素质要求三个层面。

（一）在价值理念层面

抗逆力和生命教育都是以肯定人的价值与潜能为起点。其中，抗逆力作为优势视角的理论内核，始终尊崇优势视角的价值理念，强调以个体的优势为基础，最大的限度挖掘和开发个体的潜能，提升个体的价值，从而帮助个体即便在特殊的环境中也能具备挑战的勇气，获得改变的机会，对未来充满希望和向往。而生命教育尽管是在反思传统教育无差别教学的基础上发展而来，但是其相信每个流浪儿童都是独一无二的，都具有存在的意义，并追求在教育的过程中洞察和激发他们的内在潜能，改变他们的"生命顺位"①，形成身、心、灵兼备的生命态度，进而养成优质生命信念。此处，以生命为本位的价值教育将优势和潜能作为讨论生命的起点与优势视角价值理念不谋而合。

---

① 生命顺位：将生命中的各项元素（如财富、名望、健康、快乐等）按照重要性进行排序，这种排序方式即为生命顺位。

（二）在教学内容层面

生命教育的教学内容能够回应抗逆力中的内在优势因素和效能因素。现有的以未成年人为主体实施的生命教育立足于正常社会视角，旨在培养未成年人丰富的社会属性。从本质上来看，其属于一种生命关系教育，强调生命的存在意义。主要体现在"天""人""物""我"四个层面，个体由自然人向社会人的转变是从完成自我开始，渐而做到尽己之性，尽人之性，尽物之性，直至赞天地之化育，实现天人物我的合一。由此，生命教育从"人与人，人与己，人与环境（物），人与生命（天）"四个部分划分教学内容，对如何做到"尽己之性，尽人之性，尽物之性以及赞天地之化育"做出回应。而抗逆力本就作为一个阐明源于迎接自己世界的需要和挑战的关于能力、知识、洞察力和美德的过程①，将个体与外界紧密联系在一起。个体是什么，其必须且能够具备怎样的能力以应对外部环境，也就是所谓的内在优势因素和效能感作为抗逆力的讨论内容与生命教育的四个板块相呼应，换言之，生命教育的教学内容与抗逆力的构成因子相吻合，若将生命教育融入流浪儿童的救助保护之中，可以有效提升流浪儿童的抗逆力。

（三）在对人员的素质要求层面

生命教育对实施者的高素质要求有助于达成提升个体抗逆力的各项外部指标，即外部支持因素。我们认为提升流浪儿童的抗逆力，即是指流浪儿童实现由非常规途径的抗逆力向常规途径的抗逆力的转变，其强调的是一种"改变"，而外部支持因素中的各个因子正是提供个体获得"改变"机会的外部环境要求。概括而言，"拥有正向的连接关系""坚定清晰的规范""关怀支持的环境""积极合理的期望""有意义的参与机会"这 5 个因子体现了抗逆力对于"民主""尊重""信心和希望"及"主体性"的重视，也就意味着在流浪儿童救助过程中，工作

---

① Dennis Saleebey 编著，李亚文、杜立婕译：《优势视角——社会工作实践的新模式》，上海：华东理工大学出版社，2004 年，第 6 页。

者需要具备创造这样一种民主平等氛围的能力。反观生命教育，其位于传统教育的对立面，否认传统教育的宿命论和对受教育者的训话。其中，宿命论是指让受压迫者产生宿命或认命的思想，看不清压迫的本质，将取代压迫者变成解放的目标，久而久之，压迫者产生了双重性人格[1]。传统教育正是基于提倡囤积式的教育思想，认为老师是知识的拥有者和传递者，学生是知识的接受者和默认者，教育则是老师单方面向学生灌输知识的过程。这种思想无形中将教育视为老师对学生的一种恩赐，使得知识被限制在旧有模式中难以创新和延伸，而学生也无权讨论知识。长此以往，学生即便是在心里排斥老师，也无力拒绝和改变，甚至会仿效这类做法成为教育中的压迫者，也就形成了所谓的双重性人格，并强化他们对所处境遇的宿命论式的认识[2]。如若学生在受教育的过程中打破"沉默"，表现出与老师观念相左的行为或意志，就会被"训话"以达到削弱甚至消除其反抗意识的目的，否则学生就要承担相应的惩罚。因此，站在传统教育的对立面，生命教育主张师生之间应建立平等的对话关系以瓦解以往主客体的对立关系，削弱压迫性，打破宿命论。此外，老师作为实现师生关系转变的关键要素，具备创设合作平等情境的素质和能力是前提。是以由救助站开展生命教育，其对实施主体的素质要求能够满足外部支持因素对执行者的期望，便于创设出一种有利于流浪儿童转变抗逆力的情景和氛围。

三、流浪儿童生命教育的具体模式建构

模型是互相连接的"骨骼"组成的"骨架"结构。笔者在确定抗逆力和生命教育两种"骨骼"以后，并未就操纵"骨骼"的支点做出详细说明。然而，支点是决定骨架具有完整性和可操作性的关键所在。因此，回归流浪儿童的救助保护工作，作为连接抗逆力和生命教育的主要

---

[1] 杨静：《朝向人性化改变的理论——〈受压迫者教育学〉的解读及对社会工作的启示》，《中国农业大学学报》（社会科学版）2017年第3期，第46—56页。
[2] 杨静：《朝向人性化改变的理论——〈受压迫者教育学〉的解读及对社会工作的启示》，《中国农业大学学报》（社会科学版）2017年第3期，第46—56页。

第四章 优势视角下流浪儿童生命教育模式建构

支点,生命教育的内容如何回应抗逆力中的构成要素是笔者接下来要讨论的重点。

首先,理清抗逆力三要素之间的内部逻辑联系,是保证生命教育能够有的放矢的前提。在抗逆力模型中,外部支持因素,顾名思义,是指对个体以外的环境所提出的要求,其位于环境中危险因子的对立面;内在优势因素则集中于对自我和外界形象进行评价,强调从个体自身的视角出发,看待自我和外界;而效能因素是指个体对自我能力的获得与掌控所进行的一种判断,以推测自己是否能够完成某一行动。就被要求的主体而言,不难发现,外部支持因素重视的主体是环境,而内在优势因素和效能因素则是关注个体本身的条件。三者之间就被要求的主体产生差异,意味着生命教育在具体实施过程中必须对流浪儿童和环境分别加以改造,以回应抗逆力中的三要素。

(一)以流浪儿童为改造主体:内在优势和效能因素

以流浪儿童为指向进行生命教育,预示着生命教育的内容相对微观和具体。考虑到教学内容本身就是围绕个体所设计的,相较于生命教育的其他方面更加细致详尽且富有针对性。为此,笔者将基于对台湾彩虹爱家所设计的生命教育教学内容的思考和学习,探讨生命教育的教学内容是如何回应内在优势因素和效能因素的。

1. 内在优势因素

1)完美的个人形象感

生命教育认为,他人对个体"自我概念"的形成具有决定性的影响。他人对个体的评价和态度往往会引导其进行"自我预言"(self-fulfilling prophecy),进而阻碍个体对于真实自我的认识与思考,容易产生错误的自我形象。因此,生命教育通过设置"认识自己、欣赏自己、爱自己以及勇敢与信心"四个单元以实现个体与自我之间的对话,削弱他人的影响,具有培养个体完美自我形象感的能力。具体而言,生命教育设置认识自己单元,可以帮助流浪儿童意识到每个个体的独特性,给予流浪儿童以肯定自我存在意义的启示;设置欣赏自己单元,能够引导儿童发现和欣赏自己的长处,重建流浪儿童的自尊和自信;设置爱自己单元,能够鼓励儿童勇于面对自己的缺陷,并赋予改变缺陷的能量和信心;设置勇敢与信心单元,可以启发儿童建立"真实自我"的形象,最终形成对未来的合理期望。

2)积极乐观感

积极乐观感源于个体对外界的评价与认识,是一种正向归因的思维模式。流浪儿童在遭遇不幸时,积极乐观感可以帮助他们避免消极退缩,寻求机会,创造价值,改变自身的处境。生命教育本着塑造个体优质生命信念的目的,就人与生命、人与环境之间的关系提出要求,并设置相关的教学内容,有助于改变流浪儿童对外界的思考方式,形成积极乐观的入世态度。譬如,生命教育在人与环境模块设置"面对环境的挑战"的教学内容,能够引导流浪儿童辩证看待外界环境和危机,意识到自我有接受环境挑战的能力。在人与生命模块设置"欣赏生命""生命价值"的教学内容,可以帮助流浪儿童改变对自我经验的错误判断,尝试发现幸福,珍惜幸福。

2. 效能因素

对流浪儿童而言,高度的"自我效能感"要求其在人际技巧、解决问题的能力及情绪管理和目标制定三个层面充满自信。因此,在救助过程中,为增加流浪儿童对这三个层面的自信程度,工作者需要帮助流浪儿童意识到与人友好相处、轻松愉悦的情绪、面对问题的勇气、合理的人生规划可以使其克服逆境。并引导流浪儿童相信自己有潜能掌握人际技巧,具备解决问题的能力、情绪管理和目标制定的能力。而生命教育在人与己、人与人、人与生命和人与自然四个模块都不同程度地涉及对个体人际技巧的教学及解决问题的能力、情绪管理与目标制定能力的培养,具体如下。

1)人际技巧

互动是生命的本能,借由与他人之间的互动,生命可以获得爱、信心和期望。生命教育依据人与人之间关系的发展脉络将人与人模块细分为"人活在关系中""尊重他人""爱人如己"等单元,旨在帮助个体了解人与人之间正确的互动模式。在"人活在关系中"中，生命教育重点说明个体必须依附于关系而生存，以满足自身的情感需要，帮助个体意识到人际关系的重要性。在"尊重他人""爱人如己"中，生命教育就如何发展良好的人际关系展开分析，指出"尊重"与"爱"有助于建立与他人之间的友好关系，进而去除个体的自我中心观，发展同理心。这类循循善诱的教学内容安排，便于流浪儿童理解和接受，由心而发地学习和实践相关人际技巧。

2）解决问题的能力

解决问题的能力不仅是实现高水平抗逆力的必要能力，更是帮助生命走向完全和成熟的前提条件。在人与己、人与环境模块，生命教育就克服问题的做法给予解答。其中，生命教育中"人与己"模块就如何克服对问题的恐惧心理进行讨论，在"人与环境"模块尤其是"面对环境的挑战"单元围绕如何面对天灾人祸、怎样应对天灾人祸及天灾人祸给予哪些积极影响三个话题展开讲解。以此启发流浪儿童采用同样的逻辑看待更细小的问题，探索积极解决问题的方法。

3）情绪管理与目标制定

正向情绪之于生命教育的重要性同其之于个体抗逆力的重要性不分伯仲。生命教育认为正向情绪是实现个体与外界之间友好互动的催化剂，它可以帮助个体跳脱旧有思维，从不同视角看待问题；增加个体的耐心和爱心，与他人建立友好关系；激发个体的勇气和毅力，敢于正视困难，解决问题……为此，生命教育在人与生命模块安排相关内容，旨在培养个体情绪管理的能力。具体而言，生命教育就个体如何由负面情绪向正面情绪积极转变提出相应的解决方法，包括对过去——常怀感恩、学会宽恕；对现在——活在当下，乐而忘我；对将来——乐观面对、拥抱希望。是以，流浪儿童通过生命教育可以发展情绪管理的能力。

（二）以环境为改造主体：外部支持因素

以环境为改造主体，其复杂性远甚于个体。环境并不是一个具体化的物体，而是在三维空间中，除个体以外的各种事物和条件的集合。换言之，对环境施以改造，必须顾及其方方面面。因此，笔者认为生命教育可以从更为宏观的教学特色入手，就如何改造环境给予合理的方案。

在抗逆力模型中，个体仅依靠内在优势因素和效能因素的激发和涌动是难以达到高水平的抗逆力的，外部环境亦是影响抗逆力的重要因素。为提升流浪儿童的抗逆力，工作者必须对流浪儿童的救助环境提出要求，包括：拥有正向的连接关系、坚定清晰的规范、关怀支持的环境、积极合理的期望和有意义的参与机会。

（1）拥有正向的连接关系。为流浪儿童创造亲近社会联结的条件，完善流浪儿童的社会支持网络。

（2）坚定清晰的规范。建立清晰、稳定的边界，有助于提高流浪儿童的辨识能力和防御能力。

（3）关怀支持的环境。给予外部支持和关怀，帮助流浪儿童建立和拓宽外部支持体系。

（4）积极合理的期望。向流浪儿童表达积极的期望，提升个体的自信心，形成乐观向上的人生态度。

（5）有意义的参与机会。开展各类活动，鼓励流浪儿童参与，帮助其形成积极的人生观并增强其对社会的归属感。

基于对以上5种外部支持因素的解读，不难看出这些因素在环境中的指向不一，要义不同。尽管如此，其背后都隐含着抗逆力对于"尊重""信心""希望""主体性"的重视。换言之，实现流浪儿童救助环境的优化即是将上述四种因素融入其中，而生命教育的教学特色是实现元素融合的关键。生命教育的教学特色包含四种：多元艺术、思考教学、关怀与陪伴和"体验教育"。其中多元艺术、思考教学和关怀与陪伴是达成体验教育的前提，而体验教育则是这三种教学特色的集合产物。

（1）多元艺术。多元艺术的提出源于生命教育对于体验学习的重视。生命教育认为学生通过"做中学"，可以在真实的经验情景中，透过反思内省，对自己有新的发现，进而归纳、转化为生活智慧，以促进生命的改变。其中，体验学习是指以学生为主体，强调学生个人的经验获得，而非外在的价值灌输。为此，多元艺术包括故事、戏剧、美术、音乐、舞蹈、游戏作为体验学习的资源和载体,暗示着学生在生命教育实施过程中的"主体性"地位。

(2)思考教学。思考教学是继多元艺术应用于生命教育课堂之后出现的,其重点在引导学生由"具体经验"转化为"学习心得"。其中,提问和对话被认为是刺激思考最好的方式。借由提问和对话,学生可以思考自己做了那些事、有何感受(What?)、经验对于我的意义为何(So What?)未来如何运用所学(Now What?)。为此,思考教学就实现提问和对话,提出两点要求:第一,以学生为中心,再次强调学生的"主体性"地位。第二,老师需要倾听。倾听的背后意味着老师对于学生观点的"重视"与"尊重"。

(3)关怀陪伴。关怀与陪伴是指老师以新眼光看待学生,以积极正向的态度,帮助学生面对自己的问题。不同于多元艺术和思考教学在生命教育的教学历程中呈依次递进的关系,关怀与陪伴始终贯穿于生命教育的整个实施过程。其中,足以支撑老师关怀与陪伴下去的信念源于其拥有连学生自己都难以想象的愿景,换言之,老师对学生充满信心和肯定。Werner 曾说:"在成人期我们看到最精彩的事情之一,是这些儿童的确能够记住极其重要的一至两位老师……这些老师能够透过他们表面的经历、行为以及通常并不整洁的外形而看到他们的前景"。由此可见,生命教育视关怀与陪伴为其教学特色之一,融入了"信心"与"希望"的元素。

(4)体验教育。体验教育是建立在上述三种特色融入的基础上所形成的教学体制,其要求透过活动、游戏让学生在体验、互动、反思的过程中自主学习。其中,引入多元艺术开展体验学习是体验教育的第一步,继经验获得以后,思考教学成为体验教育的第二个环节。而关怀与陪伴贯穿于体验教育的全过程,具有促进和升华的作用。三者联合,使得体验教育同时具备了"尊重""信心""希望""主体性"的元素,继而实现元素之间的融合,对流浪儿童救助环境的优化具有积极作用。

---

① Dennis Saleebey 编著,李亚文、杜立婕译:《优势视角——社会工作实践的新模式》,上海:华东理工大学出版社,2004年,第199页。

体验教育的形成机制如图 4-2 所示。

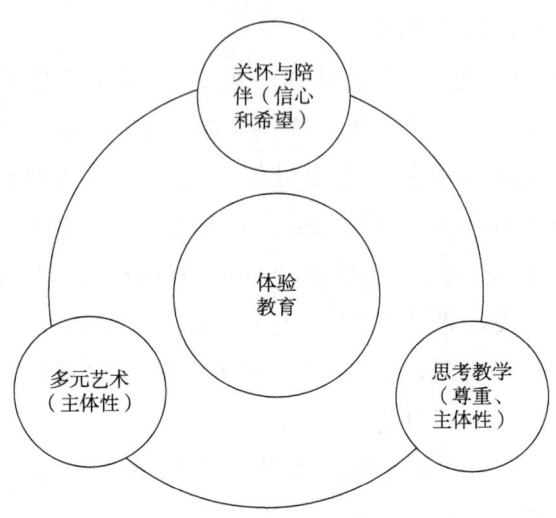

图 4-2 体验教育的形成机制

然则，抗逆力三要素并非完全对立关系。就被要求的主体而言，个体与环境呈双向共生关系。一方面，环境是个体的影响者。个体的心理和行为取向受外部环境影响，是环境的被动反应。另一方面，个体是环境的塑造者。伴随个体的视角和思维模式的转变，情景对于个体的意义也随之发生变化，并基于个体对其的积极应对实现优化。抗逆力三要素就改造主体之间相互统一的关系，意味着生命教育在开展过程中，与之对应的教学内容和教学特色也应当是相互联系、相互作用。实际上，生命教育作为一种价值教育，将关乎生命的知识教育与对生命终极关怀的诉求表达相融合，不仅在教学内容上传输有关生命的价值诉求和社会意义，将教学特色和教学方法作为教育中的显性元素，更是表达对生命之关怀，传达优质生命信念的关键。概括而言，生命教育的教学内容之于教学特色（即教学方式）具有理论性和主体性意义，教学特色（教学方式）之于教学内容具有表达性和可操作性意义，两者不能一分为二。

由此，回归流浪儿童救助保护工作，以 Richardson 所提出的抗逆力构成要素为参照模型，提升流浪儿童的抗逆力。笔者发现，生命教育从局部而言，其内容可以实现与抗逆力中三要素的一一对应；从整体考

第四章 优势视角下流浪儿童生命教育模式建构

虑,三要素之间的内部逻辑联系在生命教育的实施过程中亦可以得到展现。综上,生命教育与抗逆力之间的模式建构如表 4-1 所示。

表 4-1 流浪儿童生命教育模式建构

	抗逆力		生命教育	
个人	内在优势因素 （I am）	完美的个人形象感	人与己	教学内容
		积极乐观感	人与生命+人与环境	
	效能因素 （I can）	人际技巧	人与人	
		解决问题的能力	人与环境+人与己	
		情绪管理及目标制定	人与生命	
环境	外部支持因素 （I have）	拥有正向的连接关系	多元艺术 思考教学 关怀与陪伴 体验教育	教学特色
		坚定清晰的规范		
		关怀支持的环境		
		积极合理的期望		
		有意义的参与机会		

第五章 研究计划

第一节 研究内容

　　释史以阐思，征古以衡今。鉴于过去社会各界从"问题视角"出发，为流浪儿童提供救助的方法收效甚微，笔者试图突破旧有屏障，以优势视角为参考，结合流浪儿童的基本情况，寻求新的救助模式，以实现流浪儿童对自身和他人的重新认识与思考，进而提升其抗逆力，这也是本书的研究思路。具体而言，本章从优势视角出发，以重庆市某流浪未成年人救助保护中心流浪儿童为对象，在对其进行初步评价后，借助"人在情境中"系统论原理、社会学习理论、马斯洛需求层次理论等理论，并以台湾"彩虹爱家"生命教育教材为依据，运用社会工作服务技巧和方法，探讨流浪儿童生命教育在救助机构的行动过程，最后，结合抗逆力三要素中的内在优势因素和效能因素为维度进行评估，判断流浪儿童抗逆力提升的目标能否达成。其具体研究流程分为观察、规划、行动、反思、循环再执行、撰写书稿六个阶段。首先，观察阶段使用问卷调查，收集流浪儿童基本信息，进行预估。其次，与其他工作者一起设计生命教育活动框架，确定形式、内容、时间等基本内容，并在行动阶段,开展实务活动。再次,在行动反思环节,及时依据活动反馈、工作者自评,反思问题与成效。最后,执行修改后的计划。由于目前国内尚缺乏流浪儿童生命教育的实践研究,笔者在研究过程中需结合相关研究成果,并加上行动中对结果的不断修正与验证,以确定流浪儿童生命教育的内涵、具体内容等。现就流浪儿童生命教育的实践探究初步设想从以下两个方面入手。

一、课程设计

笔者引用台湾彩虹爱家生命教育协会的生命教育教材,在将生命教育课程划分为"人与人""人与己""人与生命""人与自然"四个部分的基础上,考虑到救助站流浪儿童的流动性强、进站时间长短不一,而生命教育的教材又是由己及人、由浅及深的,因此,在课程选择上笔者决定以"人与人""人与己"为主进行施教。开展方式包括小组和个案两种。就小组而言,受站内流浪儿童年龄差异大的限制,同时,其在认知水平和文化水平上相较于普通儿童偏低,对于绘本的理解和反思能力与同龄儿童存在差异,笔者所在团队以12岁为界限实施两套生命教育小组方案,12岁以上生命教育小组采用中阶、高阶教材,12岁以下生命教育小组采用初阶、中阶教材。具体内容安排如表5-1、表5-2所示。

表 5-1　12 岁以上生命教育大纲

主题	模块	框架	人物故事
人与己	认识自己	我是谁	
		每个生命都很独特	
		我的现在和未来	
	欣赏自己	特点和优点	
		寻找我的特点	
		特点变优点	
	接纳、爱自己	不完美也是宝贝	
		正面看缺点	
		用爱看缺陷	

续表

主题	模块	框架	人物故事
人与己	勇敢与信心	我有自信心	"追风人"刘翔
		我可以期待	
		我能做得到	
人与人	人活在关系中	亲切的人际互动	
		爱的人际关系	
		建立爱的人际网络	
	尊重他人	不一样的朋友	
		不同性别的朋友	
		尊重——相互欣赏、彼此包容	
	爱人如己	分享的快乐	
		爱就是分享	
		爱的行动	
	明辨是非	说"好"话,做"对"事	
		对错与我何关	
		以爱心分辨是非	

表 5-2　12 岁以下生命教育大纲

主题	板块	框架	绘本故事	主题活动
人与己	认识自己	我是谁	我不知道我是谁	
		每个生命都很独特	动物绝不能穿衣服	动物特点大考察
		我的现在和未来	小猪变形记	我的小档案
	欣赏自己	特点和优点	两株西红柿/老鼠嫁女儿/爱的牛/小猫玫瑰	
		寻找我的特点	豆豆先生的烦恼	雪花片片
		特点变优点		特点变优点
	接纳、爱自己	不完美也是宝贝	你很特别	摘下灰点点
		正面看缺点		消灭灰点点
		用爱看缺陷	我还有左脚	
	勇敢与信心	我有自信心	用爱追逐梦	"追风人"刘翔
		我可以期待	豌豆三兄弟/喜欢阿姥	
		我能做得到	破蛹	

第五章 研究计划

续表

主题	板块	框架	绘本故事	主题活动
人与人	人活在关系中	亲切的人际互动	没有人喜欢我/是蜗牛开始的	表情剧场
		爱的人际关系	小恩的秘密花园/我有友情要出租	守护天使1 我的名片
		建立爱的人际网络	城里最美丽的巨人	我的豆豆在哪里
	尊重他人	不一样的朋友	你很特别/蛤蜊之歌/星月/南瓜汤/好好爱阿迪/天空为什么是蓝的	
		不同性别的朋友	生日礼物	男女大不同 守护天使2 我的人性拼图
		尊重——相互欣赏、彼此包容		步步高升 身体拼图
	爱人如己	分享的快乐	门铃又响了/凯琪的包裹/烘焙师的圣诞礼物/你所需要的/自私的巨人/神秘的	守护天使3
		爱就是分享	爱心树（苹果树）	我的苹果树 爱的约定
		爱的行动		守护天使4
	明辨是非	说"好"话，做"对"事		爱的存款
		对错与我何干	不是我的错	教育剧场
		以爱心分辨是非		两难公交车

其中，小组活动的开展形式多样，涉及绘本、音乐、绘画、视频及话剧表演等，预计开设17次小组活动，每次活动控制在50分钟以内。

对于个体差异性较大的儿童，笔者以为，可以运用个案工作方法，通过一对一的方式介入，以了解并满足此类儿童的个别化需求，进而提供更加全面细致的服务。具体程序包括建立专业关系，明确流浪儿童问题，探讨解决问题的方式，实施计划，评估结果及结案。并在操作过程中借助性格卡片、自我评价卡片、生命教育绘本等澄清流浪儿童对自我的认识。

二、人员专业性要求

此次探究，笔者所在团队成员既是研究者也是社会工作实务者，在生命教育开展过程中以实施主体的身份介入，扮演流浪儿童的教育者、组织者和引导者。鉴于此，生命教育开展之前，笔者分别在理论运用、工作方法、价值理念、技巧使用和态度表达等方面对工作者提出具体要求。在理论运用层面，笔者所在团队尝试运用"人在情景中"系统论原理、社会学习理论、马斯洛需求层次理论。其中马斯洛需求层次理论主要应用于对流浪儿童的评估和课程设计方面；而社会学习理论和"人在情景中"理论则在具体开展流浪儿童生命教育的过程中加以引用。在工作方法和价值理念层面，基于生命教育所倡导的坚信每个儿童都是个性且有潜力的个体，在生命教育课程的开展过程中，工作者将始终秉持相信个体自主性、独立性的信念，以多样化、多元化的教学方法，为不同年龄段的儿童提供不同的学习机会，制定不同的学习目标，进而向儿童传递优质的生命信念。最后，在技巧使用、态度表达等方面，本书主要从社会工作者的角度出发，在生命教育实施过程中，运用接纳、支持、同理等专业技巧，并以非批判的态度看待流浪儿童，以实现与流浪儿童亲密关系的建立，进而推动生命教育课程的有效实施。

第二节 研究意义

一、理论意义

第一，有利于促使流浪儿童的救助视角由"问题视角"向"优势视角"的转变，为流浪儿童救助模式的转变奠定基础。当前社会对流浪儿童的救助理念是从"问题"视角着眼，认为流浪儿童是社会的"定时炸弹"，以致严重影响了流浪儿童救助效果的呈现。本书从优势视角出发，以其理论内核抗逆力作为流浪儿童的救助目标，基于抗逆力内容对流浪儿童的救助环境和救助内容做出要求，由此探讨实施手段和救助方法，使得优势视角不再只是空泛而谈，而是真正立足于流浪儿童的救助工作之中，是在真正意义上实现流浪儿童救助模式由问题视角向优势视角转变的开始。

第二，丰富抗逆力提升的路径选择。本书打破以往学者从抗逆力的影响因素出发探讨抗逆力提升路径的惯性思维，援引 Richardson 就抗逆力的划分方式作为提升个体抗逆力的构成条件，由生命教育作为实施手段与之匹配，为提升个体抗逆力提供了一个新的可操作化路径。

第三，有利于促使流浪儿童的教育视角由单一教育向多元化教育的转换，加强流浪儿童的自主性和自发性。本书旨在将生命教育作为提升流浪儿童抗逆力的救助手段，通过塑造人性化的教学环境，尤其强调对多元化和个性化教育方法的运用，将生命教育的价值观念和优质生命信念传递至流浪儿童自身，并基于流浪儿童救助前后的心理和行为变化，进而展现生命教育对于流浪儿童的必要性。

第四，笔者在探究生命教育运作机制的过程中就流浪儿童教育中社会性和文化性因素的作用、功能及其贡献做出具体说明，在此基础上，扩展流浪儿童的社会福利学科基础。

第五，有利于证明社会工作在流浪儿童教育中的意义，从而为确立社会工作在流浪儿童社会救助领域的专业地位提供研究证明。此次研究中，笔者以实习社工的身份为流浪儿童开展生命教育课程，并将社会工作中所提倡的以人为本的专业信念与优势视角下流浪儿童生命教育的实施理念相融合。其中，生命教育所要求的多样化、多元化的教学方法在社会工作者始终秉持相信个体自主性、独特性的信念下得到充分的体现。然而就流浪儿童本身来说，社会工作者以"助人自助"为准绳，认为案主作为个体具有能动性和独立解决问题的能力的价值认同，有助于流浪儿童放松戒备心理，并以开放的姿态接受教育，从而进一步加强生命教育实施效果的显现。由此可见，社会工作对于流浪儿童，或对于生命教育，都具有不可替代的作用。

二、实践意义

第一，本书将有利于促进生命教育更新理念，整合服务内容，创新服务模式及方法，从而更好地切合流浪儿童的服务需求，发掘他们的潜能及优势，促进其身心的发展。

第二，本书通过行动研究总结生命教育介入流浪儿童的方法、途径及其模式，将为生命教育介入流浪儿童救助保护提供一个例证，这有利于生命教育介入流浪儿童教育的实践探索和政策倡导，更有利于政府将社会工作纳入流浪儿童救助保护的政策框架。

第三，基于当前我国救助站对流浪儿童实施救助的特点，生命教育实践被证明其对于流浪儿童而言具有可行性。一方面，受未成年人保护中心短期性、临时性救助性质的限制，从优势视角出发，为提升流浪儿童抗逆力和探索流浪儿童生命教育的运行机制，使流浪儿童的救助内容由中观向微观，由普遍性向针对性改进提供参照模板，以回应救助中心"在短时间提供何种教育"的问题，进而有助于实现站内流浪儿童短期性的高效救助目标。另一方面，在当前流浪儿童机构养护不变的背景下，生命教育既能够适应机构养护的条件要求，也能够最大限度地满足流浪儿童的个体需求。生命教育是一个强调系统性学习的教育形式，机构养护恰能为流浪儿童开展生命教育提供一个封闭性的、完整性的教育时间和空间，进而为流浪儿童创造一个完整的学习体系，使得生命教育学习渗透至流浪儿童生活的每一个角落，形成嵌入式的学习过程。

第四，对生命教育实践的相关人员而言，生命教育是一种将价值观倡导与现实生活紧密连接的教育。对流浪儿童而言，其不仅能够提升流浪儿童的抗逆力，同时可以向该群体传递生活的智慧，不仅如此，生命教育本身也是一种道德实践活动，能够帮助流浪儿童认清生命的意义，并引导其克服生命的种种困境，勇于接受挑战。对救助管理者而言，通过实施生命教育，其一，以人为本的救助信念和优势视角得以强化，与流浪儿童之间的关系有所改善，以便更为有效地管理未成年人救助保护中心。其二，救助效果明显并反作用于中心管理者，激励他们以更饱满的热情和精力服务于流浪儿童，工作效率提高的同时，救助质量也随之提高。对救助中心而言，生命教育的实施将有效改变对流浪儿童原有认知与错误偏见。滞留儿童和重复流浪儿童数量也会相应减少。这在一定程度上可以减少救助中心的资源浪费，为未来救助中心有限资源的合理配置提供一条切实可行的途径。

第三节 研究方法

一、行动研究

行动研究是将"行动"与"研究"结合的研究方法，是一种以"改善实践"为出发点的反思研究，同时也是一种有效的实践工作方法和策略，其不同于其他社会科学研究方法。首先，行动研究视行动为研究过程中的一个重要部分，目的在于解决实际问题，改善实务工作。因此，强调研究者在研究过程中的专业投入，应致力于找出问题的解决方法。其次，强调研究者的价值观在整个过程中扮演着核心的角色，即行动研究是受研究者的专业价值观所主导，而不只是方法论的考虑。最后，区别于大部分社会科学研究中有许多清楚的标准，以界定在介入行动中不能影响研究对象的变项，行动研究的研究焦点则是通过研究者设定行动以达成一定的目的[①]。本书正是基于行动研究，探讨优势视角下生命教育介入流浪儿童救助的全过程。笔者除了研究者身份外，还以实习社工身份进入重庆市某救助站，研究过程涉及服务前评估、方案设计及整个计划的实践过程。在实践过程中笔者遵循以下流程：包括与机构工作人员、督导一起行动，透过需求评估、整理资料、课程活动设计到评估效果的研究过程，以及过程中不断的反思，发展更有效的生命教育途径。因此，行动研究即是本书的方法论，也是研究的整个过程。运用行动研究，突出了研究者的行动性和反思性。所谓行动性即研究者除了研究参与的身份外，还是具体行动实践者，在行动中研究以实现发现、解决问

---

① Jean McNiff,P.Lomax,J.Whitehead 著，吴美枝、何礼恩译：《行动研究——生活实践家的研究锦囊》，嘉义：涛石文化事业有限公司，2006年。

题，探求研究问题。反思性则指研究者在动态的研究中不断反思，发现问题，以改进实践行动，提高行动效果。通过发现问题、解决问题的行动过程，进一步证明生命教育在流浪儿童救助保护机构中实施的可行性和有效性，以回应流浪儿童的抗逆力问题。

二、访谈法

（一）焦点小组法

焦点小组访谈指的是一到两个研究者同时对一群人进行访谈，通过群体成员之间的互动对研究的问题进行探讨[①]。焦点小组访谈可以在较短的时间内，围绕所研究的课题，观察到大量的语言和肢体上的互动和对话，具有其他研究方法所不可替代的优点，其具体表现如下。

（1）焦点小组要求研究者在其访谈过程中需要主导讨论的方向，如此一来，有助于节约访谈时间，并易于研究者执行。这点优势尤其在以儿童为主开展的焦点小组中能够得到明显呈现。

（2）访谈对象之间的互动有益于探索到较为广泛的议题，从而为引导新的假设提供可能性。作为研究者，再充分的准备也会遗漏一些重要的议题，显然，借助焦点小组，访谈对象和研究者之间可以实现高指向性的互动交流，以便引申出新的思路。

（3）焦点小组的讨论形式决定了访谈对象在人数上具有优势性，从而更易探出群体之间的互动特征。回归站内流浪儿童群体的流浪情况不一，且在人与自我、人与他人、人与环境、人与生命关系的侧重点不尽相同，通过开展焦点小组有助于发掘他们的求助点，并加以归类，据此提供针对性服务。

（4）人数上的优势还可以体现在话题延伸层面。基于参与者相对较多，研究者在互动过程中可借助争议性话题以便激发访谈对象对此的不同反应，进而组织小组进入深层次的讨论阶段。就流浪儿童而言，他

---

① 陈向明：《质的研究方法与社会科学研究》，北京：教育科学出版社，2000年，第 211—225 页。

们曾经可能面对同样的问题，也许会有不同的处理方式，而不同的处理方式是需要经过比较之后才能得出，焦点小组恰能为流浪儿童提供一个讨论的平台。

（5）开展小组访谈便于研究者与访谈对象之间友好关系的建立。一方面，借助焦点小组，有助于避免访谈对象在单独面对研究者时所产生的压迫感和心理屏障；另一方面，研究者也可以避免因缺乏相关流浪经历而与受访者之间无法形成共鸣的窘迫感。

（6）焦点小组能够给予流浪儿童相互支持的心理暗示。受自身群体特征的影响，在流浪儿童接受临时救助的过程中，焦点小组往往会将与之有相似遭遇的朋辈群体聚集在一起，由此造成其在讨论任何话题时都会有人予以回应和认同，无形之中营造了关怀与支持的环境氛围。

除此以外，值得强调的是，笔者在确定以台湾彩虹爱家所设计的生命教育课程为参考开展救助之后，发现焦点小组的工作形式能够与该机构所设计的生命教育绘本工作坊的操作方式相契合，二者皆要求将一群儿童集合在一起，以实现对某一话题的分享、讨论与交换。因此，可以在一定程度上表明焦点小组法应用于本书研究具有一定的合理性。

是以，本书研究采用焦点小组法。其中，笔者将每个焦点小组交由2名研究者主持进行，由于站内流浪儿童在年龄、认知水平、文化程度上差异较大，因此，每一次焦点小组研究对象的人数控制在6人以下。研究对象分为12岁以下和12岁以上，分别设计适应其需求的生命教育活动。焦点小组中，12岁以下的儿童的主要活动围绕在人与自我层面，帮助他们认识自己、了解自己。12岁以上的儿童，活动主题则从人与自我增加到人与他人、人与环境的部分，旨在帮助这个年龄段的儿童，更好地认识自己和了解如何与人相处，如何融入社会，提升其抗逆力水平。

（二）个别访谈法

个别访谈，指研究者单独与研究对象开展面对面的访谈活动，围绕所研究的问题进行探讨。在焦点小组中，笔者通常会关注适用于所有儿童的话题。然而，流浪儿童彼此的经历各不相同，不乏私人话题难以实现共享，因此，就差异性或隐私性较大的话题而言，笔者采用个别化介入手法对这类流浪儿童予以救助。其中，在对访谈对象的甄别上，笔者是基于参与观察和焦点小组两种方式从而做出判断，发现需要个别化关注的对象。待明确个别访谈对象之后，笔者再借助台湾彩虹爱家所设计的"读卡片讲心情"的方法与之建立良好关系，展开话题，逐步挖掘流浪儿童的生命故事及其生活潜力。

（三）其他研究方法

除了运用行动研究和访谈法，笔者所在团队还运用文献研究法、问卷调查法、参与观察法。其中，文献研究法是指根据一定的调查目的而进行的搜集和分析书面或声像资料的方法[①]，主要运用于研究初期。通过阅读大量文献，首先，笔者可以总结当下国内流浪儿童的救助现状，就流浪儿童的救助问题提供现实依据。其次，鉴于对载有优势视角和抗逆力相关文献的查阅和整理，为笔者摸索构建新型流浪儿童救助模式提供理论支撑。再次，有助于了解生命教育在我国的发展情况和研究成果，以便为流浪儿童生命教育的开展提供经验参考。最后，基于文献中各学者对实务部分的回应，笔者在开展活动时能够有意识地回避类似问题，进而提升救助效果。问卷调查法[②]针对的则是2013年7—9月接受重庆市某流浪未成年人救助保护中心救助服务的全部智力正常儿童，在其接受教育服务之前就个人基本信息、家庭情况、身心健康情况、流浪经历和基本服务建议5个方面进行资料收集，以了解站内流浪儿童的生活基本信息和成长需求信息。而参与观察法多用于个案、小组的开展过程中，意在挖掘流浪儿童的生命故事，以深入探究其社会文化脉络，并理解其中的生命历程、心态。

---

① 吴增基，吴鹏森，苏振芳：《现代社会调查方法》，上海：上海人民出版社，1988 年，第 133—135 页。

② 相关问卷将在附录中做具体展示。

第四节 研究评估

一、评估指标体系内容

社会工作运用生命教育进入救助站开展服务是一次精妙的尝试,其包含的内容远比构建评估指标体系深入,本书主要选取 13 个要素指标,围绕与生命教育课程相关的课程和对象进行评估(表 5-3)。

表 5-3 生命教育评估指标体系

对象	方向	要素	说明
工作者的评估	对课程的评估	课堂形式	绘本的使用是否单一
		活动主题	主题的设定是否浅显
		具体内容	具体内容是否凌乱
		使用道具	道具使用是否合适
		时间控制	时间掌控是否恰当
	对自身的评估	理论运用	对理论的运用是否恰当和熟练
		技巧运用	使用技巧的类型、恰当及熟练度
		态度表达	态度表达是否有误
		价值观	对流浪儿童实施生命教育的判断
服务对象的评估	对课程的评估	课堂形式	绘本的使用是否单一
		活动主题	主题的设定是否浅显
		具体内容	具体内容是否凌乱
		使用道具	道具使用是否合适
		时间控制	时间掌控是否恰当
	对自身的评估	自我形象	自我形象是否满意
		积极乐观感	面对逆境的心态是否积极乐观
		人际技巧	人际技巧是否恰当
		解决问题的能力	是否能有效地解决问题
		情绪管理及目标制定	情绪管理及目标制定是否合理

（一）课程评估

因生命教育课程的开展依托于台湾彩虹爱家生命教育协会编写的教材，所以参与的双方，特别是工作者，都需要在实施的过程中体会课本的设计是否与实际工作相匹配，这当中包括课堂形式、活动主题、具体内容、使用道具、时间控制5个要素。

其一，课堂形式。生命教育的最大特征即体验式教学方式——体验教育，它通过绘本（如《两株西红柿》《我不知道我是谁》）、视频（如《哆基朴的天空》）、带有潜在意义的游戏（如摘下灰点点、雪花片片）、音乐剧表演（如《贝斯特的圣诞》《追星》）等多种方式加之活动主持者的建设性引导连接整个生命教育的过程，工作者和流浪儿童在体验这种特殊形式时亦会思考这种形式的利弊，不仅在个别活动中反思，也在长远的经验中总结出适合流浪儿童使用的教学方式。

其二，活动主题。针对流浪儿童开展生命教育课程着重于人与己、人与人、明辨是非部分，每部分分为3个单元，共有12个主题（表5-4），主题之间相互联系。通过工作者的观察和流浪儿童的反馈可以得知主题的安排更适合处于哪一人生阶段的青少年理解，或者更能引起哪些特质的未成年人共鸣，既不会太浅显易懂也不会太生涩难明，摸索出课程安排的规律。

表 5-4　活动主题

生命教育划分	中观	微观
人与己	前言	每个生命都很独特
	认识自己	我是谁
		寻找自己的缺点
		正面看待缺点
		我的特点
		特点变优点
		现在和未来
	勇敢与信心	我有自信心
		我可以期待
		我能做得到

续表

生命教育划分	中观	微观
人与人	前言：人在关系中	亲切的人际互动
		爱的人际关系
		畅通人际小组
	尊重他人	不一样的朋友
		不同性别的朋友
		尊重、相互欣赏、彼此包容
	关爱他人	分享快乐
		爱就是分享
		爱的行动
明辨是非	性教育	
	禁毒教育	
	《大卫，不可以》	

其三，具体内容。灵活的主题加之丰富的形式，课程内容不仅多样而且多层次，工作者和流浪儿童在实施过程中会逐渐感觉到层次的递进和内容的扩展对整体效果的作用。流浪儿童普遍存在文化程度不高的现状，工作者在开展的过程中应尽量避开因内容设置的不合理影响既定的效果。

其四，使用道具。体验式教学需要亲历其境，经常使用到多种道具，可能是既有的绘本、沙盘、橡皮泥，也可能是指导流浪儿童一起制作的贴纸、布偶、简易服装。工作者通过观察和询问能够得知服务对象对于道具的感受程度，适当增减使用。

其五，时间控制。生命教育这一课程设计时间安排在40—50分钟内，这充分考虑到了课程的难易程度、学生的注意力集中时间和教师的授课特点。但对于流浪儿童而言，时间是很难把握的，一方面跟流浪儿童的理解能力有关；另一方面跟工作者与流浪儿童建立的关系也密切联系。工作者在实践中积累经验、在上课前模拟进程争取将时间限制在既定的时长内。

（二）对象评估

不单是流浪儿童，参与生命教育课程的双方都在这个过程中获得了成长和锻炼，增加了对自我的认知。流浪儿童吸取了生命教育丰富健康的营养，充分发挥生命自身的力量，激发生命内在活力，肉眼可见的效果可能是不大明显的，但对于他们来说，一点点的改变也足以看出内心受到熏陶的作用。对工作者而言，在专业层面上的锻炼是一部分，更多的是在与流浪儿童的相处中收获感动和快乐，在生命教育课程中亦发现自我，获得改变。

其一，对工作者自身的评估，包括理论运用、技巧使用、态度表达、价值观4个因素，这也是工作者在实施过程中经常容易敏锐感觉到的部分。理论是支撑工作者开展服务的基石，分析流浪儿童行为表现的原因、采取适合的介入策略都需要理论的指导；技巧是工作者服务过程的直接体现，恰如其分的使用能够促进服务效果的实现，反之则容易影响成效；态度影响着服务的深度，积极、平等、无条件的尊重对于流浪儿童而言是在社会流浪时无法得到的，也正是能够切入人心的；价值观则是工作者服务本心的内涵，不似理论、技巧、态度都可以习得，价值观直接影响着服务双方的感受。通过评估工作者自身 4 个因素进而调整，一方面保证了服务的有效性；另一方面提升了工作者的专业性，有益于服务的长远发展。

其二，对服务对象自身认知的评估，包括自我认识和抗逆力两个维度。前文所述生命教育人与己课程挖掘澄清"自我"概念有助于流浪儿童抗逆力的提升，结合《Piers-Harris 儿童自我意识量表》（PHCSS）和《一般自我效能感量表》（GSES）对抗逆力三要素中的内在优势因素和效能因素进行评估，具体维度包括：完美的个人形象感、积极乐观感、人际技巧、解决问题的能力、情绪管理和目标制定。完美的个人印象感是评估个人对自我的外貌、优缺点、个性的了解，从对外貌的满意到对长短处的悦纳，最后是对自己个性的肯定；积极乐观感展现个体应对挫折的乐观程度，从不会轻易放弃到相信生活的美好逐层递增；人际技巧凸显的是与他人的互动频率和相处模式，从不会拒绝和他人合作到赢取别人的信任的积极转变过程；解决问题的能力呈现的是敢于直视问题的勇气和信心、解决问题的思路和方案，从相信有解决方案的存在到制订计划来达到目标的进步；情绪管理和目标制定主要体现的是对焦虑情绪的控制能力、对情绪的合理释放能力、对人生的合理规划，基于前五者的作用进而形成个体能够健康生活的策略。由此，我们通过二维度五因素的评估能较显著地看出生命教育课程作用于抗逆力的成长。

二、评估指标体系操作化

评估指标体系操作化使得评估指标体系更加行之有效，本书中评估指标体系的操作化通过综合问卷、过程问卷两份各具针对性问卷的分析，运用循环验证的方法达致预定目标。

（一）评估操作化

评估又分为两个部分，即前测、后测及过程评估。前测、后测的对象为流浪儿童；过程评估则是工作者和流浪儿童都需参加。

首先，前测是以综合评估问卷作为初评，由工作者对刚进站的流浪儿童在抗逆力部分需求进行甄别，有助于下一步对流浪儿童生命教育课程选择的指导及有针对性地安排课程主题。其次，后测是对于参加过4次及以上，即将护送回家的流浪儿童在最后一次生命教育课程结束后发放综合评估问卷、填写。后测旨在检验生命教育课程对于流浪儿童抗逆力提升的效度，根据课程设置参加4次及以上的流浪儿童或许完整接受人与己一个周期的体验，或许是在某一单元有深入的感悟，能够保证后测的信度。最后，过程评估是单节主题课程结束之后对工作者和流浪儿童都进行的评估。过程评估问卷相比综合评估问卷更侧重流浪儿童体验生命过程中双方的思考与感悟。

（二）分析操作化

将综合评估问卷、过程评估问卷按要素进行分类对比，得出每个人各要素的走势情况及各要素整体发展态势，不论是对课程还是个人都做出一份阶段性的评估报告。

根据阶段性评估报告有针对性地修改课程设置和提升工作者的专业服务水平,以一个季度为结点,通过评估指标体系检验流浪儿童生命教育课程的有效性,当阶段性评估报告呈现的数据持平稳趋势,反映了现实亦与预计的目标接近,则可以初步标志着适用于提升流浪儿童抗逆力的生命教育课程成为范式。

第五节 研 究 框 架

一、研究假设

本书强调从优势视角出发,以提升流浪儿童的抗逆力为救助目标,以生命教育为救助手段,三点一线,构建新型流浪儿童救助模式。其中,优势视角是前提,抗逆力作为优势视角的理论内核是本书预设的救助目标,而生命教育是在明确抗逆力构成要素的基础上加以确定的救助方法和操作手段。笔者拟采用 Richardson 就抗逆力的划分方式,从构成要素入手,以其中的三因素 10 个因子作为判断个体抗逆力能否提升的条件,进而为流浪儿童救助手段的筛选提供参照依据。这里,抗逆力的三因素分别是指外部支持因素、内在优势因素和效能因素,10 个因子则是在划分三因素的基础上所进行的再次细分。拥有正向的连接关系、坚定清晰的规范、关怀支持的环境、积极合理的期望和有意义的参与机会5 个部分属于外部支持因素,旨在对个体的外部环境加以要求和限定;而内在优势因素和效能因素则从个体本身出发,分别就个体对于自我的评价、对于外界的评价和对于自我能力的评估与判断做出说明,即在内在优势因素中,认为个体应当包含完美的个人形象感和积极乐观感 2 个因子,在效能因素中注重个体对于自我人际技巧、解决问题的能力、情绪管理与目标制定 3 个因子的肯定和认同。在此构成框架下,笔者设想以生命教育作为流浪儿童的救助手段，从教学特色（包括多元艺术、思考教学、关怀与陪伴、体验教育）和教学课程设计（从人与己、人与人内容为主）出发，实现其与抗逆力各要素之间的一一对应，以达到有效提升流浪儿童抗逆力的救助目标。

二、研究框架

本书拟根据流浪儿童的救助现状，基于优势视角，探究流浪儿童生命教育的作用机制，以提升流浪儿童的抗逆力。总体研究框架如图5-1。

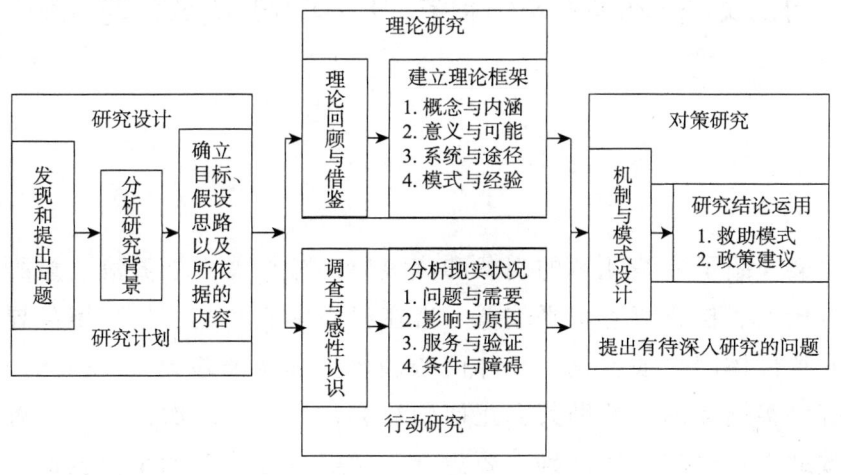

图 5-1 研究框架

依据框架内容可以得出，本书拟从研究设计出发，依照"发现和提出问题→分析研究背景→确立目标、假设思路以及所依据的内容"流程展开行动研究。其中，行动研究中的理论回顾与借鉴内容贯穿于研究始末。而调查与感性认识则集中于对研究设计当中的依据内容进行收集。最后，对策研究是基于对行动研究所得出结果的总结与提炼，进而形成最终的救助模式，并以此为依据就当下流浪儿童的救助现状提出政策建议。

第六章　生命教育在重庆市某流浪未成年人救助保护中心的实践过程

前文介绍了流浪儿童的现状和流浪原因分析。由于流浪儿童群体自控能力较差、自我概念水平较低、潜在犯罪率高和其所处环境各异等，流浪儿童群体间异质性高，个体间心理、生理特征差异大。因此，为了真正有效实施救助，帮助其真正回归社会，避免其二次流浪，针对其开展的救助工作也应有所区别。要想真正做好流浪儿童的全面救助工作，还得依靠以专门的救助机构为主线的"救助网络"，即以未成年人救助保护中心为主线，各社会团体、公益组织与民间组织协同合作，共同推进流浪儿童救助保护工作，力求实现流浪儿童救助保护工作全方位覆盖。

本书以重庆市某流浪未成年人救助保护中心为研究场域，通过在未成年人救助保护中心协同救助人员开展流浪儿童救助保护工作，借助心理辅导、特殊教育及生命教育课程等服务帮助流浪儿童认识自己、正视自己，并帮助其适应周围环境、适应社会，以更好地帮助其回归家庭、回归社会。本章以生命教育课程对于流浪儿童自身改变、回归家庭、适应社会、回归社会等方面的影响为主线，探讨流浪儿童生命教育的理

第六章　生命教育在重庆市某流浪未成年人救助保护中心的实践过程

念,分析流浪儿童正向抗逆力激发和提升的必要途径;探讨流浪儿童生命教育的方法,探索出一套符合流浪儿童及未成年人救助保护中心需求的生命教育救助模式。值得说明的是,由本书实施者构成的生命教育实践小组(以下"实施者"及"实践小组"均为本书生命教育课程的实施者及实践小组)需全程跟进流浪儿童救助保护工作,小至求助接待、入站登记,大至危机干预、行为矫正等,其目的是更加深入地了解流浪儿童的心理状态及行为表现,以便制订更加详细、有针对性并促进其全面发展的生命教育服务方案。

第一节　重庆市流浪儿童的救助

一、重庆市某流浪未成年人救助保护中心

20 世纪末,流浪儿童问题已经成为一个普遍的社会问题。在当今社会,流浪儿童问题一直受到各级政府和社会各界的高度关注。我国政府一直在努力解决这一问题,由民政部牵头,在各地政府的配合下,目前全国已经建立 130 多个流浪儿童保护中心。近年来,一些社会组织也参与到流浪未成年人救助中来。但是,不管是流浪儿童救助中心还是社会组织,在实践中仍然面临着专业救助功能未能得到充分发挥、救助体系不完善等困境和问题。针对以上两大困境和问题,我国也制定了一系列的法律法规,从不同程度提出了对流浪未成年人的救助与保护,但我国目前还没有一部专门旨在救助和保护流浪未成年人的法律,因此未能让类似未成年人救助保护中心这样的流浪儿童救助中心及社会组织在救助保护工作中真正实现有法"可"依,有法"能"依,笔者将以重庆市某流浪未成年人救助保护中心为例对其主要的救助保护工作进行剖析。

重庆市某流浪未成年人救助保护中心成立于 2005 年,内设流浪未成年人女性管理区、男性管理区、教学区及功能配套服务区。未成年人

救助保护中心为流浪未成年人提供全面的服务，采取多种措施保障受助未成年人在中心的生活和学习。未成年人救助保护中心在保障流浪未成年人基本生活的基础上转变观念，从传统的救助管理转向救助服务，通过开展中心常规工作外，进一步引入社会工作服务、心理辅导、生命教育等有特色的社会服务。未成年人救助保护中心通过"革新"为流浪儿童提供更为全面、高效的救助保护服务，以提升流浪未成年人的社会功能，发挥其潜能，提升其正向抗逆力，最终促使其融入社会。其中"革新"举措主要包括以下几个方面。

（1）在教育理念上，将明志与明理相结合，开展爱国教育、品德教育、励志教育。

（2）在管理方法上，将引导与指导相结合，引导他们树立正确的世界观、人生观、价值观。

（3）在保护未成年人的基础上，将守法与守纪相结合，聘请专业的法律人士为流浪未成年人进行法制宣传。

（4）在服务意识上，将诚心与耐心相结合。中心工作人员积极关心爱护每一位受助的未成年人，与他们交心谈心，成为朋友。

（5）在对待个体性教育上，将因人与因事相结合。

（6）在整合资源上，将站内与站外相结合，积极搭建救助服务延伸平台，引导社会力量参与救助保护工作之中，为流浪未成年人回归主流社会营造良好的氛围。

虽然未成年人救助保护中心通过六大"革新"举措由传统的救助管理转向救助服务，使得救助工作从现实意义上来讲是切实有效的，而非以前的"头痛医头，脚痛医脚"救助管理。一般来说，流浪儿童最多可在未成年人救助保护中心滞留10天，但由于未成年人救助保护中心自身的特殊性，尤其是其内行体制的特殊性，流浪儿童滞留在未成年人救助保护中心的时间并不固定，有可能流浪儿童今天被送到未成年人救助保护中心，明天就被送走，当然，未成年人救助保护中心的救助人员同样不清楚流浪儿童在救助站的具体时长，因而造成未成年人救助保护中心流浪儿童的流动性强、救助服务无法开展或临时中断的情况，这也是我国大多数未成年人救助保护中心的弊病。也正因为这一点，流浪儿童

第六章 生命教育在重庆市某流浪未成年人救助保护中心的实践过程

生命教育实践陷入了极大的挑战。

　　生命教育本为一门有目的、有计划的教育活动，由于未成年人救助保护中心流浪儿童的流动性大，工作人员并不能连续地开展生命教育活动，甚至是开展不了生命教育活动，而未成年人救助保护中心作为流浪未成年人救助保护工作的主力这一事实，也决定了本项目只能将未成年人救助保护中心作为流浪儿童生命教育课程实践的试点基地。为协助救助人员尽最大可能帮助流浪儿童更好地适应社会、融入社会，工作人员通过"菜单式"的生命教育，有选择性地挑选生命教育课程来开展以个体性教育辅导或团体活动为教学形式的活动，以解决流浪儿童当前面临的最大或最为迫切的问题，而对这类问题的界定还需要进行有效的需求分析，有了流浪儿童救助方面的需求分析，实施者才能制订详细的、有针对性的生命教育教学计划（详见本章第一节第三点）。

二、需求分析

　　流浪儿童流浪原因各异，贫穷、父母离异、家庭暴力、落后的教育方式、拐卖儿童现象屡打不绝成为未成年人背井离乡的主要原因。流浪儿童正处于身心发育成长时期，思想上和行为上具有可塑性，而流浪儿童救助保护工作缺乏专业救助方法及模式，以马斯洛需求层次理论来看，大多数未成年人救助保护中心仅满足其生理需要，而对于其安全需要、归属需要、尊重需要及自我实现的需要却鲜少涉及，从未成年人救助保护中心的救助内容上来看，原有救助模式上的不完整制约了政府救助职能的充分发挥。因此，为了充分发挥政府的救助职能，开展全方位、多维度的流浪儿童救助保护工作，我们需要对流浪儿童救助保护工作中的主、客体分别进行需求分析，以便更全面有效地开展救助服务，即对流浪儿童进行需求分析和对未成年人救助保护中心救助人员进行需求分析。

（一）流浪儿童的需求分析

　　流浪儿童来自于不同的家庭，经历了不同的社会生活，个性差异明显，其所面临的问题也会有所不同，因此在对流浪儿童进行需求分析前，我们还应对需求进行分类。本书第三章提到流浪儿童不断健康成长和正向发展的必要条件是提升其自身正向的内在抗逆力，而抗逆力作为优势视角的理论内核，是个人面对逆境时能够理性地做出建设性、正向的选择和处理方法，因此从哪些方面提升流浪儿童的内在抗逆力则成为流浪儿童需求分析的重点内容。抗逆力的构成要素有三类（详见第三章中抗逆力的构成因子）：外部支持因素、内在优势因素和效能因素。因此，笔者将流浪儿童需求分析划分为外部支持、内在优势和效能三个方面，通过对流浪儿童进行问卷调查和随机访谈、参与式访谈，了解流浪儿童的抗逆力水平及需求现状。

1. 流浪儿童的外部支持因素较弱

外部支持因素的必备条件包括拥有正向的连接关系、坚定清晰的规范、关怀支持的环境、积极合理的期望、有意义的参与机会。外部支持因素也就是在个体与环境的互动过程中帮助缓解环境中的危机因素，建立环境中的抗逆力。从某种程度上讲，流浪儿童的外部支持因素是由外部资源协调而形成的抵抗外界逆境的一类支持性因素。

通过对大量流浪儿童的参与式访谈可知：流浪儿童的外部支持力度较弱，且其与环境的互动过程中出现不同程度的危机，其抗逆力处于"休眠"阶段。流浪儿童大多在所处的社会环境中处于弱势地位，温饱问题难以通过自身独立解决。一方面，流浪儿童流浪的主要原因是没有或者暂时没有经济来源，部分流浪儿童未达到法定劳动年龄，只有靠卖艺、乞讨为生，生活几乎是青黄不接。另一方面，多数流浪儿童属于异地流浪，从中国各地流浪至重庆市，在与重庆本地市民交流沟通方面存在问题，因而寻求经济方面的帮助成效甚微。比如，处于街头生活状态的大多数流浪儿童均曾有过违法行为，但他们认为自己出于生存所做的行为不算违法。再比如，曾饱受家庭暴力折磨的流浪儿童在与正常和谐家庭的儿童相比时，认为老天不公平，为什么就让他受折磨而不能享受父母的疼爱呢？随着对比心理逐渐加强，流浪儿童很容易出现消极、厌世情绪，甚至走向两种极端：一是十分渴求父母的关心疼爱。二是极度憎恨原生家庭，希望施暴者受到惩罚。

2. 流浪儿童的内在优势因素较少

内在优势因素主要是指拥有完美的个人形象感、积极乐观感，相信未来是光明和充满盼望的，从而更容易接纳自己及正视所处的环境。内在优势因素是否增加主要取决于个体是如何看待当前的逆境。个体若将当前的逆境看为暂时的、个别的和外在的，就能较乐观和正面地面对逆境，从而内在优势因素也将相应增加。

访谈中流浪儿童对当前的逆境看法不一：有的流浪儿童不愿直面逆境而选择逃避，认为在未成年人救助保护中心滞留可以不用再挨饿受冻，不愿意再接触外界事物；有的流浪儿童不愿意滞留在未成年人救助保护中心，也不愿意回家，宁愿在外流浪也不愿意被禁锢，但也不想做出太多自身改变；还有的流浪儿童想通过卖艺或其他职业技艺来谋求一份职业，但苦于无渠道或未到法定劳动年龄。对于现实环境中所处的逆境，有的流浪儿童选择逃避，有的表现出不在乎，还有的积极面对。我们不能说他们的想法是对或错的，因为不同年龄段的儿童之间个性差异较为明显，我们不能将自己的想法强加在他们身上。但流浪儿童处于身心发展的重要时期，其思想和行为也极具可塑性，流浪儿童对逆境的看法不同也反映了他们的价值观差异，而价值观差异最终会导致他们人生发展轨迹出现偏离，当他们人生轨迹发生改变，想要摆脱逆境时，内在优势因素或将增加，但不能保证其余两类因素也能相应地增加。也就是说，当流浪儿童想要真正摆脱困境时，由于受外部环境的长期"压迫"，此时内在抗逆力不一定会被激发，从而出现心有余而力不足的情况。

3. 流浪儿童的效能因素较低

效能因素包括人际技巧、解决问题的能力、情绪管理及目标制定等。

（1）人际技巧是指适应不同文化的灵活性、同理心、幽默感及沟通能力。从面向流浪儿童的问卷调查和参与式观察结果来看，部分流浪儿童人际沟通能力较弱，经常将自己封闭起来，不愿和陌生人讲话。

（2）解决问题能力是指懂得运用资源及寻求帮助的能力。从流浪儿童入站情况来看，大部分流浪儿童通过公安局的帮助来到未成年人救助保护中心，具有一定的解决问题能力。

（3）情绪管理是指能察觉自己的情绪并正面表达出来。流浪儿童的戒备心极强，一般在与其进行初次交流时，他不会透露出真实情况或想法，当被问及时，他们要么选择沉默，要么选择逃避，扯开话题。

（4）目标制定是指了解自己的目标，并具备制订计划的能力，从而达成自己的目标。就大的目标分类来看，流浪儿童的目标主要分为三类：第一类是关于亲情的目标，被拐卖的儿童希望能尽快找到父母，离家出走的儿童希望能够与父母待在一起，不要再分开。第二类是关于温饱的目标，不愿回家或没有家人的儿童希望能有一份工作养活自己，不愿再流浪。第三类是关于学习的目标，部分流浪儿童在流浪过程中体会到生存的艰难，因而希望能再有一次学习的机会，好好学习，让自己以后的生活不再糟糕。

流浪儿童作为青少年的一分子，就其目前状况来看：其普遍缺乏安全感，情感脆弱，自卑心理和防御心理较强，加之生存状态都呈现出极大的不稳定性，其显现的异常的心理态势和不稳定的生存状态也极可能使其面临更多困境和危险。未成年人救助保护中心为流浪儿童提供了基本的物质生活保障，因此流浪儿童当前最主要的需求便是以上三个方面的需求，他们需要积极的态度面对逆境，提升个人的内在抗逆力，适应社会、回归社会。

（二）未成年人救助保护中心救助人员的需求分析

未成年人救助保护中心作为流浪儿童社会救助机构，需要承担流浪儿童的临时监护责任、保障其基本的生活需要外，还要根据流浪儿童的个性和共性来提供心理辅导、安全教育、品德教育、价值教育等多方面的服务，帮助流浪儿童回归家庭、融入社会，实现自我帮助、良性发展。作为流浪儿童救助保护服务的主力军，救助人员在未成年人救助保护中心开展服务的质量好坏也深深影响着流浪儿童未来的发展。就目前未成年人救助保护中心对流浪儿童开展救助保护服务的质量情况来看，

第六章 生命教育在重庆市某流浪未成年人救助保护中心的实践过程

其在价值教育方面服务质量有很大的提升空间。因此,为进一步提升救助人员的服务质量,尽可能帮助流浪儿童改变自己,促进其良性发展,从而更好地回归社会,我们有必要针对未成年人救助保护中心的救助人员进行需求分析。为了方便对救助服务进行较为精准的改进,我们将从两个方面了解救助人员的需要:一是救助人员的服务困境。二是救助人员的自我提升需求。

1. 救助人员的服务困境——缺乏专业方法和专业督导指导

救助人员表示,由于流浪儿童留站时间不固定、叛逆情绪强,因此对于常规教育如品德教育、法律知识课堂等都极为反感,不遵守课堂纪律,因此品德、法律方面教育的服务成效不理想。

传统的品德、法律教育较为枯燥,如果运用传统的教育方式来教导流浪儿童培养良好的品德、严格遵守法律法规,对于长期"无拘无束"的流浪儿童来讲是比较困难的。救助人员在教育方式和课程设置方面存在一定的问题,缺乏专业方法的运用和专业督导的指导,沿用传统的教育方式,未考虑到流浪儿童自身的特殊性及逆反心理,导致流浪儿童对未成年人救助保护中心的教育服务产生抗拒心理。除此之外,救助人员服务成效不佳和未成年人救助保护中心整体性救助服务的目标未能实现,也是未成年人救助保护中心救助人员的服务困境所在。

2. 救助人员的自我提升需求——缺乏专业价值嵌入

救助人员的服务成效不佳势必也会导致其心理落差和懈怠情绪。据救助人员透露,流浪儿童不喜欢说教式的教育,只能通过观看视频的形式来填补这方面的服务,救助人员也改变不了太多。未成年人救助保护中心救助服务较高层次的目标是通过教育矫治、回归安置提高流浪儿童自身的应对能力,恢复和发展流浪儿童的社会功能,最终帮助流浪儿童回归家庭、融入社会,实现自我帮助、良性发展。目标是美好的,道路是艰难的。因此,为了实现较高层次的目标,救助人员还需嵌入专业价值、坚定服务信念,不断注入服务新活力,方能积极落实"以民为本、为民解困"民政宗旨的具体要求,帮助流浪儿童积

流浪儿童生命教育的实践研究

极回归社会。

社会系统和生命系统一样,也都存在于环境中。若未成年人救助保护中心着重于解决流浪儿童的"生"的困难,而忽略了流浪儿童"存"的问题,那么流浪儿童流浪问题也就无法得到根本解决。从微观角度讲,流浪问题未能得到根本解决将导致流浪儿童二次流浪,不利于其回归社会、获得良性发展。从宏观角度讲,流浪问题未能得到根本解决,将导致流浪儿童群体的生存权不能得到相应的保障,未成年人救助保护中心整体性救助保护服务不能有效实施,政府的救助职能也无法得到最大程度的发挥。因此,要想流浪儿童问题得到根本解决、缓解流浪儿童与社会之间的主要矛盾,未成年人救助保护中心不仅要注重流浪儿童物质生活方面的需求,同时还要深知价值教育的重要性,为其提供有效且符合其个性的教育服务。

三、流浪儿童生命教育课程实施的重要性

流浪儿童受到大众的关注,各种层面上对流浪儿童的救助从未停歇,然而其重复流浪率却未出现明显的下降趋势。而行之有效的流浪儿童救助保护工作的重心主要在两个方面:一是流浪儿童的物质救助和安全保护。二是较高救助层次的价值教育和促进其良性发展。对于大多数未成年人救助保护中心而言,都能做到物质救助和安全保护工作,而价值教育和促进其良性发展方面的救助工作力度较弱。笔者认为,流浪儿童的教育一般可分为两类:知识教育和价值教育,知识教育是价值教育的基础,价值教育是知识教育的升华,且根据流浪儿童在未成年人救助保护中心的现实情况来看,其留站时间不固定、叛逆心理较强,想要开展系统的知识教育是不太现实的。因此价值教育则成为物质救助之外的又一救助任务,只有从根本上解决流浪儿童的身心问题,引导其树立正确的价值观,才能真正实现流浪儿童救助。

价值教育是以实践能力和创造力为核心、全面提高学生基本素质的一类教育,是关于价值的教育。价值,决定了什么东西是重要的,什么东西是不重要的,从而决定了人们的追求,最终就决定了人与生命、人

第六章　生命教育在重庆市某流浪未成年人救助保护中心的实践过程

与人、人与自然的关系。所以关于价值的教育显得至关重要，正确的价值观影响其人为的行动，决定了他对社会的态度。价值教育在带给我们批判性思维的同时，也让我们能够在正确的价值驱动下来妥善处理人际关系、合作互助，在面对人生考验时做出适当的判断和应对，保护我们的环境，真正做到人与自然的和谐。对于流浪儿童而言，除了人与人、人与事物和人与自然方面的教育外，流浪儿童还需要人与己方面的教育，此类教育可以帮助流浪儿童了解自我的价值，发展出自爱与被爱、自我尊重与被尊重的能力，并善用自己的能力来解决困难，以真实的自我为基础计划美好的未来。而生命教育则有着丰富的内涵和不同的去向，广义的生命教育是从人与自我、他人、环境、自然的教育出发进行探索，而狭义的生命教育则是从人的生命意义和价值认识的角度出发进行探索。生命教育旨在挖掘生命潜力，建立优质正向的生命信念，其教学目标不论是认知、情意还是行为方面都与未成年人救助保护中心在教育方面的服务目标相契合。大部分流浪儿童都或多或少有情感方面的欠缺和渴望，而生命教育不只是生死教育，同时还是用生命感动生命，用生命影响生命的爱的教育。正所谓"爱就是教育，没有爱便没有教育"，也说明了生命教育是适合流浪儿童价值教育方面的重要教育课程之一。

流浪儿童生命教育，是有别于传统教育的全新教育体系，是用生命影响生命的教育，是用心灵感化心灵的教育，是致力于生活化的全人教育，是贯穿生命历程的教育，是以流浪儿童成长的真正需求为起点，通过个性化的教学活动，使得儿童学习应对困难和挑战的能力，使生活变得更有意义，满足流浪儿童个别化需求的一类爱的教育。流浪儿童生命教育积极回应了当前教育中缺乏对流浪儿童个性和生存生活能力培养的问题，并与流浪儿童的教育目标相契合。其核心目标在于通过生命教育，让每位流浪儿童都成长为"我自己"，最终都能实现"我之为我"的生命价值。因此将适用于中小学生的生命教育课程运用于流浪儿童群体中，不但具有可行性，而且也有着其深刻的意义。

1. 认知：生命教育是用生命影响生命的教育

流浪儿童对内外部环境、未来的认识程度及深度不一，由于流浪儿童所处的客观现实不同，有的流浪儿童的认知程度或浅显，或深识，或理想，或现实。无论太过浅显还是太过深识，其在当前年龄阶段内出现不合理认知或不符合身心发展阶段内该有的认知程度，都不利于其健康快乐地成长和良性发展。如何改变流浪儿童原有的不合理认知并树立正向合理的认知则成为流浪儿童生命教育课程的主要内容之一。流浪儿童的认知体系包含对自我的认知、与社会环境互动过程中产生的认知。对自我进行剖析、正确认识自我，从本质上讲也是重塑正向自信的过程。流浪儿童与社会环境互动过程中产生的认知对其认识社会及其未来发展有直接影响，因此改变其不合理认知有助于其正确构建社会关系、认识社会和促进其良性发展。

在声学中，共鸣是指物体因共振而发声的现象，比如两个频率相同的音叉靠近，其中一个震动发声时，另一个也会发声。共振或共鸣现象在我们日常生活甚至人际交往中都随处可见，比如两个有共同或类似遭遇、共同心路历程的个体更容易相互理解，相互抚慰，并给予相互启迪的力量。生命教育，正是基于这样一种"生命的共鸣"，当实施者本身首先敞开心扉，放下自我，结合所提到的教学情境和内容，将自己对相关事物或问题的理解转化为强有力的情感之流时，流浪儿童受到熏陶，并与实施者产生互动，相互受到感染。实施者在服务过程中，只有全身心投入，利用同感，才能用自己的生命体验去影响、感动流浪儿童，帮助他们梳理关于认识自我、友善处理人际关系、正确面对环境挑战、生命有其独特美好之处的认知，以帮助其了解独一无二的、更好的自己，认识到尊重和爱的重要性，对周围的环境保持乐观积极，发现自己生命的美好价值，从而能正视自己、相信自己，坚信自己能够使自己的未来生活更美好。

2. 情感：生命教育是用心灵感化心灵的教育

生命情感是指个体对自我生命的体认、肯定、接纳、呵护，对生命意义的自觉、欣悦、沉浸、分享，以及对他人生命乃至整个生命世界的同情、关怀、感恩与博爱。不同的人因性格气质、年龄阶段及具体情境的不同，其生命情感的表现也不相同。流浪儿童的生命情感对外人通常是脆弱、封闭、矛盾的，他们和有相同情感的同伴更容易产生共鸣，彼此之间产生情感上的交流。虽然未成年人救助保护中心的流浪儿童通常不愿向救助人员透露过多的情感状况，但其在情感上的表达与否、正向与否，在一定程度上影响着其对自我的认识与其能否真正体会生命的美好等，对其身心发展也有一定影响。

生命情感并非与生俱来，而是蕴含着一个人的天性并在后天的家庭、学校和社会生活实践中逐步形成，同时也会随着生命的成长而呈现出流动的特征。因此在流浪儿童生命教育过程中，实施者应首先了解和洞察流浪儿童在"此时此刻"的生命情感，并与之共鸣，与流浪儿童建立良好的关系。同时，生命教育课程还需创造出积极的环境，使流浪儿童更愿意关注并表达其自身的正向情感。例如，更加清晰地认识到自身的长处，树立信心；愿意尊重他人的意愿和看法，与人建立和谐的关系；明白生命的重要性和其价值，珍惜、尊重各种生命；感受生活过程的美好，从而勇敢面对生活变化和创造生活的价值。流浪儿童正向情感的觉察更容易使其从客观的角度认识个体与自己、与他人、与环境、与生命的关系，促进其不合理行为的改变，提升其表达能力和人际交往能力。归根到底，生命教育也是一类生命情感教育，用心灵感动心灵，用情感融化情感，用细腻而温暖的钥匙，去打开对方的心锁。

3. 意志：生命教育是致力于生活化的全人教育

人的生命是一个身、心、灵结合的完整结构。身是生命的自然属性，是一定的血缘关系中自然成长的生理形体，以及由本能需求而获取的物质成就；心是生命的社会属性，是在一定社会文化环境中形成的由认知、情感、意志三种潜能所组成的生命活动中枢；灵是生命的精神属性，是个体生命最内在的真正的自我，是生命智慧的核心。由于人包括流浪儿童，在成长过程中都会产生血缘性自然生命的困顿、心智性社会生命的困顿和灵性精神生命的困顿，因此，应以生活化的全人教育模式，对生命的身、心、灵多层面、多方位进行生命教育。只有与生活实践紧密结合，生命教育才能真正落地并取得切实的成效。例如，生命如何发光，如何更好地发展自己、完善自己，都需要"身""心""灵"协同作用才行。只有在符合社会主流价值取向这一大前提下，生命的美好发展才是可能的。

4. 行为：生命教育是贯穿生命历程的教育

流浪儿童的行为通常表现为反社会的倾向：沉默寡言，长时间不能集中注意，有说谎、盗窃、不守规矩等行为，有暴力倾向。而这些越轨行为并不利于流浪儿童健康成长和良性发展，甚至会使流浪儿童走向违法犯罪的极端。因此，推动流浪儿童行为的改变迫在眉睫。根据情绪ABC理论可知：流浪儿童越轨行为的产生源于流浪儿童的信念（信念是指流浪儿童对事件的想法、解释和评价等）。因此要想推动流浪儿童行为的改变，首先需要从信念和情感两个方面入手。相同的，生命教育的理念是：信念决定态度，态度影响行为。生命教育课程可通过认知和情感来推动行动的改变，即通过全面客观地认识真实的自我和树立、展现正向的情感，来推动流浪儿童越轨行为的改变，同时协助流浪儿童探索如何面对生活中的挫折，如何积极创造人生的发展历程。认知情感影响行为，而行为的改变亦深化认知情感的改变，三个层面的相互补足、三位一体的共同提升也有利于增加生命教育课程促使流浪儿童实现生命价值、实现其自助助人的行为、用生命影响生命的可能。生命教育在人的生命历程中所起的作用，最重要的是推动个体生命的自我实现，从"他觉"到"自觉"，以实现自我生命的价值。

从以上4个方面来看，流浪儿童生命教育课程均有回应且相对于其他类型的教育，流浪儿童的生命教育课程因思考教学、体验式教学、多元艺术和关怀与陪伴等多类教学特色而更具可行性和高效性。流浪儿童生命教育通过故事、体验活动、多元艺术等，引导流浪儿童体认生命的美好并建构正向的价值，进而产生行为的改变。需要注意的是，流浪儿童生命教育课程能够促进流浪儿童有效改变的前提是救助人员和流浪儿童之间的互动应是平等的对话，不论是认知、情感还是行为上的改变。

改变是一个教育的过程，在教育的过程中，救助人员应与流浪儿童建立相互帮助、相互影响的平等关系。那么怎样算是平等呢？例如，教育的过程应包含的是"对话""交流"，而非"训话""灌输"。再如，我们经常被老师、家长或领导训斥"不听话"，出于各种原因，我们往往会隐藏自己的真实想法而选择做一名听话者，在命令服从的互动中，改变浮于表面，教育也就自然变了味。流浪儿童也是如此，若其屈从于救助人员所谓的"听话""守纪律"，而没有机会表达出自己的意见和不满，那么生命教育则回到了传统的授受关系式的教育。因此，在流浪儿童生命教育过程中，救助人员需更加注重与流浪儿童的平等关系的建立，平等关系有助于救助人员更加高效地开展各类服务（不仅仅是生命教育），促进流浪儿童的良性发展和有效改变，从而提升其面对逆境时的正向抗逆力。

第二节　流浪儿童生命教育课程设计

制定流浪儿童生命教育课程教学设计的前提是实施者须肯定流浪儿童自身是存在抗逆力的，只有肯定流浪儿童自身存在抗逆力，流浪儿童生命教育才具有意义。生命教育认为人是可以改变的，且首要改变应是信念的改变，信念引导品格，品格建立能力。而信念、品格、能力三方面逐层改变，以帮助个体建立优质生命信念的教育，使其认识生命的价值与意义，有能力做对的选择。从结果上来看，也就是变相地提升个体的内在抗逆力，而提升抗逆力也建立在流浪儿童自身存在抗逆力且能够被激发的基础上。

一、把握生命教育主渠道

课堂是流浪儿童生命教育的主要渠道和主要"阵地"，做好课堂教学是把握生命教育的主渠道和主阵地所在。为系统性地开展流浪儿童生命教育课程并达到一定的教学目标,我们需对该课程进行教学设计,比如对教什么和学什么、怎么教和怎么学、教得怎样和学得怎样进行教学设计。可以看出,教学设计是一个复杂的过程,参与教学过程的因素是多样的,因此我们在进行教学设计时不能忽视每一个因素对教学过程的影响,必须做好以下几点准备。

(一)秉持正确的课程教学准则

生命教育课程教学是直面生命、指向生命、关注生命、唤醒与滋养生命的教学活动与过程,在这门用心灵感化心灵的教育过程中,实施者的言行举止也影响着教学的优劣,因此我们需要秉持正确的准则。(1)目的性原则,即教学宗旨,就是创设、运用与调动一切课堂教学资源,引导学生"关注生命、尊重生命、珍爱生命、欣赏生命、敬畏生命、成全生命",让生命教育在课堂中绽放异彩。(2)主体性准则,即以学生为本,关注学生个体的生命认知与生命成长,并以自己的经验分享和主体感受,引导学生进入课堂的生活情境,体悟生命的价值,增长生命的智慧。(3)关怀性原则,即以关怀生命为主线,通过生命与生命的对话,心灵与心灵的沟通,激发生命的活力,张扬生命的个性,提升生命的价值与质量,使生命充满无限的活力与光彩。(4)实际性原则,即密切联系与结合学生的学习生活,破解学生现实之困顿,为学生提供发现、展示自己的平台。①

流浪在各个地方的儿童,其认知水平和言行举止很容易受到外界影响,且流浪儿童受到的潜移默化的影响最深。因此在流浪儿童生命教育教学过程中,实施者需重视自己的言行举止,秉持正确的教学准则,以身施教,让流浪儿童在积极关怀的环境中得到尊重、建立自信并感悟生命的价值,用积极向上的生命信念感动流浪儿童的生命信念,协助流浪儿童提升其生命的价值与质量,最终促进其正向行为的改变和良性发展。

---

① 欧巧云:《当代大学生生命教育研究》,北京:知识产权出版社,2008年,第235—237页。

第六章　生命教育在重庆市某流浪未成年人救助保护中心的实践过程

（二）明确面对的学习对象

以谁为中心进行教学设计，这是教学设计的根本问题。分析学习对象的目的是帮助其解决学习中的困难，完成教学目标。为此教师应做到以下两点：一是要了解教学活动开始前学习对象在认知、情感、态度等方面达到什么样的水平。二是了解教学活动结束后预期学习者在认知、情感、态度等方面达到的状态。学习对象不同，教学起点也不同。只有当教师的心中对教学前和教学后这两种状态的差距做到心中有数时，才能根据学习者的实际情况，确定真正恰当的切合学习者实际的教学目标。

在流浪儿童生命教育课程设计中，必须以流浪儿童为中心进行生命教育教学设计，帮助流浪儿童克服当前困难、体认生命的美好并建构正向的价值取向进而产生行为的改变，促进其正向抗逆力的提升。实施者应注意以下两点：一是在开展流浪儿童生命教育课程前，需初步了解、评估流浪儿童当前的状况，尤其是在认知、情感、态度方面所达到的水平。流浪儿童在认知方面情况不一，有的流浪儿童对事物的认知较为深刻，有的流浪儿童对事物的认知较为浅显。其对于情感方面通常是脆弱、封闭、矛盾的，他们与有相同情感的同伴更容易产生共鸣，产生情感上的交流。流浪儿童对待事物的态度明显不同，比如，有的流浪儿童表现出漠不关心，有的流浪儿童表现出积极好奇。二是预估开展流浪儿童生命教育课程结束后流浪儿童能在认知、情感和行为上做出的改变。实施者根据流浪儿童的实际情况及其所能做出的改变，制定出适合流浪儿童实际的教学目标。

（三）确立明确的课程教学目标

课程教学目标是确定教学内容，设计教学环节，评价教学效果的指针与标准。教学目标是否明确、具体、规范及其可操作，直接影响到教学是否按照预定的、正确的方向进行。因此，在生命教育教学中必须确立教学目标，其重点在于把握生命教育的本质，为生命主体的自由与幸福进行生命化教育，旨在捍卫生命的尊严，激发生命的潜能，提升生命的品质，实现生命的价值。

在流浪儿童生命教育课程中，实施者希望流浪儿童能够积极地面对逆境、构建正向的价值取向。由于教学内容不同，其教学目标也稍有差别。而其总目标是引导流浪儿童珍惜生命存在、把握情绪反应、尊重生命差异，提升生命与生活质量，使流浪儿童关注生命、尊重生命、珍爱生命，欣赏生命的美好，提升生命的价值，为其将来的生活和未来奠基和导航。对于具体的流浪儿童生命教育教学目标，我们主要从认知目标、情感目标和行为目标三方面分析、制定。例如，在人与己课程第一单元认识自己中，其教育目标为：认知方面——帮助流浪儿童知道每个生命都是独一无二的。情感方面——使流浪儿童更加愿意珍惜自己的不同。行为方面——使流浪儿童能够欣赏每个生命的独特性。需要注意的是，在制定教学目标时应充分注重流浪儿童的主体性和多样性原则，以促进流浪儿童行为的正向改变和良性发展，从而提升其内在抗逆力。

（四）提炼适宜的课程教学内容

教学内容是要完成的教学任务，是实现教学目标的主要载体。教学内容作为教学的要素之一，对教学设计及教学过程有十分重要的影响作用。同时对教学内容有清楚全面的把握也是具体教学目标形成的必要前提之一。教材是载体，讲稿是着力点，我们需要提取最贴合流浪儿童实际的生命教育内容，这才是对教学目标的理解和深化的有力象征。根据流浪儿童的现实需要，笔者将提炼以下4个方面的教学内容为流浪儿童生命教育课程内容。

（1）【人与己】的课程。人与己的课程包括认识自己、欣赏自己、接纳爱自己和勇敢与信心四个单元，帮助流浪儿童学习怎样认识自身的价值及内、外在的特点，如何建立正向的自我概念、健康的自我形象，活出自己应有的价值。

（2）【人与人】的课程。人与人的课程包括人活在关系中、尊重他人、爱人如己和明辨是非四个单元，帮助流浪儿童学习建立爱的人际关系，学会与人和睦相处、彼此尊重、相互欣赏和关爱，使每个人都可以活出其价值和使命。

（3）【人与环境】的课程。人与环境的课程包括欣赏自然、爱护环境、面对环境的挑战和社会关怀四个单元，引导流浪儿童欣赏大自然

第六章 生命教育在重庆市某流浪未成年人救助保护中心的实践过程

的美好,从环境中体会生命的奥秘,并认识自然环境与人相互的密切关系与影响,学习以尊重的态度和大自然和谐共存。

(4)【人与生命】的课程。人与生命的课程包括欣赏生命、生死尊严、生命价值和人生愿景四个单元,引导流浪儿童欣赏生命,学会面对失落与死亡,寻找生命的意义与使命,肯定自己存在这个世界的价值,促使其珍惜生命。

(五)制定合适的教学策略

教学策略指的是为了实现教学目标,完成教学任务所采用的方法、步骤、媒体和组织形式等教学措施构成的综合性方案。教学策略是教学设计的中心环节,选择最佳的教学方法、媒体和组织形式是讲好一堂课的关键,因此在教学策略方面我们应多下功夫,根据学习对象的实际情况制定最佳的教学策略。

在流浪儿童生命教育课程中,实施者应根据教学目标、生命教育内容、流浪儿童实际情况和所处的教学环境 4 个方面选择最佳的教学模式。流浪儿童生命教育课程的主要教学模式是围绕思考教学和体验式学习两个方面进行(详见本章第二节),同时也看重多元艺术和关怀与陪伴两类模式的运用,以绘本、体验活动、多元艺术为媒介,以提问与对话的引导技巧,引导流浪儿童反思与反省自己的生命经验,帮助其自我考察,检视自己内在的想法,以获得经验的重整或产生新的想法与行为。它是一种双向的、互动协同的合作思考教学法,更是认知、情感、行为合一的生命改变历程。

教学媒体也就是我们常说的教具准备,比如每节课程需要用到的辅助教学手段的工具。因为生命教育致力于让孩子在爱中实现自我的价值,以活出真、善、美及丰盛的生命,因此除了常用的教学媒体外,我们还需用到绘本、歌曲、影片等,以丰富生命教育课程内容,寓教于乐,让流浪儿童更加深刻地感知生命的美好。

(六)注重优化的课堂教学环节

教学环节的设计是课堂教学的步骤安排,也是课堂优质资源的整合与运用。生命教育课堂应该体现和突出强烈的生命体验和深刻的主体认知，让课堂充满关注生命的气息，让学生彼此接纳，相互欣赏，真正使课堂成为一个温暖的课堂、开放的课堂、分享的课堂。而这样温暖的课堂，会使课堂更富有亲和力，开放的课堂，会使课堂添加无限的精彩，促使学生更加积极地参与。

生命教育是长期的教育历程，必须有结构与系统、循序渐进、由浅入深地进行课程教学，只有这样才能有效地达成建立优质生命信念的目标。生命教育课程包含【人与己】的课程、【人与人】的课程、【人与环境】的课程及【人与生命】的课程，为促进各个阶段的流浪儿童循序渐进深入学习并获得适性发展，生命教育课程最好按照人与己—人与人—人与环境—人与生命的顺序编排教学过程，使生命教育获得最大的"功效"。针对流浪儿童而言，由于其本身的特殊性以及留站时间的不固定性，我们虽选择菜单式教学的方式，但根据流浪儿童认知、情意和行为三个向度的循序递进、相互影响，我们依旧按照以上顺序，选取 4 门课程中的部分章节进行教学过程编排，从根本上来促进流浪儿童的正向改变和良性发展。

（七）实施合理的课堂教学评价

生命教育的课堂教学评价不是一个简单的知识考试与考核和以分数为尺度与标准进行测评的问题，而是一种极其重要的价值判断，是确立课堂目标与课堂设计符合度的关键问题。因此，课堂教学评价应当重视过程性测评与形成性测评，以经验分享为主，注重学生对生命的体验，把学生主体参与和生命认知作为课堂测评的着力点，并依此建构较为合理的课堂教学测评体系与标准，以实现提升学生的理性思辨与知识涵养的目的。

在流浪儿童生命教育课程中，教学评价主要依据的是流浪儿童平时的学习态度、参与讨论、参加活动的积极性等，以此构建合理的课堂教学测评，引导流浪儿童进行自我反思，唤醒主体自觉，进而进行自我评价与自我矫正，促进生命个体的自我发展与提高。

教学是一项有目的、有计划、有组织培养人的社会实践活动，流浪儿童生命教育更是如此。流浪儿童生命教育课程所含内容较多，流浪儿童的认知差异明显且流动性大，因此在开展生命教育课程之前，制订教学计划是十分有必要的。在整个生命教育教学过程中,教学设计有利于实施者根据不同的教学方法来合理分配教学和体验的时间,协助流浪儿童更直观地感知社会、直面未来。同时,教学设计也有助于实施者理清教学思路,明确每一单元、章节及每一节课所应达到的教学目标,运用最佳的教学方法帮助流浪儿童深刻理解所学的内容对自己的影响和帮助,从而使得生命教育教学效果最优化。

二、流浪儿童生命教育课程设计

生命教育的课程不同于传统的课堂教学。传统的课堂教学是对基础知识理论的传授,注重的是知识的掌握和积累,是技能上的,流浪儿童生命教育不仅注重对必要知识的掌握和积累,还注重人的成长,帮助流浪儿童体悟生命的意义,触发其对生命的热爱。流浪儿童生命教育作为一类全人的教育,其教学模式也随着不同的教学内容而发生转变。流浪儿童生命教育的教学模式主要有思考式教学和体验式教学两类,不同的教学模式在整个生命教育过程中起到不同的作用,有助于教学内容的开展和教学目标的达成。而通常情况下,体验式教学过程中包含着思考教学,寓教于乐,在传递生命教育课程内容和相关理念的同时通过体验、分享,使流浪儿童将所学的内容逐渐变成感知到的、内化的东西。

(一)思考教学

思考教学,通俗来讲,是指教学中教学者通过引发学生思考来达成学习成果的一类教学模式。①教学者利用共同讨论并合作思考,激荡与刺激,增进认知,以达到学习目标。但此合作思考活动需配合儿童目前的能力,才能刺激儿童认知的最佳发展区。不仅如此,思考教学法还主张以学生为中心,不是只有老师发言,还要提供学生发言表达的机会。老师需要掌握与孩子对话的机会,注意倾听并透过对话了解孩子内心的深层想法。

思考教学不仅可以使学生"发现问题""确认问题",寻找和处理

---

① 《播种春天——生命教育计划》,台北:台湾彩虹爱家生命教育协会,2015年,第28页。

答案，以此培养学生自主思考、探索的习惯，还可以帮助学生跳脱自己的认知并认知到他人想法的存在，学会有效地讨论及如何在团队中思考。思考教学中最重要的是带领学生思考并表达出内心的想法，在此过程中老师需要有耐心，不要害怕冷场，有时暂时性的冷场其实也是对学生表达想法的一种激励。

思考教学作为教学者引导学生从入门到内化的"楷模式"教学模式，常常被用于生命教育课程的绘本阅读中。思考教学模式中最常用的方法便是 4F 阅读法，即 Facts（事实）、Feeling（感受）、Finding（发现）、Future（将来），并通过四者动态回顾循环，帮助学习对象对所学知识或所传达的情感或信念不断深入和内化，从而形成了整合式的学习方式，培养学习对象的观察力、同理心、分析反思能力和理解整合能力，帮助学习对象真正地认识自我，欣赏自己。

（二）体验式教学

体验式教学，是指在教学中教学者积极创设情景，引导学生由被动到主动、由依赖到自主、由接受性到创造性地对教育情景进行体验，并且在体验中学会避免、战胜和转化消极的情感和错误认识，发展、享受和利用积极的情感与正确的认识，使学生充分感受蕴藏于这种教学活动中的欢乐与愉悦，从而达到促进学生自主发展的目的。对于学生而言，体验学习是指个体直接透过体验来建构知识\获得技能和提升自我价值的历程。

个体是认知、情感、意志、行为和谐统一的生命，生命教育必须由个体的亲身体验而实现。在流浪儿童生命教育中，体验式教学不仅是在生命教育课堂中运用体验的方法进行的教学模式，其更多的是强调言传身教，不局限于课堂上，这种体验存在于活动带领者即实施者与学生之间的互动之中，通过体验、分享、反思，达到自我成长、理解他人的目的，有时候一句话或一个表情所传递出的情感体验，也能达到教育影响的目的。

体验学习，始于体验，之后内省、讨论、归纳、转化及应用，是达至流浪儿童生命教育目标的重要桥梁，那么，如何在生命教育教学中融入体验呢？或者换句话说，针对流浪儿童的体验式教学如何开展呢？结合彩虹爱家生命教育课程，我们做出精良设计，设计理念详见图 3-4。

第六章　生命教育在重庆市某流浪未成年人救助保护中心的实践过程

流浪儿童生命教育课程设计除了结合所计划开展的课程内容外，还需以流浪儿童为主体，充分融入流浪儿童的学习态度、注意力、学习内容接纳程度、基于学习内容的行动、学习评估 5 个方面的特征，进而做出更全面、有条理的生命教育课程设计。因此，流浪儿童生命教育课程设计应结合流浪儿童的 5A 流程模型，即 Attitude（学习态度）、Attention（注意力）、Accept（接纳程度）、Action（行动）、Assess（评估），设计出贴合流浪儿童实际情况的全面的生命教育课程标准。图 6-1 为流浪儿童生命教育课程设计的 5A 流程模型。

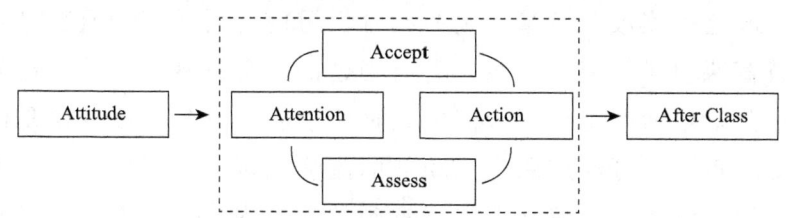

图 6-1　流浪儿童生命教育课程设计的 5A 流程模型

Attitude 是指流浪儿童生命教育课程开展的前提是流浪儿童初步具备学习的态度。通俗来说，学习态度是个体对学习的态度，是指学习者对学习较为持久的肯定或否定的行为倾向或内部反应的准备状态。在生命教育课程开始时，首先要通过收集流浪儿童的问题或课前的需求调查确认流浪儿童的学习态度，学习态度包括三个方面：学习内容的认知、对于学习内容的情感和学习行为的倾向。如若发现课程中流浪儿童并没有产生这种态度，工作人员可以运用通常的方法如提问法使流浪儿童反思他们的固有认知，打破流浪儿童的固有认知，让他们对其固有认知产生动摇，使其学习态度发生改变，有利于生命教育课程更好地开展。

所谓 Attention 是指人的心理活动对一定对象的指向和集中。集中流浪儿童的注意力可以在一定程度上提高生命教育教学效率，因此课程和每个单元的开始，通过什么样的方式来引导流浪儿童的注意力是生命教育课程实施的首要环节。课程导入是引起流浪儿童注意、激发其学习兴趣、引起其学习动机的有效方式。除了采取必要方法将流浪儿童的思绪迁入课堂外，课堂导入还应紧扣本课时的重点和难点，以利于课程的有序开展。

Accept 是指流浪儿童生命教育课程进行中所传递的内容或信念，如何

流浪儿童生命教育的实践研究

使流浪儿童充分认知并准确吸收是生命教育课程的重点内容之一。流浪儿童生命教育课程是根据流浪儿童的实际情况来制定的一门课程，其在内容和形式上并无严格意义上的编排和规定，也可以根据流浪儿童的认知和现实状况，选择合适的学习内容和培训形式。值得说明的是，流浪儿童生命教育课程虽为一门课程，但其并不局限于课堂的教学形式，当流浪儿童自身情况特殊时，实施者可根据流浪儿童的现实情况选择个体性生命教育、团体化生命教育或课堂式生命教育三种形式。用适合流浪儿童的方式，让流浪儿童接受贴合实际的内容才是最深入人心的一门课。

Action 是指流浪儿童基于生命教育学习内容后的行为改变与否是检验生命教育课程对于流浪儿童是否有帮助的一类直观的方法。也就是说对于流浪儿童生命教育课程，流浪儿童所学后最有效的改变便是面向行为的改变。实施者可通过课堂互动帮助流浪儿童加深对所学内容或价值信念的理解和内化，流浪儿童将理解到的学习内容体现在言行举止上，也就是真正的知行合一。

Assess 是指出于流浪儿童生命教育课程的内容输出要求，实施者需要对流浪儿童的知情意行方面进行评估，即对流浪儿童的学习掌握情况进行评估。流浪儿童生命教育课程中【人与己】、【人与人】、【人与环境】、【人与生命】4 个单元在改变流浪儿童认知观念上环环相扣、层层递进，因此评估的目的不仅在于了解流浪儿童的学习状况，还在于帮助实施者优化教学策略，做到教学课程内容上的循序展开。

基于上述生命教育主渠道以及课程设计的 5A 流程模型，我们现对流浪儿童生命教育课程做出表 6-1 所示的课程设计。

表 6-1 流浪儿童生命教育课程教学设计

课程名称	流浪儿童生命教育课程				授课对象		在保流浪儿童	
总学时数	48	讲授	16	活动	20	练习	12	其他
教科书	名称			编著者		出版社（网站）		版别（发布日期）
	《播种春天——生命教育计划》			台湾彩虹爱家生命教育协会				
参考资料	【共创成长路】田家炳青少年正面成长计划			石丹理、李德仁、韩晓燕				
	第八届中华青少年生命教育论坛优秀论文及教学案例汇编			中华青少年生命教育活动组委会				

第六章 生命教育在重庆市某流浪未成年人救助保护中心的实践过程

续表

课程名称	流浪儿童生命教育课程			授课对象	在保流浪儿童	
总学时数	48	讲授	16	活动	20	练习	12	其他	

依据标准	课程标准： （1）充分发挥生命教育课程的价值教育功能，优化流浪儿童的生命信念并促进流浪儿童的良性发展。 （2）注重生命教育运用、反思与探究能力的培养，促进流浪儿童健康而有个性地发展。 （3）注重生命教育思考教学功能的发挥，引导流浪儿童更全面地认识自己、理解他人、关爱他人、珍爱生命。 （4）重视生命教育体验教学模式，协助流浪儿童建立自信，以积极的信念直面困难、战胜困难，从而提升流浪儿童的正向抗逆力
教学目标阐述	知识和技能： （1）理解生命教育课程内容和目的，了解课程设计的愿景和理念。 （2）认识生命的重要性，相信自己是有价值的。 过程与方法： （1）通过对所学内容的思考学习，理清自己与他人的认知并学习他人正确的方式。 （2）通过对特定内容的体验学习，建立面对逆境的信心，勇敢面对逆境。 情感态度和价值观： （1）启发流浪儿童，使其能够发现问题和提出问题，善于独立思考，学会分析问题和创造性地解决问题。 （2）引导流浪儿童以积极乐观的态度看待逆境，选择正确的价值取向，建立优质的生命教育信念
学习者的分析	一般特征： （1）认知方面具有自我否定的特点，典型表现包括自卑心理严重、遇到困难退缩、自我防御心理突出、觉得没有人看得起自己、自己也瞧不起自己等。 （2）情感方面，感情脆弱、冷漠、渴望关爱却又自我封闭等。 （3）意志方面，自控能力较差，难于理智地做出选择和判断。 （4）行为方面，认同反社会的行为方式，沉默寡言，长时间不能集中注意，有说谎、盗窃、不守规矩等行为，有暴力倾向。 （5）社会交往方面，不信任他人、拘谨、羞涩，但同时喜欢与同类聚集成群体。 初始能力： （1）流浪儿童的整体文化素质不高，但具备生命教育所必须掌握的知识技能水平。 （2）大部分流浪儿童学习状况处于基础水平，对学习持排斥态度。 信息素养： （1）流浪儿童能够熟练地、批判地评价信息。 （2）流浪儿童能够精确地、创造性地使用信息
学科知识和能力结构框架（或概念图、思维导图）	流浪儿童生命教育课程 【人与己】 （1）认识自己 （2）欣赏自己 （3）接纳爱自己 （4）勇敢与信心 【人与人】 （1）人活在关系中 （2）尊重他人 （3）爱人如己 （4）明辨是非 【人与环境】 （1）欣赏自然 （2）爱护环境 （3）面对环境的挑战 （4）社会关怀 【人与生命】 （1）欣赏生命 （2）生死尊严 （3）生命价值

续表

节顺序	编号	知识点		学习目标层次								教学建议		计划学时
				认知			技能		情感					
			内容	记忆	理解	简用	练习	初会	学会	思考	兴趣	热爱	重点	难点	
人与己	1.1	认识自己： （1）我是谁。 （2）每个生命很独特。 （3）我的现在和未来													3
	1.2	欣赏自己： （1）特点和优点。 （2）寻找我的特点。 （3）特点变优点													3
	1.3	接纳爱自己： （1）不完美也是宝贝。 （2）正面看缺点。 （3）用爱看缺陷													3
	1.4	勇敢与信心： （1）我有自信心。 （2）我可以期待。 （3）我能做得到													3
人与人	2.1	人活在关系中： （1）亲切的人际互动。 （2）爱的人际关系。 （3）建立爱的人际网络													3
	2.2	尊重他人： （1）不一样的朋友。 （2）不同性别的朋友。 （3）尊重——相互欣赏、彼此包容													3
	2.3	爱人如己： （1）分享的快乐。 （2）爱就是分享。 （3）爱的行动													3
	2.4	明辨是非： （1）说"好"话，做"对"事。 （2）对错与我何关。 （3）以爱心分辨是非													3
人与环境	3.1	欣赏自然： （1）美丽的季节。 （2）奇妙的大自然。 （3）做自然的好朋友													3
	3.2	爱护环境： （1）让世界更美的事。 （2）地球的改变。 （3）爱我们的家——地球													3
	3.3	面对环境的挑战： （1）可以是新的开始。 （2）困境中的希望。 （3）挑战中的成长													3

第六章 生命教育在重庆市某流浪未成年人救助保护中心的实践过程

续表

节顺序	编号	知识点 内容	学习目标层次 认知 记忆	认知 理解	认知 简用	技能 练习	技能 初会	技能 学会	情感 思考	情感 兴趣	情感 热爱	教学建议 重点	教学建议 难点	计划学时
人与环境	3.4	社会关怀： （1）爱没有距离。 （2）爱我芳邻。 （3）爱让世界更美												3
人与生命	4.1	欣赏生命： （1）每个人的幸福不一样。 （2）多彩多姿的人生。 （3）珍惜幸福。 （4）创造幸福												4
人与生命	4.2	生死尊严： （1）消失的爱。 （2）珍惜每一刻。 （3）爱可以长存； （4）好还要更好												4
人与生命	4.3	生命价值： （1）活出精彩人生。 （2）正向生命力。 （3）永远的爱。 （4）爱你本来的样子												4

	知识点或知识单元 编号	知识点或知识单元 内容	媒体类型	媒体名称（内容要点）	占用时间	来源	检索号（网址）
教学媒体（资源）列表	1.1.1	我是谁	文本	绘本《我不知道我是谁》	15分钟	网络资源	
	1.2.1	特点和优点	文本	绘本《两株西红柿》	15分钟	网络资源	
	1.2.2	寻找我的特点	文本道具	A4纸若干	25分钟	购入	
	1.2.3	特点变优点	影片	影片《憨豆先生》	10分钟	网络资源	http://v.youku.com/v_show/id_XODc2NTM2ODc2.html?spm=a2h0k.8191407.0.0&from=s1.8—1—1.1
	1.3.1	不完美也是宝贝	课件	绘本《你很特别》	15分钟	网络资源	
	1.3.2	正面看缺点	文本道具	灰点点贴纸&灰点点垃圾车若干	20分钟	个人制作	
	1.3.3	用爱看缺陷	课件	PPT《我还有左脚》	10分钟	个人制作	
	1.3.3	用爱看缺陷	CD播放机	《飞向梦想》	10分钟	购入	

续表

节顺序	知识点或知识单元		媒体类型	媒体名称（内容要点）	占用时间	来源	检索号（网址）
	编号	内容					
教学媒体（资源）列表	1.4.1	我有自信心	CD播放机	《用爱追逐梦》	10分钟	购入	
	1.4.1	我有自信心	影片	《"保罗帕兹"的传奇》	10分钟	网络资源	http://v.youku.com/v_show/id_XMTU2MTQxNDY0.html?spm=a2h0k.8191407.0.0&from=s1.8—1—1.2
	1.4.1	我有自信心	教具	压力挂号箱、小纸条	10分钟	个人制作	
	1.4.2	我可以期待	文本	剧本《小种子花园舞会》	10分钟	网络资源	
	1.4.3	我能做得到	文本	故事《破蛹》	10分钟	网络资源	
	1.4.3	我能做得到	教具	压力问题"恐龙拼图"、海报纸、彩色笔	25分钟	个人制作	
	2.1.1	亲切的人际互动	CD播放机	音乐《拍拍手》	10分钟	购入	
	2.1.1	亲切的人际互动	文本	故事《没有人喜欢我》	15分钟	网络资源	
	2.1.2	爱的人际关系	课件	绘本《小恩的秘密花园》	10分钟	网络资源	
	2.2.1	不一样的朋友	文本	绘本《蛤蜊之歌》	10分钟	网络资源	
	2.2.2	不同性别的朋友	文本	绘本《生日礼物》	15分钟	网络资源	
	2.2.3	尊重——相互欣赏、彼此包容	教具	"人形拼图"、大海报纸、双面胶带或胶水	10—15分钟	个人制作	
	2.3.1	分享的快乐	文本	绘本《门铃又响了》	15分钟	网络资源	
	2.3.2	爱就是分享	文本	绘本《爱心树》	15分钟	网络资源	
	2.3.2	爱就是分享	教具	爱的支票本	10—15分钟	个人制作	
	2.3.3	爱的行动	教具	毛线或塑料绳	25分钟	购入	
	2.3.3	爱的行动	CD播放机	音乐《我家是天堂》	10分钟	网络资源	

第六章 生命教育在重庆市某流浪未成年人救助保护中心的实践过程

续表

节顺序	知识点或知识单元 编号	知识点或知识单元 内容	媒体类型	媒体名称（内容要点）	占用时间	来源	检索号（网址）
教学媒体（资源）列表	2.4.1	说"好"话，做"对"事	课件	《倩倩的考试》	15分钟	网络资源	
	2.4.2	对错与我何关	教具	14张台词卡片、14张空白卡片	20分钟	个人制作	
	2.4.3	以爱心分辨是非	CD播放机	音乐《云上的爱》	10分钟	网络资源	
	2.4.3	以爱心分辨是非	教具	粗绳2—4条	25分钟	备用	
	3.1.1	美丽的季节	文本	绘本《小狐狸学长大》	10分钟	网络资源	
	3.1.1	美丽的季节	PPT课件	"四季之美"PPT	20分钟	个人制作	
	3.1.1	美丽的季节	CD播放机	音乐《四季》	10分钟	网络资源	
	3.1.2	奇妙的大自然	CD播放机	音乐《彩虹森林》	10分钟	网络资源	
	3.1.2	奇妙的大自然	PPT课件	"精心设计的生命"PPT	15分钟	个人制作	
	3.2.1	让世界更美的事	CD播放机	音乐《只要有爱》	10分钟	网络资源	
	3.2.1	让世界更美的事	PPT课件	绘本《花婆婆》	10分钟	网络资源	
	3.2.2	地球的改变	教具	巧巧拼（彩色塑料地板）或报纸、动物卡片	20分钟	个人制作	
	3.2.2	地球的改变	PPT课件	具有对比效果的"生态环境改变"的照片PPT	15分钟	个人制作	
	3.2.3	爱我们的家——地球	PPT课件	"种子亲子实验小学"PPT	15分钟	网络资源	
	3.3.1	可以是新的开始	文本	绘本《妈妈的红沙发》	15分钟	网络资源	
	3.3.1	可以是新的开始	教具	海报纸、彩色笔、希望脚印、双面胶	20分钟	购入	
	3.3.2	困境中的希望	PPT课件	"天灾？还是人祸？"	20分钟	个人制作	

流浪儿童生命教育的实践研究

续表

节顺序	知识点或知识单元 编号	知识点或知识单元 内容	媒体类型	媒体名称（内容要点）	占用时间	来源	检索号（网址）
教学媒体（资源）列表	3.3.3	挑战中的成长	文本	绘本《豌豆三兄弟》	10分钟	网络资源	
	3.4.1	爱没有距离	文本	绘本《凯琪的包裹》	10分钟	网络资源	
	3.4.3	爱让世界更美	CD播放机	音乐《让爱点亮生命色彩》	10分钟	网络资源	
	3.4.3	爱让世界更美	教具	海报纸、彩色笔	25分钟	购入	
	4.1.1	每个人的幸福不一样	文本	《熊宝宝找幸福》	10分钟	网络资源	
	4.1.2	多彩多姿的人生	文本	绘本《很新、很新的我》	10分钟	网络资源	
	4.1.3	珍惜幸福	教具	罐子或盒子（"彩虹时光宝盒"）	10分钟	个人制作	
	4.1.3	珍惜幸福	文本	绘本《编织记忆》	20分钟	网络资源	
	4.2.1	消失的爱	课件	《雪人》PPT	15分钟	网络资源	
	4.2.2	珍惜每一刻	课件	绘本《我永远爱你》	10分钟	网络资源	
	4.2.3	爱可以长存	课件	故事《不死鸟》PPT	10分钟	网络资源	
	4.2.4	好还要更好	文本	绘本《米爷爷学认字》	15分钟	网络资源	
	4.3.1	活出精彩人生	文本	绘本《喜乐阿嬷》	15分钟	网络资源	
	4.3.2	正向生命力	教具	长形纸条（星星条）、彩虹时光宝盒	20分钟	个人制作	
	4.3.3	永远的爱	课件	绘本《你是我的孩子》PPT	20分钟	网络资源	
	4.3.4	爱你本来的样子	课件	绘本《爱你本来的样子》	20分钟	网络资源	

	学科网站名称	网址	资源类型
相关网站	台湾当局教育部门全球资讯网	https://life.edu.tw/2014/	咨询网站
	生命教育学科中心	http://life.ltsh.ilc.edu.tw/index.aspx	学习资料
	彩虹生命教育	http://www.rainbowkids.org.tw/WordPress/	学习咨询

第六章 生命教育在重庆市某流浪未成年人救助保护中心的实践过程

续表

节顺序	知识单元	活动主题	学习模式（策略）	资源（情境）
学生自主学习活动的建议	【人与己】欣赏自己 接纳爱自己 勇敢与信心	寻找我的特点 正面看缺点 我能做得到	主题型学习模式 协作型学习模式 探究型学习模式	利用教具帮助流浪儿童更加深入地剖析和认识自己，发现自己的优点和价值并正视自己的缺点；帮助流浪儿童树立面对困难的勇敢和信心，而勇敢和信心是建立在希望的基础上，因此在活动中还应对流浪儿童灌输新希望
	【人与人】尊重他人 明辨是非	尊重——相互欣赏、彼此包容 以爱心分辨是非	主题型学习模式 协作型学习模式	帮助流浪儿童理解人与人之间会有不同意见是必然的，使流浪儿童学会尊重他人的意见；通过朗读"两难公交车"的故事，帮助流浪儿童明白有些是非对错不能只以结果判定，使流浪儿童愿意有积极、善良的行为动机
	【人与环境】欣赏自然 爱护环境 面对环境的挑战	美丽的季节 奇妙的大自然 让世界更美的事 地球的改变 爱我们的家——地球 可以是新的开始 困境中的希望 挑战中的成长	探索型学习模式 主题型学习模式 协作型学习模式	通过图文阅读，帮助流浪儿童更加深刻地了解一切生物各有其美好之处，使流浪儿童感受大自然的美好；通过浏览图文帮助流浪儿童意识到保护环境的必要性并了解如何保护环境；通过自主学习，帮助流浪儿童了解人类具有面对环境挑战的能力并能做到从容面对突来的环境改变
	【人与生命】欣赏生命 生命价值	珍惜幸福 正向生命力	主题型学习模式 探索型学习模式	通过"彩虹时光宝盒"活动，帮助流浪儿童了解每个人的人生价值和意义都是不同的，做到以自身能力积极参与人生的发展历程；通过活动帮助流浪儿童提升自我思考与自我情绪调整的能力，养成正向思考的习惯，强化生命力来面对生活的问题与挑战
教师自我分析	流浪儿童生命教育课程尤其是【人与己】、【人与人】单元多以体验式学习模式为主，体验式学习有助于流浪儿童深入地认识自己、理解他人以及处理好自己与外界环境的互动关系。体验式学习需要教学者有足够的耐心、同理心，对待流浪儿童能够获得良性发展的信心。 在教学能力方面，教学者除了有基础的课堂应变能力及思维逻辑能力外，还有对流浪儿童情感及心理变化的洞察能力，最主要的还是与流浪儿童深层沟通的能力。教学者具有较强的同理心，与流浪儿童站在同一立场，接纳流浪儿童的缺点或不足，并适当运用优势视角帮助流浪儿童积极乐观地看待问题，提升流浪儿童的正向抗逆力。 在教育技术素养方面，教学者除了运用常规的教学教具等，还熟练运用绘本、多元艺术等，透过活动、游戏让流浪儿童在体验、互动、反思的过程中自主学习，通过讨论进行内省与分享，并将经验转化，形成概念，使学习效果内化与持续，进一步带来了行为的改			

续表

节顺序	知识单元	活动主题	学习模式（策略）	资源（情境）
教师自我分析	变。绘本、多元艺术及体验活动需要教学者能事先知晓活动环节和流程，并能在必要时使该活动发挥最大作用。 在生命教育课程中，部分章节可能会难以控制情绪，如生死教育，教学者须在课程开始前使自己内心保持平静，并在互动过程中控制好自己的情绪。若课堂上出现情绪失控情况，则有必要考虑是否该暂停该内容以避免对流浪儿童心理造成伤害			

第三节　流浪儿童生命教育课程的开展

对流浪儿童生命教育课程进行教学设计后，接下来便是课程的开展。前文中提到由于流浪儿童群体各自的差异性和留站时间的不固定性，其生命教育开展的内容和形式也有所不同。在重庆市某流浪未成年人救助保护中心针对流浪儿童实施流浪儿童生命教育课程的过程中，实施者根据流浪儿童的群体特征及其留站的时间，通过菜单式教学为其提供适合其当前身心发展且迫切需要的模块内容，在确保流浪儿童得到有效救助的前提下，向流浪儿童展示生命的美好，帮助流浪儿童看到"真实的自我"，并按照真实的自我，建立正确、积极、可期待的理想，从而促进个体的正向行为改变和良性发展。为帮助读者更好地理解流浪儿童生命教育实践过程，在呈现生命教育实践之前，笔者将对生命教育实施者的角色扮演及流浪儿童生命教育实时操作进行分析。

一、生命教育实施者的角色分析

"角色"一词来源于戏剧，原指规定演员行为的脚本。美国社会学家、社会心理学家乔治·赫伯特·米德首先将这一概念沿用到社会心理学领域，但他并没有给角色下一个明确的定义，只是用一种比喻来说明不同的人在不同情境中会表现出不同行为这种现象。此后这一概念被广

第六章 生命教育在重庆市某流浪未成年人救助保护中心的实践过程

泛地运用于社会学和社会心理学领域,并且,不同的学者从不同的理论视角出发,对角色的定义不一而足。

将生命教育引入流浪儿童的救助体系将会是我国救助观念的一次创新性突破,同时生命教育作为一种教育实践过程和教育价值观,要想在流浪儿童救助中发挥实际作用,其实施者应该遵循一定的角色定位,避免流浪儿童的生命教育流于形式。所谓角色定位,就是对处于某一社会位置的个体或群体的社会存在形式和行为模式的预先判定。简而言之,就是对某个角色应该"是什么?""做什么?""怎么做?"的问题进行回答。笔者将结合生命教育的特征和流浪儿童的群体特征,从能力、权力、责任三方面对流浪儿童生命教育的实施者进行角色定位。

随着流浪儿童救助措施和政策的不断完善,流浪儿童教育救助方面实施者的职能也逐渐向多元化发展。因此,在对流浪儿童生命教育的实施者进行角色定位之前,有必要先对现行的流浪儿童救助流程及救助实施者在其中所扮演的角色进行梳理。

在过去,我国的流浪儿童救助工作的重心在于物质救济和遣返,即流浪儿童被公安机关发现后会被送往当地的收容遣送站,再由民政部门遣送回原籍,由户籍所在地政府妥善安置。后来,我国的流浪乞讨人员救助工作开始向人性化、专业化和规范化的方向发展,并陆续发布《城市生活无着的流浪乞讨人员救助管理办法》《国务院办公厅关于加强和改进流浪未成年人救助保护工作的意见》《城市生活无着的流浪乞讨人员救助管理办法实施细则》等一系列保护政策将以国家控制为本的收容遣送制度转变为以国家服务为本的社会救助制度。目前,我国的流浪儿童救助工作主要由内设在各地救助站的流浪儿童保护中心实施开展。流浪儿童有一部分会被公安机关或城管人员发现,有一部分则是主动求助。不管是通过哪一种方式,流浪儿童被发现后都会被护送到流浪地的流浪儿童保护中心。在这里流浪儿童首先接受的是最低标准的救助保护:符合食品卫生要求的食物;符合基本条件的住处;对在站内突发急病的,及时送医院救治;帮助与其亲属或者所在单位联系;对没有交通费返回其住所地或者所在单位的,提供乘车凭证,保证他们不会因为食物、衣物等物质条件的缺乏而引起痛苦、疾病或死亡,然后帮助他们联系亲属，返回家庭。如果在救助期限内联系流浪儿童亲属无果，流浪儿童会在救助期限截止后被安置到其他地方的流浪儿童保护中心或孤儿院、福利院等福利机构。流浪儿童在流浪地流浪儿童保护中心的救助期限一般是10天，在这段时间内，流浪儿童保护中心作为社会救助机构，需要承担流浪儿童的临时监护责任，保障其基本的生活需要的同时，还要根据流浪儿童的个性和共性提供教育矫治等专业服务，此时就需要社会实施者、心理咨询师、特殊儿童教育老师等具有专业理论、专业方法的实施者介入其中，对流浪儿童的身心健康进行评估和干预。在短短10天的救助期限内，各地的流浪儿童保护中心也竭力秉持以人为本的原则对流浪儿童尽心人性化救助，很多地方还形成了成熟的救助模式，比如广东模式。其特点有三：一是开展流浪少儿"类学校"式管理教育。二是开展劳动技能培训，积极探索和解决流浪儿童、少年长大成人后的出路问题。三是开展与国际组织的合作。又比如上海"工读教育"模式。上海未成年人救助保护中心强调将流浪儿童输送到工读学校接受集中教育，一来可以保护儿童受教育的权利。二来通过技能培训、知识灌输纠正儿童错误的人生观、世界观和价值观，帮助他们更好地适应与回归社会。再比如北京模式。该模式重视流浪儿童的心理及行为问题，以教育的形式对其进行辅导和纠正，邀请有社会工作、心理学、特殊教育等相关专业背景的老师及在校大学生进驻流浪儿童保护中心，使这些流浪儿童获得差异性的服务与指导，促使其心理和行为问题得到改善。

纵观我国流浪儿童的救助现状，不难发现我国流浪儿童救助工作的实施者队伍在不断成熟壮大，由一开始的单一的行政管理人员发展到涉及各相关专业领域的、多元的救助人才队伍，这就意味着流浪儿童救助工作实施者会担任更多的角色。流浪儿童生命教育课程实施者的角色主要分为以下4类。

1. 救济者

流浪儿童经相关人员发现之后，护送到流浪儿童保护中心，首先，要受到保障的是其温饱和健康。保护中心作为主要救助场所，会为流浪儿童提供符合食品卫生要求的食物，以及满足基本条件的临时住所，并

第六章　生命教育在重庆市某流浪未成年人救助保护中心的实践过程

安排专门的保育人员照顾其起居。这一救助方式能使流浪儿童不再独自流浪街头，并有效地把流浪儿童这一弱势群体与拐卖、诈骗等社会危险因素隔离，保障其人身安全。同时，对于在流浪过程中遭遇了疾病或身体伤害急需接受医疗救助的流浪儿童，中心也会为其联系医疗资源，将其及时送至医院接受救治，保证流浪儿童的身体健康。

上述救助内容是流浪儿童救助工作的最基本的要求之一，只有将这一层次的工作进行有效落实，流浪儿童的救助工作才能得到更深层次的开展。因此，救济者是流浪儿童救助工作实施者扮演的基本角色。首先，该角色要求实施者在专业性方面要具备一定的看护知识，能对流浪儿童的生活起居进行科学照顾。其次，该角色还对实施者的个人素养有所要求——实施者必须对其所从事的职业和工作内容有足够的认同感和价值感。因为只有肯定并认同救济工作，实施者才能对流浪儿童的基本需求有一定的敏感度，才能将爱与陪伴主动倾注到救助工作之中。同理，工作认同感和价值感的缺失则正是少部分流浪儿童保护中心会出现无视流浪儿童基本需求，甚至是虐待流浪儿童现象的原因所在。因此，为实现流浪儿童的有效救助，实施者需要履行救济者的职责，是保护流浪儿童的人身安全，并满足其物质需要。救济者是生命教育实施者所扮演的最基础也是不可缺少的角色。

2. 安置者

流浪儿童救助工作实施者扮演的第二个基本角色就是安置者。在流浪儿童的温饱和食宿问题得到解决之后，保护中心的工作人员就会展开安置工作。这个时候一般会出现两种情况：对于那些智力正常、能准确记忆个人家庭信息的流浪儿童，中心工作人员会根据其提供的相关信息与其亲属取得联系，让其家人到救助站认领流浪儿童；对于因年龄较小或智力受损而不能提供家庭有关信息的流浪儿童，中心工作人员会通过报纸、电视新闻、网络等媒体渠道或通过联系派出所工作人员到保护中心提取流浪儿童 DNA，然后参照全国打拐 DNA 信息库进行 DNA 比对来帮助流浪儿童找到亲人。当十天救助期限截止，而流浪儿童仍旧没有找到亲属回归家庭时，他们就会被流浪儿童保护中心留在中心继续接受照顾，或者被送至孤儿院、福利院等社会福利机构进行托养（即委托照顾。该流浪儿童在社会福利机构的费用责任仍旧归属救助站，社会福利机构只是承担对流浪儿童的照顾责任）。

上述安置工作内容也是流浪儿童救助工作的最基本要求之一。从宏观层面来讲，安置者的角色要求流浪儿童救助工作实施者能灵活熟练地利用各种途径和资源帮助流浪儿童寻亲，增加流浪儿童回归家庭的可能性。从微观层面，该角色也要求实施者具备耐心和足够的沟通技巧，在与流浪儿童的持续交流互动中挖掘其家庭或者户籍所在地的信息。生命教育实施者在履行其安置者职责的同时，尤其应注意流浪儿童离站时的情感和心理变化，如流浪儿童的离别情绪，实施者需及时做出妥善的处理。

3. 教育者

伴随着我国救助体系的深入发展，国家逐渐认识教育的缺失是流浪儿童流浪和重复流浪的最根本原因。因此要想最大限度地解决流浪儿童这一社会问题就要重视教育对于流浪儿童的意义。2011年，《国务院办公厅关于加强和改进流浪未成年人救助保护工作的意见》指出，坚持救助保护和教育矫治并重。积极主动救助流浪未成年人，保障其生活、维护其权益；同时加强流浪未成年人思想、道德、文化和法制教育，强化心理疏导和行为矫治，帮助其顺利回归家庭。这一政策的发布标志着我国救助观念从"救济—安置"向"救济—教育—安置"转变。各流浪儿童保护中心为响应国家政策号召，纷纷将教育矫治纳入自己的救助流程之中，并努力在有限的救助期限内开展对流浪儿童的教育。因此，流浪儿童救助工作的实施者在扮演上述两个角色的同时，还扮演起了教育者的角色。目前我国流浪儿童教育的定位主要是德育教育，即通过模仿传统知识教育的方法和形式，实现对流浪儿童的行为约束和矫治，以期帮助流浪儿童更好地回归家庭，减少重复流浪。很多流浪儿童保护中心甚至自主研发了一套流浪儿童教育矫治的教材，内容涉及品德教育、心理健康、素质教育等多个领域。

教育在流浪儿童救助工作中与日俱增的重要性，意味着实施者已

第六章　生命教育在重庆市某流浪未成年人救助保护中心的实践过程

经扮演起了教育者的角色,而教育作为一个教授育人的过程,其质量的优劣及开展形式的选择会直接对被教育者的心理、习惯、个性、价值观等方面产生深远的影响。因此,教育者的角色要求对流浪儿童救助工作实施者而言会更加严格。首先,实施者要有对流浪儿童进行教育的能力。这意味着实施者要有驾驭所教授内容的专业能力,同时能将所教授的内容与流浪儿童的群体特征结合,做到有的放矢。其次,实施者还需要具备更加严苛的个人素养。因为受教育的对象是流浪儿童群体,而这一群体普遍文化基础薄弱、厌学情绪严重,有的甚至还有严重的行为习惯偏差等问题。如果教育者自身没有强大的心理素质和优势视角,很难真正实现对流浪儿童的教育,甚至会产生适得其反的效果,对流浪儿童造成二次伤害。教育者是生命教育实施者扮演的至关重要的角色。

4. 同行者

与救济者、教育者相比,同行者这个角色定位更加符合生命教育的实施者。同行者陪伴和见证流浪儿童的成长与正向发展,鼓励流浪儿童不断朝着真实的自己发展,协同流浪儿童参与有意义的体验活动、话剧表演等,使流浪儿童不断反思、审视自己的不足与缺点,也意识到自己是有价值的,从而使流浪儿童能够积极处理面临的问题,促进个体的正向、健康发展。同行者不仅包含教育、关怀陪伴的含义,更重要的是实施者以同行者的身份与流浪儿童站在同一起跑线上,并非是扮演对手或无关的角色,而是扮演最重要的接纳、理解和鼓励的角色。流浪儿童不同于一般的同龄人,他们大多缺乏应有的安全感,对外人的警惕性较高且所经历的坎坷也多于同龄儿童,因此实施者在开展生命教育课程时,应尽量多的与流浪儿童保持互动交流,只有放下自我的包袱融入流浪儿童群体的交流圈里,才能真正地抓住流浪儿童行为改变的"临界点",帮助流浪儿童认识自我、理解他人与处理与外界环境的互动关系,从而使流浪儿童更加珍爱生命、珍惜自己的生命价值。因此,同行者也是生命教育实施者所扮演的最核心的角色。

在流浪儿童救助工作实施者所扮演的这四个角色中,救济者和安置

流浪儿童生命教育的实践研究

者的角色相对而言较为完善。因为救济和安置工作一直是流浪儿童救助工作的最基本内容，已经在过往相当长时间的救助实践中积累了宝贵的经验，并且，目前的救助体制也一直在提档升级。比如，改善流浪儿童保护中心的硬件、软件设施；充分利用多方资源，建立更加完善的寻亲系统（如民政部与今日头条合作创办的"寻亲网"）。至于教育者这个角色，由于教育矫治的救助观念方兴未艾，其实践还处于摸索阶段，尚未成熟，还有许多值得反思和改进的地方。上文在介绍流浪儿童救助工作实施者的教育者角色时就已经指出，我国流浪儿童教育的定位是德育教育。实施者借助于传统教育的授课模式，对流浪儿童进行思想、政治、道德、法律和心理健康教育，以帮助其纠正偏差行为和错误认知，建立起被主流社会价值观所接受的行为模式，从而更好地回归家庭、回归社会。因此，相对而言同行者这个角色成为最适合生命教育课程的实施者，其以同行挚友的角色陪伴流浪儿童在学习、思考和体验中不断地进步和成长，积极、正向地面对生活困难，使其完成从"他人帮助"到"助人自助"的过渡。从流浪儿童教育救助来讲，虽然德育教育的目标值得肯定，但是对于流浪儿童这一特殊群体，德育教育的开展形式和价值取向仍有值得反思的地方。

在开展形式上，我国当前的流浪儿童德育教育普遍呈现教育方法单一、过程片段化的特点。方法单一主要还体现在流浪儿童的教育方式主要还是沿用我国传统教育的授课模式，老师借助教学材料，以课堂为依托，照本宣科地向流浪儿童灌输德育知识。这种近似填鸭式的教育方式对普通受教者来讲可能具有一定的效果，能在短时间内获取大量的知识，而对于流浪儿童这一特殊群体而言，其适用性会受限于该群体的文化特征、年龄分布等特点。首先，流浪儿童的整体文化素质不高。调查发现，有41.3%的流浪儿童小学未毕业，不识字的占到14.2%。大部分流浪儿童学习成绩属于一般或较差，并且流浪儿童保护中心所接收的流浪儿童年龄跨度较大，从3—16岁不等，而流浪儿童保护中心为节约教育矫治所需要花费的人力、物力和财力，常常会把这些具有明显年龄差距的流浪儿童聚集在一起进行集中教育。在这些现实情况之下，直接将德育知识灌输给流浪儿童是在忽视其接收并消化知识的能力和差异性，

第六章　生命教育在重庆市某流浪未成年人救助保护中心的实践过程

很难保证流浪儿童能通过内化这些知识来影响自己的认知、改变自己的行为。除此之外，教育本身就是很多流浪儿童最初选择流浪的直接原因。在应试教育的背景之下，一些学校和老师只关心升学率，不关心学生的身心成长。很多儿童因为学习成绩不好，受到老师、学校的排斥，或因学校管理过严而不堪重负，从而产生逃避心理、厌学心理，进一步选择辍学或流浪的方式来躲避这一切。因此，如果对流浪儿童的教育救助依旧照搬传统教育的教学模式，很容易再次激起流浪儿童的厌学情绪，取得适得其反的效果。

在教育的价值取向上，流浪儿童的德育教育主要是以"问题视角"为导向，将流浪儿童设定为有心理、行为和人格缺陷的特殊儿童，并希望通过诸如控制课堂环境、外在强化流浪儿童积极行为等"外在控制"方式，将已有正确的、合理的社会知识传授给流浪儿童，实现其再社会化。这种价值取向的形成主要来源于教育者对流浪儿童流浪生活经历及其行为习惯的主观认识和片面分析。流浪儿童在流浪的过程中，生存是其首先要解决的问题。但由于流浪儿童年龄尚小，缺乏足够的社会经验，也没有任何技能作为谋生手段，因此，有相当一部分流浪儿童会选择通过偷、骗、抢劫等违法犯罪行为来谋求财物，维持生存。基于这种情况，救助者会倾向于将流浪儿童视作一群爱说谎话、不听话、叛逆的特殊儿童，习惯性地以"问题视角"为出发点，认为流浪儿童需要被改造，却忽视了造成流浪儿童偏差行为产生的根本原因（诸如家庭环境）和自我保护的初始动机。也正是因为这些简单的认识，救助者很难发现流浪儿童的真正教育需求和能够进一步挖掘的潜能，在对流浪儿童进行教育矫治的过程中也极易出现"贴标签"的情况，进一步降低流浪儿童的自我评价，打击其自尊心。

总的来说，对于流浪儿童生命教育实施者的角色定位，还需要以上四个角色共同作用，在救济、安置的基础上，以同行者的角色牵引为情感导向，进一步发挥其教育的功能，通过生命教育课程协助流浪儿童建立自信，使其正视所面临的困境并积极地解决问题，从而提升流浪儿童的正向抗逆力。

流浪儿童生命教育的实践研究

二、流浪儿童生命教育实施操作分析

流浪儿童生命教育实践并不仅仅是对课程的实践，还包括整个流浪儿童救助的过程。为什么这么说呢？流浪儿童生命教育课程是一门非常灵活的课程，这门课程发挥重要作用的前提是实施者应与流浪儿童建立良好的关系，而在课程考试后或课堂上开始建立关系是不够的，一方面我们需要熟知流浪儿童在流浪期间经历过什么和当前身心是一种怎样的状态，并在入站时对流浪儿童的具体情况做一个详细的评估，以便为其制订合适的生命教育方案；另一方面我们在流浪儿童入站时便全程参与救助，这有利于与流浪儿童建立良好的关系，打破流浪儿童心中与我们的隔阂，使其建立对我们的信任，既能更加准确地帮助流浪儿童满足其内心的真实需求，又能真正实现实施者所扮演的同行者角色的最大限度发挥。因此，流浪儿童生命教育实践应从流浪儿童救助前开始，即从求助接待开始，着眼于流浪儿童救助的全程参与。为保证流浪儿童生命教育课堂能够有效地发挥其应有的作用，我们拟定以下两个开展条件。

第一，流浪儿童生命教育实践活动在重庆市某流浪未成年人救助保护中心开展，从行政体制上来讲，实践小组应服从该机构管理。了解机构日常工作流程和各个岗位工作职能，并学习其实务工作经验，是流浪儿童生命教育实践小组应做的首要工作。实践小组需学习《重庆市某救助管理站规章制度汇编》了解对流浪儿童救助的工作流程，另外通过与工作人员、特教老师的平时沟通了解各个岗位的工作职能，并学习他们的实务工作经验，弥补实践小组成员在实务经验上的缺乏。只有对生命教育的开展环境有一个清晰的了解并与中心的工作人员维持良好的合作关系，实践小组才能自由、自主地制定生命教育课程并开展该课程。因此，流浪儿童生命教育实践活动得以自主、有效开展的前提是与机构即未成年人救助保护中心建立良好的合作关系，相互帮助、互不干涉。

第二，流浪儿童不仅包括长期在外流浪、无家可归的儿童，还包括暂时失去物质保障而无法归家的儿童。对于暂时失去物质保障而无法归家的儿童，可通过救助管理站寻找家人并顺利将其送回家。这类流浪儿

第六章 生命教育在重庆市某流浪未成年人救助保护中心的实践过程

童的留站时间短暂，可能还没有建立良好的关系，他们就已经离站了。因此，在开展流浪儿童生命教育课程前，我们还需要对学习对象，即流浪儿童做一个初步的、大致的筛选，其筛选条件是：确定留站且有意愿参加生命教育课程活动的儿童。需要说明的是，前面提出有意愿参加生命教育课程活动不是指在不经过任何作为，儿童愿意参加就参加、不愿意参加就不强求，而是说生命教育实践小组（已建立良好关系后）为学习对象介绍生命教育这门课程并鼓励其参与活动、获得另一种新的生命体验后，流浪儿童仍不愿意参加或表现出抗拒的行为时，则视为无意愿参加生命教育课程活动，但若后期想参与的话，实践小组也表示欢迎。让流浪儿童从内心接受生命教育才是生命教育发挥其价值的开始！

本次生命教育课程实践使用台湾彩虹爱家生命教育协会编汇的小学生命教育实践经验教材，以结成正向同伴关系、认识并体会生活意义为目标，以个体性、团体化和课堂式教育等三种活动方式为主开始流浪儿童生命教育的尝试。虽然有三种流浪儿童生命教育实践的活动方式，但不管是哪一种活动方式，首先其前提都是工作者须尊重并接纳流浪儿童，工作者真正的尊重和接纳是与流浪儿童建立信任关系的关键，只有与流浪儿童建立良好的信任关系，生命教育课程才能真正地、有意义的开展下去。其次是其实施操作过程中的精准化，只有不断完善生命教育实施操作，使其更加精准化，才能使流浪儿童生命教育实践更具实操性和说服力。我们经过多次实践设计、反复修改，对流浪儿童生命教育实施操作方面提出以下几个需要注意的地方。

（一）教材内容的筛选

台湾彩虹爱家生命教育协会汇编的小学生命教育实践经验教材分为【人与己】、【人与人】、【人与环境】、【人与生命】四个方面的主题课程，除【人与生命】主题课程有三个单元外，每个主题课程有四个单元，每单元有三堂课，依据认知、情感、行为三个向度设计，使各年龄层的孩子获得适应性发展。在生命教育课程开展前的一个随机访谈中，部分流浪儿童谈到更希望参与和自己当下生活密切相关的活动，比如如何为人处世、如何说话等，他们觉得与人交谈很有技巧，他们就是因为和别人聊不到一块才动手打架的。因此在课程选择上，综合考量流浪儿童的现实需求、生命教育的开展目标和流浪儿童的留站时间，最终筛选出以【人与人】和【人与己】两个主题课程为主进行施教，帮助流浪儿童从认识自己、了解自己开始，学习如何同他人相处，如何以一颗包容和爱的心去接纳他们，必要时可开展【人与环境】、【人与生命】课程。对于有轻生倾向或流浪经历复杂、课程开展难度较大的个别儿童，工作者可在个别性教育中将【人与人】、【人与己】课程合并，有针对性地设计教学内容，必要时可加入【人与生命】的教材元素。

（二）教材的使用

儿童在不同的年龄段具有不同的成长任务，从 12 岁开始，儿童进入青少年期，皮亚杰认为该时期是儿童"形式运算"的认知阶段，能够通过内省形成新的一般性逻辑原则，并开始经历"自我认同危机"，因此形成正向积极的自我认同是该时期儿童成长的主要任务，而该时期也是儿童期快速变化的认知过程到青年期成熟的认知过程的过渡阶段。因此，在流浪儿童年龄划分上以 12 岁为界限，依次为划分依据设计出两套生命教育方案。台湾彩虹爱家生命教育协会也针对不同年龄阶段的儿童编汇不同理解难度的生命教育教材。台湾彩虹爱家生命教育协会根据多年的生命教育经验总结出以下的教材分阶方式：小学生的教材分为初阶、中阶和高阶三段，其中初阶是面向一、二年级学生，中阶是面向三、四年级学生，高阶是面对五、六年级学生。考虑到流浪儿童群体的认知水平和文化水平相对于一般儿童来说较低，其在对绘本的理解能力、反思能力上也较弱，因此，我们在设计生命教育方案时可对 12 岁以下的流浪儿童配套初阶、中阶生命教育教材，对 12 岁以上的流浪儿童配套中阶、高阶生命教育教材，以此在一定程度上降低了流浪儿童的学习难度并使其保持积极的学习态度，同时也降低了工作者教学的难度，使其更加专注地开展生命教育活动。

（三）道具的使用

上述两个认知阶段的生命教育由于难度不同，其使用的课程道具也

第六章 生命教育在重庆市某流浪未成年人救助保护中心的实践过程

略有差别。一般来说，12岁以下的流浪儿童生命教育主要借助绘本故事开展实践活动，也就是参照台湾彩虹爱家生命教育协会的编汇材料。绘本是一种寓教于乐的特殊的文学形式，在使用绘本故事时，工作者自身能否从绘本故事中获得启发与思考是启发低龄阶段流浪儿童的关键。因此，工作者需要在大量知识学习的基础上理解并坚持生命教育的信念，做好足够充分的准备工作。而12岁以上的流浪儿童主要以人物故事、问题讨论的方式开展实践活动，工作者与流浪儿童一起学习、一起思考的过程更能吸引流浪儿童认识自我、表达自我。工作者可积极倾听他们的想法，鼓励流浪儿童积极发言并适时给予积极的回应，引导他们将小组中的活动联系到现实生活中，以设身处地的视角与流浪儿童互动，帮助其更清晰地认识自我、表达自我。

（四）同质性及进站时间的选择

未成年人救助保护中心的流浪儿童来自不同的地方，每个小孩有自己不一样的故事，他们之间出生时日不同、生活环境不同、生活经历不同，也导致了他们之间的一致性非常小。成员年龄差距大，很容易出现无法适用教材，导致他们出现烦躁情绪而联合扰乱课堂秩序。成员生活经历差异大，将很难根据流浪儿童的现实需求而选择到适合所有成员的主题，使得生命教育课程出现针对性不强、效率不高、效果不好的情况。因此在同质性选择上，应尽量选择同质性较高的儿童分成一个小组进行生命教育，并在维持课堂秩序的前提下，必要时可对流浪儿童的座位顺序进行调整。除了流浪儿童的同质性外，流浪儿童的进站时间长短对生命教育学习对象的选择也有影响。流浪儿童的进站时间长短会影响其在未成年人救助保护中心的适应程度、与身边人群的熟悉程度等。对于刚刚进站一两天的流浪儿童而言，由于刚进入陌生环境，畏惧、防卫心理还很强，在外流浪的经历也让他们受到较大打击与创伤。因此，我们应首先根据救助站既定的工作流程，了解其流浪经历、家庭情况，评估其心理状态，给予积极关注，包括其是否能够快速联系到其家属，然后再决定在其同意的情况下是否能将其纳入生命教育小组中来。

三、流浪儿童生命教育的具体开展

（一）流浪儿童生命教育主要内容

2011—2013年，流浪儿童生命教育实践小组在未成年人救助保护中心开展长达一年半的生命教育服务。在这一年半的时间里，实践小组对流浪儿童（包括暂时失去物质保障而无法归家的儿童）基本情况及需求情况做了大致的归纳，发现流浪儿童大多在对自我的认知、与他人的人际沟通方面存在一定的困难，而根据流浪儿童流浪的原因来看，流浪儿童往往因为被拐骗、轻信他人的话而在外长时间流浪不得归家。

流浪儿童尤其是不愿回归家庭的流浪儿童较多关注的是生活适应的问题、与自身相关的自我及人际问题，加上其已步入社会，还希望多了解一些如何辨别是非的技巧。但由于流浪儿童留在未成年人救助保护中心的时间不长，最多只能待十余天，如果对这几个方面的内容进行系统、深入的教育显然是不可行的。因此，对流浪儿童生命教育的课程内容选择，可以从【人与人】、【人与己】两个模块进行，对与流浪儿童其他方面的需求相关的章节内容可作适当的延伸，这样既能在短时间内给予流浪儿童所需要的支持和关怀，同时也能帮助流浪儿童在一定程度上改变其不合理认知或看待问题的态度，具体见图5-4。

（二）流浪儿童生命教育实践过程

1. 每个生命都很独特

（1）教学重点：人的价值不是建立在别人对我们的评价上。人生来就有价值，每个生命都具有独特美妙的生命特质，有美好的人生意义和使命。帮助流浪儿童意识到每个生命都是独特的，是课堂的重点。

（2）活动目的：帮助流浪儿童从认识其他生命个体的过程中，再一次明白每一个生命都具有独特的价值。并让流浪儿童了解生命都因为成长而有不同，更丰富也更奇特，具体见表6-2。

第六章 生命教育在重庆市某流浪未成年人救助保护中心的实践过程

表 6-2 流浪儿童生命教育的实践过程（1）

名称	目的	主要内容	时间安排	备注
故事——动物考察	使流浪儿童认识到每一个生命都具有独特的价值	动物特点大考察，流浪儿童将自己感兴趣的动物信息填入动物特点大考察的表中；邀请几位流浪儿童分享他们考察的动物有何特点和功能，其他流浪儿童也可以参与讨论，帮忙补充信息	15分钟	如有流浪儿童不感兴趣的动物，工作者可以建议更换
延伸讨论及流浪儿童心得分析	引导流浪儿童意识到生命因为成长而有不同，更丰富也更奇特	你发现这种动物有哪些特别的地方？这些特别的地方有什么功用？每一种动物都不只有一个特别的地方，你也不只有一个特别的地方。努力想想看，你有几个特别的地方？想想看，你特别的地方可以怎样帮助你身边的人	10分钟	若出现流浪儿童冷场，不愿分享的情况，工作者要积极引导鼓励和示范
主体活动——我的小档案	帮助流浪儿童在建立档案的过程中，思考、发现自己的特点，达到自我认识	在"我的小档案"上浮贴自己的自画像；在小档案上要写上资料；完成后，请1—2个人分享自己的小档案，以此激发流浪儿童的思考和联想。如果有流浪儿童不知道写什么，工作者可以适时给予引导	15分钟	

1）具体过程

（1）故事延伸活动：动物考察。这次生命教育的内容是第一单元第一课，在活动开始我们向流浪儿童说明活动的主题、内容、目的，引入动物大考察的环节。在动物大考察的环节，让大家填写自己感兴趣的动物名字、特点及这个特点的功能，这样做是要让流浪儿童从认识其他生命个体的过程中，再一次明白每一个生命都具有独特的价值。虽然都是青少年，但填写过程大家的积极性很高，对这种教育形式还是很感兴趣。同时，他们会因为自己不会画动物的自画像而寻求其他流浪儿童或者工作者的帮助，寻求帮助的过程增加了相互之间的沟通。

（2）延伸讨论及心得分享。每位成员都写下了自己感兴趣的动物的相关信息，我们需要流浪儿童之间的相互分享来增进流浪儿童之间的沟通，启发大家思考。其中一位流浪儿童分享自己感兴趣的是大猩猩，他觉得大猩猩是最聪明的动物，是最通人性的动物，也是和人类最接近的动物。他可以模仿人类的行为，并举例说道：如果我们拿锤子砸核桃，大猩猩也会跟着拿锤子砸核桃。另外一位成员分享了他感兴趣的猴子，他觉得猴子是天生的乐观派，能给人带来无限的快乐，同时觉得猴子也很聪明。说完猴子后，这位成员说到自己属猴，觉得自己就像猴子一样开朗，给人带去快乐，他将自己感兴趣的动物和自己联系在一起。

流浪儿童生命教育的实践研究

还有一位成员分享了自己家陪同父亲多年的警犬,他觉得狗除了看家以外,最大的特点就是忠诚,是人类最好的朋友……。整个分享过程激烈而有意义,将活动引进了主题,每一种动物都不只有一个特别的地方,你也不只有一个特别的地方。想想看,我们自己有几个特别的地方?在活动中,有成员觉得自己的特点是性格外向、开朗,他觉得自己这样的特点可以让自己活得很开心;有成员觉得自己很可爱,很活泼,能给人带去不少的快乐;有成员觉得自己没什么特点,就是为人比较老实,愿意帮助别人。这些不一样的特点,都有它们的功用,都可以帮助到自己或是自己身边的人。如果我们还没有发现也没关系,有一天我们一定会发现自己的特点,而且不止一个!

2)主题活动——我的小档案

进入"我的小档案环节",帮助成员在建立档案的过程中,思考、发现自己的特点,达到自我认识。小档案中包括:自画像,基本资料,我喜欢做的事情,我喜欢吃的东西,我喜欢的人,我喜欢自己的部分,我觉得自己特别的地方是,我的秘密武器(最厉害、最擅长的)是,我现在最大的愿望,我想要学等内容。流浪儿童们都认真地对待每一个问题,我们相信填写的过程,引发了成员们自己的思考,加强了他们对自己的认识。

2. 我是谁?

(1)教学重点:在流浪儿童对自己特质的认识尚未清楚时需引导、建议其在学习、生活等方面想想自己的特质是什么,从而找到自己的专长特质。

(2)活动目的:帮助流浪儿童以自然万物(包括动物和植物)的特质来模拟自己的内、外在特质,具体见表6-3。

表6-3 流浪儿童生命教育的实践过程(2)

名称	目的	主要内容	物品	备注
我是什么动物	通过画画的形式让流浪儿童之间相互认识,也让孩子们对自己有一个充分的了解,学会接受别人的不同	问大家都知道哪些动物,这些动物都有什么特征(图片欣赏,3分钟);画出属于自己的动物图画(7分钟);相互介绍自己,以及说明为什么自己是这个动物(10分钟)	纸张若干彩笔1套	对不愿意画画的孩子鼓励其扮演那个动物,或描述其特征以供大家认识

178

第六章 生命教育在重庆市某流浪未成年人救助保护中心的实践过程

续表

名称	目的	主要内容	物品	备注
你比我猜	同学间相互认识、活跃气氛；考查孩子们之间的默契性	写有 A、a 的纸片，让孩子们抽签分组小组游戏"你比我猜"（20分钟）	纸片若干 词语50个	不会的词语可以跳过，但不能说出任何纸片上的字

3. 认识自己的情绪：情绪管理小组

1）背景

每个人都希望自己生活得快乐，但快乐与烦恼都是由自己决定的。情绪没有好坏之分，都是与生俱来的情感反应。但了解情绪的真相，对情绪的有效合理控制却可以决定我们生活得快乐与否。流浪未成年人，他们较其他人生阶段的发展有较多的不稳定性，对外界的感受特别敏感，在情绪上常常十分敏感和激烈，容易有不稳定的状况出现，比如冲动、易怒、暴躁、叛逆，其中有的是缺乏妥善的情绪管理与社会技巧不足的表现。因此，了解情绪的一些基本知识并学会调节不良情绪的方法和技巧，减少因不良情绪而产生的行为偏差及其他问题是救助管理站未成年人所需要的，这些需求在他们身上有以下表现。

（1）很多在救助站的未成年人由于遇到各种各样的事情，因此他们的情绪波动比较大，加之他们正处在青春期，对外界的感受特别敏感，容易感情用事，情绪极不稳定，易冲动、暴躁，缺乏妥善的情绪管理技巧。

（2）很多未成年人身上出现的一系列情绪波动极大的状况，都会不同程度地影响周围的孩子，这种状况如果得不到及时的调整，很容易导致一系列的行为偏差和其他问题。

为了使这些未成年人更好地掌握良好的情绪处理技巧和问题解决经验，期望通过小组工作的形式来使他们得到有关情绪处理和解决问题能力的成长。小组工作介入方法对救助管理站的未成年具有重要意义，小组工作作为社会工作的三大方法之一，是小组工作者运用科学的知识与带领小组的技巧，以一个小群体为对象进行服务的工作方法。我们可以运用小组工作的专业方法和技巧，辅以相关的活动，帮助这些在救助管理站的孩子们找到在情绪管理方面的技巧和经验。

2）理论架构

艾力斯的情绪 ABC 理论认为个体的精神烦恼和情绪困扰大多来自

流浪儿童生命教育的实践研究

于其思维中不合理、不符合逻辑的信念。这样的信念使人逃避现实，自怨自艾，不敢面对现实中的挑战。当人们长期坚持某些不合理的信念时，便会导致不良的情绪体验，而当人们接受更加理性和合理的信念时，焦虑与其他不良情绪就会得到缓解。结合站内的实际，站内孩子自我情绪管理能力较弱，不懂如何疏解、发泄情绪，情绪控制能力差，起伏大，在日常行为中表现出愤怒、焦虑、抑郁的情绪。开展情绪小组可以让孩子们了解情绪及其多样性特点，并掌握情绪调节的常用方法，学习处理各种不良情绪，如愤怒、悲伤等的方法，提升情绪管理的能力，避免因情绪不良所导致的行为失常和其他问题。

马斯洛的需求层次理论认为，需要的层次决定动力的性质，需要的强度决定动力的强度。在这个小组中，小组成员因为各种环境因素的影响，情绪容易失控，因此，我们需要为他们寻找处理不良情绪的动力，更需要满足他们实现自我的需求。该理论认为，人类的需要分为两大类，一类是基本需要，包括生理需要、安全需要、归属和爱的需要及尊重的需要。另一类是成长的需要。这类需要不受本能所支配，以发挥人的自我潜能为动力。而需要的满足会使人产生最大层次的快乐，包括认知需要和自我实现的需要。自我实现的需要，是追求更高生活理想的需要。而各需要是具有层次性的，只有基本需要满足后才会出现高一级的需要。因此，需要先满足小组成员的认知需要，即认识自我的情绪和对他人情绪的体察，并对不良情绪的影响有一个清晰的认识，这一直贯穿在小组活动的整个过程。

另外，在我们的小组中还将会用到镜中自我理论。镜中自我理论认为，人不是一个完整独立存在的个体，人与人之间是可以相互感染的，别人的情绪反应是自我情绪体验的一面镜子，从而可以更好地体察自己的情绪并进行管理。这在小组活动，比如"神奇的魔法镜子"一节中有很大的体现。

同时，根据学习理论，人的行为是可以通过学习和再学习改变和增强的，同样的道理，流浪儿童之间关于情绪管理的良好方法也是可以相互学习和改变的。未成年人对身边的事物仍然处于认识阶段，对于新的事物接受力很强，所以我们小组可以通过各种活动以正强化的方式使小组成员学习到新的处理不良情绪的方法。但是由于情绪管理活动是一项

第六章　生命教育在重庆市某流浪未成年人救助保护中心的实践过程

复杂的活动,影响和制约这一活动的因素也很复杂。期望能通过相互之间的分享与学习使流浪儿童得以成长,掌握良好的情绪处理的方法,时刻保持一颗积极向上的心。

3)目的和目标

(1)目的:提高小组成员情绪辨别与自我调整的能力,促进其保持快乐的情绪体验。

(2)目标:①促进小组成员对自我情绪的了解和与其他流浪儿童的相互了解。

②使流浪儿童了解情绪并无好坏之分,但学会把负面的情绪转化成正面的情绪的重要性。

③促进小组成员思考和掌握情绪控制的技巧和方法。

④促进小组成员自我成长,有更好的人际交往能力。

4)流浪儿童

(1)人群:重庆市某流浪未成年人救助保护中心全体未成年人。

(2)特点:有情绪改善方面的成长需求;希望提高自我情绪控制能力,掌握更多情绪控制方法和技巧。

5)小组特征

(1)小组性质:封闭式、自我成长型小组。

(2)小组次数:5节。

(3)小组活动时间:星期二下午3:30—4:20。

(4)小组活动地点:重庆市某流浪未成年人救助保护中心4楼小组教室。

(5)招募方式:采取海报张贴、自愿报名的方式,当人员明显不足时,工作者对可能参加的流浪儿童进行劝导解释。

6)主要活动内容(表6-4)

表6-4　流浪儿童生命教育活动的主要内容

次数	主题	内容	所需物资
第一次小组	彩虹旅程	热身游戏:"抢板凳";内容及目标介绍;"音乐欣赏";"彩虹之旅";分享及总结;小组规则制定;活动评估	音乐片段4段;画纸10张;蜡笔一套;评估表10张;小组规则四条

续表

次数	主题	内容	所需物资
第二次小组	横看成岭侧成峰	热身游戏：口是心非；一起拼拼看；扣帽子；分享及总结	形状一样的纸片30张；白色纸10张；胶水一瓶
第三次小组	Say no to angry and sad	热身游戏：快乐木头人；倒霉的一天；分享总结	卡通表情图片若干；卡纸若干
第四次小组	心灵微笑处方	热身游戏：乒乓漂移；哇！陷阱！！我会开药方；分享总结	乒乓球两个；纸杯5个（装满水）
第五次小组	挥手说再见	热身游戏：画地为牢；心情涂色卡；离别赠言；千丝万缕意不尽（注意拍照，合影留念）	蜡笔一套；A4纸10张；小卡纸片10张；5米绳子一根

7）应急策略（表6-5）

表6-5 流浪儿童生命教育活动的困难和应急策略

预计困难	应付办法
流浪儿童流动性大	有时候人数不能达到开展小组活动的要求，因此每一次的小组活动都应该有所备案，在不能完整进行小组活动时，以便能带动一些孩子们进行主题上的游戏和分享，同时工作者应提前做好招募海报，并进行解释和劝导。中途有人离组，工作者应向小组其他成员解释缘由，中途有人加入，应提前通知小组成员，并在小组活动开始前介绍新成员
流浪儿童情绪多变	在活动中一些突发事件的处理中，除了工作者本身的经验外，充足的事先演练和规则的详细制定是必需的，对流浪儿童情绪处理应以优势视角给予关注和引导，并针对此情绪进行主题探讨
组内沉默与分享不够	工作者应该允许沉默的出现，并给予孩子们一定的思考空间，并积极引导孩子们思考，工作者应时刻保持头脑清晰，有时场面难以控制时，可以向其他工作者寻求帮助

4. 勇敢与信心

（1）教学重点：建立流浪儿童的自信心，帮助流浪儿童能带着信心去面对生活中的困难。

（2）活动目的：帮助流浪儿童带着信心去面对生活中的困难（表6-6）。

（3）时间：2012年8月21日9：00—10：00。

（4）地点：未成年人救助保护中心3楼教室。

表6-6 流浪儿童树立勇敢和信心的措施

名称	目的	主要内容	时间安排	备注
社工介绍	确保流浪儿童明白，工作者身份和活动目的	简单的自我介绍和活动流程介绍	1分钟	在介绍过程中语言要简洁、清晰、流畅，语速适当

第六章 生命教育在重庆市某流浪未成年人救助保护中心的实践过程

续表

名称	目的	主要内容	时间安排	备注
音乐欣赏	调动本次生命教育活动的氛围	《我相信》播放	5分钟	工作者分享听后感受
成功体验分享	调动案主已有的自信心、自豪感	让流浪儿童回忆其自身曾经拥有过的成功体验	10分钟	工作者需积极引导,鼓励流浪儿童分享
压力挂号箱与分享	引导案主积极面对苦难;让活动参与者分享自己的游戏体验及自己的心得体会	工作者引导流浪儿童写出自己的困难投人压力挂号箱,并让流浪儿童抽选,并请抽取者谈论自己有没有遇到过类似的困难,有没有成功解决的,如果是你遇到的话你会怎么面对,其他流浪儿童觉得可以给他什么积极的建议与鼓励。以这种模式循环下去	30分钟	工作者在分享过程中要注意倾听,注意引导和总结(重要关节)。在这一环节中,工作者注意积极的引导和预防出现干扰状况
视频分享	再次鼓励案主正视困难的勇气与信心	《苏珊大妈竞选比赛》播放	5分钟	流浪儿童需要安静与思考
工作者总结与爱的鼓励	巩固活动已有成果	工作者总结回顾活动过程,赞赏流浪儿童的表现,并请流浪儿童分享参与本次活动的收获;流浪儿童在自己抽取的压力病号上写上寄语送给"病号"	10分钟	工作者注意情感的渲染和意义的表达
评估	评估工作者表现和活动结果	填写活动满意测评表,结束本次活动	5分钟	感谢流浪儿童对于本次活动的参与和支持

5. 亲切的人际互动

(1)教学重点:帮助流浪儿童明白人是生活在群体当中的,自己所做的事情对周围的人都会有影响。

(2)活动目标:帮助流浪儿童明白如何维持和谐的人际关系(表6-7)。

表 6-7　流浪儿童的人际互动关系

名称	目的	主要内容	时间安排	备注
开场白	让孩子们明白人是群居动物，只有相互认同和赞美才能得到身心的满足	当你孤单、一个人的时候，你是不是特别盼望有人陪呢？你觉得大家都喜欢你吗？	5分钟	语言要通俗、易懂
没有人喜欢我	让孩子们了解人与人之间是会相互影响的；帮助孩子们知道和谐人际关系的重要性；鼓励孩子们与人沟通交流	对绘本《没有人喜欢我》进行讲解，然后提出问题进行思考；分享总结	20分钟	提问时注重鼓励和切身感受；带领孩子们积极思考
巴蒂找朋友	让孩子们体会不同的表情会给别人带来不同的心理感受；让孩子们学会以亲切、友善的态度对待别人	准备"微笑""生气"两种表情卡；学生剧情表演；分享总结	10分钟	
歌曲演唱	鼓励孩子们勇敢与人交流、沟通，希望他们找到自己的朋友；感受好的人际关系所带来的快乐	歌曲聆听《拍拍手》分享总结	5分钟	

6. 爱的人际关系

（1）教学重点：通过游戏，流浪儿童感受人与人之间是会相互影响的，体会到需要互相帮助、彼此照应才能完成任务。

（2）活动目标：帮助流浪儿童了解和谐人际关系的好处（表6-8）。

表 6-8　流浪儿童的人际关系游戏

名称	目的	主要内容	时间安排	备注
开场白	让孩子们明白人与人之间是相互影响的，帮助别人的时候，自己也会得到帮助	滴水之恩，当涌泉相报。说的是别人帮助了我们，我们应该回报别人。但同时，在帮助别人的时候，我们自己也会得到帮助。老师为什么会这样说呢，是不是有一定道理呢，下面我们通过一个小游戏来告诉大家这个道理	2分钟	语言应该能切入正题
爱的起立	让孩子们了解人与人之间是会相互影响的；帮助孩子们认识和谐人际关系的好处；使孩子们愿意与人形成良好的人际关系	讲解游戏规则老师示范并鼓励孩子们上来体验游戏游戏进行时分享总结	13分钟	游戏讲解应仔细，注意时间的限制；在孩子不愿意上来时，应做好鼓励及相应措施

第六章　生命教育在重庆市某流浪未成年人救助保护中心的实践过程

续表

名称	目的	主要内容	时间安排	备注
小恩的秘密花园	帮助孩子们了解和谐人际关系的好处；帮助孩子们明白如何维持和谐人际关系并愿意与人交往	绘本《小恩的秘密花园》讲解复述故事并分享总结反思	20分钟	通过一定的激励手段鼓励孩子们复述故事；注意对绘本故事书面语的转化

7. 畅通人际小组

1）背景

个体生存空间有一个"人际场"，它在不同的人生阶段有不同的改变，是个体活动的重要成分。而处于青春期的青少年，开始会以个人、家庭或同辈好友的价值标准来评量自己，并害怕孤单。因此，他们极为重视自我的人际关系。我们在救助站实习的过程中，发现来站的儿童在人际交往与沟通上有一定的障碍，普遍缺乏沟通技巧的学习，具体表现如下。

（1）缺乏知心朋友。现在的很多孩子都是"90后""00后"，独生子女的成长环境，使得他们与父母交流较少，朋辈群体很多，人际关系也还可以。但能肝胆相照、互吐衷肠的知心朋友比较少，因此他们不免感到孤单和失落，有人际交往方面的焦虑。

（2）人际交往困难。很多来站的孩子，都是由于留守、家庭的原因，从小缺少与父母的沟通了解，胆小、自卑、怯懦，虽然有结交朋友的意愿，但由于其交往能力有限、方法欠妥、本身性格的缺陷及心理交往障碍等原因，交往不尽如人意，有改变的意愿。

因此，我们开展这次畅通人际小组，一方面是由于很多来站的孩子有学习人际沟通技巧的需求；另一方面也期望通过小组这个形式，让孩子们在活动过程中认识自己和他人，了解和学习人际交往的原则、理念和方法，体验人际交往的感受，在与他人良好互动的过程中促进自身人际交往模式的改变。小组是社会工作的三大方法之一，因为小组过程中的共同体验、归属感及流浪儿童互相技巧的演练、回馈，可以帮助流浪儿童在行为和技巧上有很大的提升。

2) 理论架构

首先，马斯洛的需求层次理论认为，人的需要由 5 个等级构成，它们按照从低级到高级的排列分别是：生理、安全、归属和爱、尊重及自我实现的需要。当他们生理和爱的需要得到了满足之后，就会有归属和爱的需要。归属和爱的需要是指一个人要求与其他人建立感情的联系或关系，如表达自我，结交朋友，获得友谊和信任等。本小组将从这点出发帮助流浪儿童加深对自我的认识，反思和学习自我人际交往过程中的不足，从而提升自我，学会与人沟通，改善人际关系。另外，人际关系的改善，也能满足流浪儿童被尊重和自我实现的需要。

其次，在我们小组活动的过程中还会更多地运用心理社会治疗模式。其中的"人在情境中"理论认为人不是一个完整独立存在的个体，而必须把他放在现实的情境中，所以人际交往和沟通是个人和他人互动不可或缺的媒介。人际交往的成功与否，社会角色扮演的成功与否，对自我形象有决定性影响，因而对于这些未成年人来说，现在的人际关系对他们以后的生活有不可替代的作用。而"镜中自我"理论则认为，我们可以通过与他人的互动，把他人作为自我反思和成长的镜子。而小组作为一个相对安全的环境，小组成员在一定程度上有很大的同质性，其在小组过程中的相互示范、演练和模仿，可以加深对自我的认识，改正自身人际交往中存在的缺点，学习并掌握一些人际交往的技巧，从而改善人际关系，表达、完善和超越自我。

此外，沟通是一种学习社会行为，是需要学习的。根据社会学习理论，人的行为在成长过程中虽然受到了周围他人互动模式的影响，但却可以通过学习和再学习改变和增强。未成年人对身边的事物仍然处于认识阶段，对于新的事物接受力很强，所以我们小组可以通过各种活动以正强化的方式使小组成员学习到新的行为。

3) 目标及目的

（1）目的：帮助流浪儿童认识自我，了解沟通的重要性，并提升能力和技巧，更好地完善自我。

（2）目标：①促进流浪儿童对自我和其他流浪儿童的认识了解。
②使流浪儿童了解沟通在人际交往中的重要性。

第六章　生命教育在重庆市某流浪未成年人救助保护中心的实践过程

③促进小组成员反思自我人际沟通的表现和不足,学习和掌握更多的沟通要素和技巧,并改善人际关系。

④促进小组成员自我成长,不断完善自我。

4)人群特点

(1)人群:重庆市某流浪未成年人救助保护中心渴望提高自身沟通能力的未成年人。

(2)特点:有人际沟通方面的成长需求。希望提高自我人际沟通能力,掌握更多人际沟通技巧;渴望自我完善和提高,促进人际关系的改善。

5)小组特征

(1)小组性质:自我成长、教育性小组。

(2)小组次数:6节。

(3)小组活动时间:星期一下午 3:30—4:10。

(4)小组活动地点:重庆市某流浪未成年人救助保护中心4楼小组教室。

(5)招募方式:采取海报张贴、自愿报名的方式,当人员明显不足时,工作者对可能的流浪儿童进行劝导解释。

6)主要活动内容(表 6-9)

表 6-9　流浪儿童人际关系小组活动内容

认识你真高兴	热身游戏:大风吹 内容及目标介绍 主题游戏:传递微笑 小组规则制定 活动总结及评估
倾听的艺术	热身游戏:自制土话筒 主题游戏:007送情报 分享你我
一切尽在不言中	热身游戏:缩小包围圈 主题游戏:你比我来猜 分享总结
大家来找茬	热身游戏:人体相机 主题游戏:大家来找茬 我会开药方 分享总结
换位思考	热身游戏:"抱"数游戏 主题游戏:我变成了你 分享总结

续表

为了更好地相遇	热身游戏：苹果园、果园、菜园 真心话 离别赠言 千丝万缕意不尽（注意拍照，合影留念）

7）应变计划（表6-10、表6-11、表6-12、表6-13、表6-14）

表6-10　流浪儿童人际关系小组活动应变计划

预计困难	应付办法
流浪儿童流动性大	因未成年人救助保护中心救助的未成年人流动性较大，有时候人数不能达到开展小组活动的要求，因此每一次的小组活动都应该有所备案，在不能完整进行小组活动时，也能带动一些孩子们进行主题上的游戏和分享
流浪儿童情绪处理	在活动中一些突发事件的处理中，除了工作者本身的经验外，充足的事先演练和规则的详细制定是必需的，对流浪儿童情绪处理应以优势视角给予关注和引导
报名者过多	筛选更为合适的流浪儿童参加

表6-11　畅通人际小组第一次具体计划

名称	目的	时间	内容	人员	所需物资
大风吹 小风吹	活跃小组氛围，热身；让组员之间相互认识和融合	5分钟	除组长以外的所有人先坐在椅子上围成一个大圆圈，第一次组长站在圈中说："大风吹。"旁人问："吹什么？"如果组长说："吹穿红衣服的人。"那么所有穿红衣服人就必须离开位子重新寻找位子，组长也会去抢位子。没有抢到位子的人就得站到中间继续组织活动	张启燕	见附录
内容及目标介绍	让孩子们明白小组的内容及目标	5分钟	讲述整个小组的内容及目标；介绍本次小组的内容及目标；回答孩子们的疑问	张启燕	
传递微笑	活跃现场气氛；体验微笑在人际沟通中的作用；学会表达微笑	20分钟	出示若干张面孔（依参加小组游戏的人而定），让孩子们上台画出最喜欢的表情，说说自己为什么画这种表情，从而感受到微笑会给人带来什么；向孩子们展示微笑的图片若干张，让孩子们在微笑中受到感染：微笑是最好的名片	张启燕	
分享及总结	明确主题，情感升华	10分钟	当你把你的快乐、鼓励传给别人时，你是什么感受？当那些语言（快乐源）传递给你时，你是什么感受？你愿意传递快乐给他人吗？你愿意接受别人的快乐吗？	张启燕	《歌声与微笑》音乐

第六章 生命教育在重庆市某流浪未成年人救助保护中心的实践过程

表 6-12 畅通人际小组第二次具体计划

名称	目的	内容	时间	所需物资
主题简介和认识你我	让小组成员知道本次活动的主题和认识新加入的成员	上次活动的简单回顾;本次活动主题及内容简介;小组成员相互认识	7分钟	
自制土电话	活跃气氛,消除隔阂,为主题游戏做准备	小组成员在工作者的指导下制作"土电话"一部;组长讲解注意事项,小组成员分享制作过程;分享总结	10分钟	小纸杯4个 绳子2根
007传情报	点明主题,让组员知道倾听的重要性,并分享讨论倾听的艺术,培养组员团队合作能力,加强小组成员之间的熟悉交流	"007传情报"游戏规则的讲解工作者引导完成游戏;分享游戏过程,并升华主题	15分钟	"007传情报"游戏所需"情报"资料
分享你我	小组成员分享游戏体会,工作者总结,升华主题	小组成员分享游戏过程及体会;工作者总结;活动满意度测评,并告知下次活动内容	8分钟	关于倾听的相关资料

注:"007传情报"游戏规则:全体组员排成一列。随机选出一人作为007;工作者把需要传递的情报告知他,再由他悄悄告诉队列的第一人,然后依次传递到最后一位组员。最后一位组员把自己听到的情报告诉大家后,工作者再向大家公布最初要传递的情报内容。"007传情报"游戏情报:(1)妈妈做的红烧肉很好吃。(2)王阿姨今天心情很不好,因为他儿子考试得了零分。(3)今天来了很多志愿者哥哥姐姐,他们给我们讲了很多法律知识,我们听得津津有味

表 6-13 畅通人际小组第三次具体计划

名称	目的	时间	内容	人员	备注
挤眉弄眼	活跃小组氛围;让大家感受用非语言表达情绪	10分钟	工作者简要介绍本次小组主题"一切尽在不言中";游戏"挤眉弄眼":用非语言表达出情绪词汇	杨婷婷	用制作名牌的方式让组员自我介绍;在表演过程中注意对孩子的鼓励和引导,注意气氛的活跃度
你比我猜	通过参与表演,提高孩子们对非语言的判断能力	20分钟	两人一组,一人比、一人猜,看哪组猜对的多;形式有三种:画画、唇语、比划	杨婷婷	
分享总结	让孩子们认识到非语言在人际沟通中的重要性,并在生活中留心观察	10分钟	让每个孩子分享表演时自己的感受和怎么猜对词汇的;总结本次活动,小组评估问卷	杨婷婷	

表 6-14 畅通人际小组第四次具体计划

名称	目的	时间	内容	人员	备注
雪花片片	明确本次小组主题;感受有效沟通	15分钟	组员相互认识;工作者简要介绍本次小组主题"有效沟通";游戏"雪花片片"(做两次,以对比不同效果)	杨婷婷	用制作名牌的方式让组员自我介绍;在"雪花片片"游戏中注意观察每个人的表现
变形虫	通过让组员达成目标,培养组员有效沟通的能力	15分钟	讲解"变形虫"游戏规则;游戏:变形虫;工作者小结	杨婷婷	

续表

名称	目的	时间	内容	人员	备注
分享总结	通过让组员分享自己的沟通方式，帮助组员了解并建立正确的沟通方式	10分钟	组员分享游戏体会；工作者总结本次活动，并做活动满意度测评	杨婷婷	

8. 不一样的朋友

（1）教学重点：明白人的差异是由许多因素造成的。

（2）活动目标：以真实的故事帮助流浪儿童了解自己才是影响人际关系的关键，自己若能用欣赏、接纳、宽容的态度待人，自然能与人和谐愉快地相处（表6-15）。

表6-15　真实故事对流浪儿童与人相处的影响

名称	目的	主要内容	时间安排	备注
变色的世界	让孩子体验戴上不同颜色的眼镜可以看到不同的世界，如同用不同的眼光看人，会对人产生不同的看法与感觉	准备不同颜色的透明塑料纸，邀请同学上台透过不同彩色纸片看世界，并描述看到的世界；事前准备一个色彩鲜艳的东西，问台上同学他看这件东西是什么颜色，有何感受	10分钟	注意鼓励孩子上台体验
蛤蜊之歌	以真实的故事帮助学生了解自己才是影响人际关系的关键，如果能用欣赏、接纳、宽容的态度待人，自然能与人和谐愉快地相处	绘本讲解《蛤蜊之歌》	15分钟	注意讲解过程的互动和生动性
分享你我	帮助学生了解人与人之间有不同意见是必然的，尊重他人可以成就更多事情	根据绘本《蛤蜊之歌》引导孩子们分享自己类似主人公的经历，是如何处理的，教会孩子以接纳宽容的态度待人	15分钟	注意讲解的启发性，对发言的孩子要给予鼓励

9. 不同性别的朋友

（1）教学重点：使学生愿意去了解每个人的差异与需要。

（2）活动目标：帮助流浪儿童了解不同个性的人也可以快乐相处（表6-16）。

第六章 生命教育在重庆市某流浪未成年人救助保护中心的实践过程

表 6-16 流浪儿童对人的差异和需要的理解

名称	目的	主要内容	时间安排	备注
歌曲欣赏	让孩子重温经典，感受朋友的重要性，愿意去结交朋友	歌曲欣赏：《朋友》	5分钟	注意鼓励孩子跟着一起唱，活跃气氛
生日礼物	帮助学生了解不同个性的人也可以做朋友，使学生愿意去了解每个人的差异与需要，学会与人和谐相处	绘本讲解《生日礼物》（10分钟）；分享你我	15分钟	注意讲解过程的互动和生动性
男女不同大发现	帮助学生认识男、女生之间的性别差异，了解男女生之间的不同性别角色，使男女生可以和谐相处、互帮互助	男女生分成三组（每横排为1组），发给每组男女大不同的海报，讨论并记录在纸上（5分钟）；每组派代表上台报告，并将结果写在黑板海报纸上（5分钟）；带领学生进行分析、比较，看看男女生有什么异同（5分钟）；提问：你现在对男生、女生有了什么新的看法和发现？男女生如何和谐相处？（5分钟）	20分钟	注意整个过程中的引导；物质：A4海报5张、海报纸2张、笔6支

10. 尊重、相互欣赏、彼此包容

（1）教学重点：明白负面情绪对人际关系可能产生的影响。

（2）活动目标：通过游戏，帮助流浪儿童了解自己在团队中的角色和定位，学习如何在团队中与人进行沟通、协调，让每个人都能发挥特长和功能（表 6-17）。

表 6-17 流浪儿童自己在团队中的角色和定位

名称	目的	主要内容	时间安排	备注
开场白	引入主题，活跃气氛，使学生们集中注意力	手势：爱的鼓励引导语	5分钟	语言要通俗易懂
步步高升	通过解决问题的过程让孩子学习如何通过团队思考、互助合作来完成任务，并学习如何在团队中贡献自己的力量，正确表达意见，尊重别人想法，进行有效沟通，以及服从团队决定，完成任务	游戏"步步高升"	25分钟	注意游戏过程中对孩子的指导和鼓励；控制现场秩序
分享总结	帮助学生了解人与人之间会有不同意见是必然的；帮助学生知道尊重他人可以成就更多事情；使学生愿意尊重他人的不同意见	根据游戏过程提问，他们遇到了什么困难？怎样解决的？有过分歧吗？意见是怎么统一的	10分钟	注意对孩子的启发引导

流浪儿童生命教育的实践研究

11. 分享快乐

（1）教学重点：帮助流浪儿童明白爱的重要性和爱的意义。

（2）活动目标：帮助学生了解如何分享爱（表 6-18）。

表 6-18　流浪儿童爱的分享

名称	目的	主要内容	时间安排	备注
门铃又响了	通过演话剧帮助学生了解如何分享爱	开场语"爱的鼓励"，询问有没有人有与人分享的经历，引出主题讲述故事"门铃又响了"，并现场让大家选择角色，表演出来延伸讨论，分享心得	20分钟	注意鼓励和对孩子们表演的引导
神秘的访客	帮助学生明白爱的重要性和爱的意义及如何分享爱	讲述故事《神秘的访客》	15分钟	注意语言的生动性，关注每个人反应
分享总结	让学生认识到分享的重要性，愿意去帮助别人，做一个愿意付出、与人分享，让世界变得更可爱、更温暖的人	根据故事引导提问，富翁为什么不愿把食物分给乞丐？如果你是富翁，你会怎么做？为什么？穷人的食物已经很少了，为什么他还愿意把食物分给别人？你觉得你可以付出什么样的"爱的行动"，让这个世界变得更可爱	10分钟	注意互动和启发

12. 爱就是分享

（1）教学重点：帮助学生明白爱的重要性和爱的意义。

（2）活动目标：通过讲解绘本《爱心树》让孩子们明白爱就是分享，通过分享能带给我们很多意想不到的快乐，并体验世界没有爱的可怕性，从而引导孩子们付诸"爱的行动"，愿意用自己的实际行动为世界添光加彩（表 6-19）。

表 6-19　流浪儿童爱的行动

名称	目的	主要内容	时间安排	备注
爱心树	通过绘本回顾，让孩子们明白分享就是爱，并引导孩子们思考父母给予我们的爱	回顾《门铃又响了》相关内容；绘本《爱心树》的再次学习；延伸讨论，分享心得	15分钟	注意对没有体会到爱的孩子的正确引导
我们的苹果树	帮助孩子们回忆自己所体验到的爱，表达自己的感恩，并付诸实践	我手绘我心之"我们的苹果树"；思考自己所得到的来自父母、亲人、朋友处的爱，并用苹果画出来；思考如何回报得到的爱，鼓励孩子们付诸实践	15分钟	注意表达爱的正确性，并引导如何表达；物质：图画纸、画笔若干；剪刀1把

192

第六章 生命教育在重庆市某流浪未成年人救助保护中心的实践过程

续表

名称	目的	主要内容	时间安排	备注
爱的奉献	让孩子体验到没有爱的可怕性,在优美的歌声中感受爱,愿意去分享、奉献自己的爱意,让世界变得更加可爱温暖	分享讨论:你付出了什么"爱的行动"去回报别人,他们有什么反应? 思考:假如世界上没有了爱,世界将变成什么模样? 歌曲欣赏:《爱的奉献》 分享歌曲内容,鼓励孩子们付诸"爱的行动"	10分钟	《爱的奉献》歌词若干份

13. 爱的行动

(1) 教学重点:帮助流浪儿童了解如何分享爱。

(2) 活动目标:使流浪儿童感受自己拥有的爱,也愿意珍惜爱(表6-20)。

表6-20 流浪儿童爱的感受

名称	目的	主要内容	时间安排	备注
回顾内容	巩固上次的内容,为本次课程内容做铺垫	回顾上次的绘本《爱心树》和"我们的苹果树"的内容	5分钟	注意语言简洁,并进行内容的引导性回顾
爱是什么	通过问题讨论,了解孩子们对爱的看法,帮助孩子们了解自己对爱的需求	工作者先说出自己对爱的看法,用问题引导学生思考爱是什么?在黑板上写上"爱是……"再把孩子们对爱的想法写在黑板上。问题讨论及分享(工作者和孩子们讨论关于爱的问题:没有爱会怎样?什么时候觉得别人好爱你?你希望别人怎么爱你?爱你的人是怎么表达对你的爱的?你想怎么表达对别人的爱?)	20分钟	工作者要注意对孩子们的回答做出及时正确的回馈,整个过程要注意引导和氛围控制
爱的契约	帮助孩子们用言语和行动表达"爱",学习以行动关心别人	每个孩子发一张"爱的支票";认真地指导每一个孩子填写"爱的支票";填写的过程中回顾前面讨论分享的内容	10分钟	提醒他们填写一些实际的能表达自己爱意的小事
爱的宣誓	坚定孩子们对爱的表达的信心和决心	在工作者的引导下完成"爱的契约"宣誓动作,并鼓励孩子付出自己的行动	5分钟	注意氛围的引导,宣誓词、宣誓动作的示范要清晰简要

14. 团体化性教育

（1）教学重点：帮助流浪儿童树立正确的爱情观。

（2）活动目标：帮助流浪儿童了解亲密关系中保护自己的方法（表6-21）。

表6-21　流浪儿童团体化性教育

名称	目的	主要内容	时间安排	备注
开场导入	自然导入主题；帮助流浪儿童提前适应本堂课的氛围	音乐导入《小小少年》；通过青少年的烦恼过渡到其成长的烦恼；正如歌中所唱，小小少年的烦恼的确不少，今天我们就一起来关注青春期的成长烦恼；提出青春期所面临的生理、心理烦恼	10分钟	流浪儿童可能会对"青春期"这个词汇较为敏感羞涩，因此工作者还需自己放开才行，以轻松活跃的气氛感染流浪儿童；在提到青春期的身心烦恼时，可与流浪儿童进行适当的互动
影片《长大未成人》	通过观看新闻调查，帮助流浪儿童了解少女救助中心的职责所在。使流浪儿童了解青少年的身体结构，并使其了解过早怀孕对身体的伤害	观看影片《长大未成人》	40分钟	需在封闭环境下观看，以保证流浪儿童通过影片能够对性有更深刻的认识
讲述性预防知识	为流浪儿童提供如何预防艾滋病、如何避孕及怀孕后的处理方式等的系统知识	对于没有过性行为的流浪儿童，应倡导其到合适的年龄再进行性生活；对于已经有过性生活的流浪儿童，可讲述关于如何预防艾滋病、如何避孕、怀孕后如何处理等一系列知识	15分钟	有相关的图片讲解效果更佳
分享总结	通过分享讨论，帮助孩子们意识到保护自己的重要性以及如何保护自己	提问互动：我们应该如何保护自己或者帮助身边的人预防艾滋病呢？总结对性的认识、性预防知识	15分钟	

15. 禁毒教育

（1）教学重点：使流浪儿童意识到毒品对人体的危害，加强其法

第六章 生命教育在重庆市某流浪未成年人救助保护中心的实践过程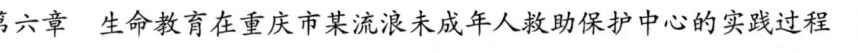

律法规方面的教育。

（2）活动目标：帮助流浪儿童了解毒品知识，知道毒品的害处，并做到拒绝毒品（表6-22）。

表6-22 流浪儿童的禁毒教育

名称	目的	主要内容	时间安排	备注
知识大盘点	通过知识问答的方式帮助孩子们回忆、扩充、整理禁毒相关知识	问题主要包括毒品的分类，世界禁毒日的由来，世界上最早禁毒的国家，我国禁毒发展史，禁毒相关法律知识，用真实案例讲解毒品的危害等	10分钟	对不积极发言的孩子给予鼓励
时光电影院	给孩子们放视频"青少年禁毒教育"，让孩子们了解毒品知识，知道毒品的危害，吸毒的原因，学会辨别毒品、拒绝毒品	给孩子们放视频"青少年禁毒教育"；在看视频过程中穿插讲解，帮助孩子们更好理解；最后对辨别毒品和拒绝毒品的具体方法进行归纳总结	20分钟	注意讲解时和孩子们互动，一些知识可以让他们阐述
热爱生命	帮助学生总结强化拒绝毒品的方法；帮助学生树立起热爱生命的信念	讲解如何识破毒贩诱惑人的方法，远离是非场，做到真正远离毒品；教会孩子们学会正确发挥好奇心，正确处理消极情绪；引导孩子们感受生命的美好，教育孩子们珍爱生命	10分钟	注意讲述的方式，勿用灌输式讲解；注意引导孩子们思考

16.《大卫，不可以》

（1）教学重点：通过绘本讲解帮助流浪儿童建立规则的概念。

（2）活动目标：帮助流浪儿童建立规则（表6-23）。

表6-23 流浪儿童的规则建立

名称	目的	主要内容	时间安排	备注
开场导入	开场律动，集中孩子们注意力，导入主题	开场语"爱的鼓励"；提问大家小时候有没有做过调皮捣蛋的事，是什么事情？家长是怎么对待的？结果如何？导入绘本故事	10分钟	从孩子们的回答进行引导，过渡到大卫的故事
绘本讲述	通过绘本讲解帮助孩子们建立规则的概念，知道有些事不能做	讲述绘本《大卫，不可以》	20分钟	注意绘本讲解的生动性，引导孩子们自己理解绘本
分享总结	通过分享讨论，帮助孩子们认识到遵守规则的重要性和在生活中有哪些规则需要遵守	根据绘本分享讨论，大卫做了哪些事？妈妈为什么说"不可以"？如果妈妈不干涉会有什么结果？妈妈是个怎么样的人？你觉得你和大卫像吗？生活中有哪些规则要我们遵守？为什么要遵守这些规则？	10分钟	注意引导孩子们发言，工作者只起到引导和启发作用，切忌说教

流浪儿童生命教育的实践研究

第四节 流浪儿童生命教育评估

笔者在前文中一直秉持这样一个实践思想：工作者在未成年人救助保护中心开展流浪儿童生命教育课程的最终目的是帮助流浪儿童建立优质的生命信念，促使其更加乐观积极地面对逆境，从而促进其良性发展、提升其正向抗逆力。而判断流浪儿童抗逆力是否提升的依据有赖于对所实行的生命教育课程进行评估。因而，构建流浪儿童生命教育评估体系并以此展开评估是证明本书研究理论假设得以成立的重要环节。

一、流浪儿童生命教育评估体系构建

流浪儿童生命教育开展过程确实重要，然而对流浪儿童生命教育的过程和成果的评估同样也很重要。流浪儿童生命教育评估是指在生命教育实践过程中进行资料收集，从而监测干预过程是否有效地完成了既定目标，能够满足流浪儿童的需要，是否对流浪儿童产生任何有害的影响；在干预过程中，哪些因素导致了预期的变化，哪些因素导致了意想不到的变化。流浪儿童生命教育评估在生命教育中发挥着重要作用，可以帮助我们了解工作过程的有效性、流浪儿童改变的状况。总的看来，流浪儿童生命教育评估的作用可以归纳为以下几点①。

第一，评估可以知道干预方向，使得生命教育干预行动一直围绕教学目标和个人目标顺利进行。评估不只是在课前和课后进行，更需要在教学过程中同步进行，这样工作者能够从组员那里不断地得到信息反馈，保证干预计划能够有效进行。

第二，评估可以帮助工作者和流浪儿童明白在生命教育教学过程中教学目标和个人目标实现的程度。通过评估，可以发现生命教育干预计

---

① 刘梦：《小组工作》，北京：高等教育出版社，2014年。

划是否与流浪儿童的改变具有相关性和一致性。

第三，评估为流浪儿童提供了一个很好的机会来表达自己对生命教育教学的满意度。

第四，评估可以帮助工作者不断总结、提高自己的工作能力和水平，为以后的干预提供依据和改进方向。

第五，对未成年人救助保护中心而言，生命教育评估积累了大量的资料，为整个未成年人救助保护中心提高服务质量提供了经验和资料，为未成年人救助保护中心的培训提供了重要的依据。

评估是一个动态、持续和有焦点的过程。评估不仅要根据改变过程的进度不断进行，还贯穿于整个生命教育实践过程中，针对某一个问题设计解决方案，一次针对一个问题，逐个击破更具有效性。评估也是一个分析与行动并重的过程，工作者在运用知识分析流浪儿童的现实处境的同时，还需要结合实际环境进行思考，不断修正自己的判断，达到正确评估的目的，也就是说，评估必须既动手又动脑。[1]对于评估这样一个收集资料来对问题做出判断的过程，它需要有更精细、明确的指标体系来指引资料收集和问题判断的方向，使流浪儿童生命教育评估更具有依据性和全面性。换句话说，也就是构建怎样的流浪儿童生命教育评估指标体系成为流浪儿童生命教育实践评估是否具有科学性、严谨性的关键。

（一）什么是流浪儿童生命教育评估体系

评估指标体系的形成是一个循序渐进的过程。其要求在评估的准备阶段，就要明确评估目的。待明确评估目的后，流浪儿童生命实践小组应在初步了解该实践项目的基础上，确定评估的内容。而评估的每项内容又包括更为详细的具体内容，实践小组再根据评估内容制定细致的评估标准或评估指标，最终就形成了流浪儿童生命教育评估指标体系。该评估标准指标应在清晰、可行的基础上，并与评估目的紧密关联。不同的项目，其对应的评估内容和指标体系也千变万化。例如，项目行政管

---

[1] 王思斌：《社会工作导论》，北京：北京大学出版社，2012年。

理的评估指标较简单,主要关注是否建立了相关人事管理、财务管理、物资管理等制度。项目资金管理评估指标主要关注项目资金使用是否符合预算执行方案和财务管理制度;而对流浪儿童生命教育的评估主要是对教学质量进行评估,因此评估指标是以实施者和流浪儿童对课程实施满意度及自我的一个评估标准为主。

（二）构建评估指标体系的必要性

不论对于课程实施的工作者抑或是上课的流浪儿童而言,评估不仅仅只是检验课程的效果,更是检验课程的效度。生命教育课程是否适合流浪儿童这个群体、在对象特征明显实施条件有限的前提下如何改善课程设置来符合现状、怎样的生命教育才能对流浪儿童起最大的助力等问题成为构建评估指标体系的必要性所必须回答的内容。

1. 微观层面

评估指标体系贯穿流浪儿童在救助站的始终。一般来讲,评估分为初评、过程评估和结果评估。初评作为分类问卷用于甄别流浪儿童的需求;过程评估是对生命教育的整个过程进行的评估,通过过程评估,可以发现生命教育实践中流浪儿童的变化情况、实施的教学特色,以及哪些因素导致了流浪儿童的积极变化、哪些因素导致了流浪儿童的负面变化等,此外过程评估还有利于实施者不断总结经验,创造新的工作模式;结果评估通常是在活动结束时进行。其与初评相对比,通过收集流浪儿童对课堂和自我的评价来监测流浪儿童生命教育是否完成了预期的教学目标。生命教育是一门重视体验感悟和成长收获的课程,在个人层面重视质的检验,而所获得的评估数据可能不具有特性,因而可对其进行大量收集并进行中观层面的分析。

2. 中观层面

评估指标体系用以不断修改适应流浪儿童群体的生命教育课程。流浪儿童生命教育评估所得出的数据应根据指标因素进行整合、分析并统计,再根据具体需要分类对比,从而根据流浪儿童的适应度对课程开展

第六章　生命教育在重庆市某流浪未成年人救助保护中心的实践过程

方面不妥的地方进行分析和修改。每一阶段的流浪儿童有其独特之处，群体的特征亦不尽然相同，除了课程修改，评估指标体系同样应在评估中接受时效性的检验，从而也有助于对课程设计的指导。

3. 宏观层面

构建评估指标体系最终目的是形成适用于流浪儿童群体的服务范式。从个别化的评估到群体性的检验，循环往复直至生命教育课程成为既固定又相对开放，既创新又有迹可循的模式。在救助站对流浪儿童进行生命教育还只是一块仅有地域特质的"实验田"，固定范式的形成标志这一服务能够辐射到更大的范围，服务更多的流浪儿童，甚至其所处的环境亦会多少受到影响。

（三）流浪儿童生命教育评估指标体系的构建原则

当然，在明确流浪儿童生命教育评估指标体系构建的必要性之后，我们应遵循相关原则来构建流浪儿童生命教育评估指标体系的初步框架。这些原则如下。

1. 代表性原则

实践中所构建的指标体系不应该只是众多指标的随意堆砌或者是指标不完整、不全面的拼凑，而应该是经过实施者精心挑选的、具有较好代表性的精确指标。[①]指标过多会增加评估过程的烦琐性和结果的复杂性，也较容易出现指标之间相互重复的情况。指标过少，容易使整个评估不完整、不全面而导致评估结果无效。因此，实践研究在筛选指标的过程中不能简单地将所能收集到的指标全部列入，而应根据流浪儿童生命教育项目目标和内容来进行精确筛选，在确保指标数量适中的同时还应使其具有较好的代表性。

---

① 郑德俊，高凤华：《高校人文社会科学学科科研绩效评价指标体系构建》，《科技进步与对策》2009年第7期，第151—153页。

流浪儿童生命教育的实践研究

2. 科学性原则

在构建指标体系的过程中，应该参考大量的具有代表性的文献或与之相关的评估指南来选择指标，指标的选择应该有充分的依据，来源合理、定义准确，而各指标之间应该相互联系但要避免相互重叠。因此，在对流浪儿童生命教育评价的指标选择上除了结合实施开展的实际情况外，还应参考相应的文献或评估指南等一系列既成成果，保证所选指标的准确性和科学性。

3. 合理性原则

指标体系的合理性主要包含以下两个方面：一是指标的合理性，所选指标必须符合实际工作的要求，能客观地反映现实情况。二是指标体系层次结构的合理性，所建构的指标体系应该是从上至下，层层深入，分解清楚，结构明晰。

4. 可操作性原则

指标体系的可操作性对于得出有说服力的评估结果具有重要意义。因此，对于流浪儿童生命教育评估的可操作性而言，其评估方法要符合项目实际，采取定量与定性结合的方法，同时所构建的指标体系要便于实施者操作和使用，指标所涉及的数据和资料要易于收集，指标得分的计算要简单易行，操作过程应该尽量简单。

5. 导向性原则

本书所构建的指标体系除了在评估流浪儿童生命教育教学质量方面起到作用之外，更应该对于整个未成年人救助保护中心的服务和培训具有良好的导向作用。因此，选取的指标应该具有一定的教育前瞻性，引导未成年人救助保护中心发挥自身优势，提升未成年人救助保护中心的救助水平。

6. 动态性原则

评估指标体系应该具备一定的可更新性，每隔一段时间应该根据

第六章　生命教育在重庆市某流浪未成年人救助保护中心的实践过程

实际情况进行适当的调整。因此，本书所构建的指标体系应该方便实施者根据所处的现实情况进行调整和改良，使得指标体系既能满足流浪儿童生命教育当前的评估需要，也能满足其未来实现可持续发展的长远规划。

7. 普遍性原则

流浪儿童生命教育评估的指标必须能够反映出被评估对象的共性，但是由于流浪儿童自身的复杂性和特殊性，只有从这些特殊性中找出共性来确定其指标，才具有可比性，指标才会有意义。

（四）流浪儿童生命教育评估指标体系的内容

上文我们讨论了流浪儿童生命教育评估体系必要性及其所应遵循的原则，接下来我们将构建流浪儿童生命教育评估指标体系。指标体系中将被评估对象分为工作者和流浪儿童两类，分别从课程和自身两个方向及其所包含的要素来构建详细具体的流浪儿童生命教育评估指标体系，即流浪儿童生命教育评估指标体系主要围绕与生命课程相关的课程和人员来进行评估。流浪儿童生命教育评估指标体系的具体内容如表 6-24 所示。

表 6-24　流浪儿童生命教育评估指标体系内容要素

对象	方向	要素	解释
工作者的评估	对课程的评估	课堂形式	绘本的使用是否单一
		活动主题	主题的设定是否浅显
		具体内容	具体内容是否凌乱
		使用道具	道具使用是否合适
		时间控制	时间掌控是否恰当
	对自身的评估	理论运用	对理论的运用是否恰当和熟练
		技巧运用	使用技巧的类型、恰当及熟练度
		态度表达	态度表达是否有误
		价值观	对流浪儿童实施生命教育的判断

续表

对象	方向	要素	解释
服务对象的评估	对课程的评估	课堂形式	绘本的使用是否单一
		活动主题	主题的设定是否浅显
		具体内容	具体内容是否凌乱
		使用道具	道具使用是否合适
		时间控制	时间掌控是否恰当
	对自身的评估	自我形象	自我形象是否满意
		积极乐观感	面对逆境的心态是否积极乐观
		人际技巧	人际技巧是否恰当
		解决问题的能力	是否能有效地解决问题
		情绪管理及目标制定	情绪管理及目标制定是否合理

注：工作者对课程、自身的评估以及服务对象对课程的评估主要对应的是抗逆力中的外部支持因素，而流浪儿童对自身的评估主要是回应抗逆力中的内在优势因素

1. 课程评估

因流浪儿童生命教育课程的开展依托于台湾彩虹爱家生命教育协会编汇的中小学生生命教育教材，并非完全契合流浪儿童生命教育课程的教学理念，因此生命教育实践小组需要在实施过程中不断体会教材的设计是否与实际工作相匹配，并探索如何能够使生命教育教材在流浪儿童生命教育课程中发挥作用最大化。关于课程评估主要从课堂形式、活动主题、具体内容、使用道具、时间控制五个要素来分析。

其一，课堂形式。生命教育的最大特征即体验式教学方式——体验教育，它通过绘本、视频、带有潜在意义的游戏、分享等多种方式加之活动实施者的建设性引导连接起整个生命教育的过程，工作者和流浪儿童在体验这种特殊教学形式时亦会思考这种形式的利弊，不仅在个别活动中反思，也在长远的经验中总结出适合流浪儿童使用的教学方式。

其二，活动主题。针对流浪儿童开展生命教育课程着重于人与己的部分，分为四个单元，每个单元有三课，一共有十二个主题，主题之间

相互联系。通过工作者的观察和流浪儿童的反馈可以得知主题的安排更适合处于哪一人生阶段的青少年理解，或者更能引起有某种特质的未成年人的共鸣，既不会太浅显易懂，也不会太生涩难明，摸索出课程安排的规律。

其三，具体内容。灵活的主题加之丰富的形式，会使课程内容不仅多样而且多层次，工作者和流浪儿童在实施过程中会逐渐感觉到层次的递进和内容的扩展对整体效果的作用。由于流浪儿童普遍存在文化程度不高的现状，工作者在开展的过程中应尽量避免复杂混乱的内容影响既定的效果。

其四，使用道具。体验式教学需要亲身经历其境，经常使用到多种道具，可能是既有的橡皮泥玩具，也可能是指导流浪儿童一起制作的简易服装。工作者通过观察和询问能够得知服务对象对于道具的感受程度，适当增减使用。

其五，时间控制。生命教育这一课程设计时间安排在正常上课时间之内，这充分考虑到了课程的难易程度、学生的接受程度和教师的教授方式，但对于流浪儿童而言，时间是很难把握的，一方面跟流浪儿童的理解能力有关；另一方面跟工作者与流浪儿童的建立的关系也密切联系。工作者在实践中积累经验，争取将时间限制在固定时长内。

2. 人员评估

不单是流浪儿童，参与生命教育课程的双方都在这个过程中获得了成长和锻炼，在体验式教学中发现自我的同时，也建立了优质的生命信念，更加积极乐观地面对逆境，提升其正向的抗逆力水平。流浪儿童吸取了生命教育丰富健康的营养，充分发挥生命自身的力量，激发生命内在活力，肉眼可见的效果可能是渺小的，但对于他们来说，一点点的改变也足以看出内心受到熏陶的作用。对于工作者而言，在专业层面上的锻炼是一部分，更多的是在与流浪儿童的相处中收获感动和快乐，在生命教育课程中亦能发现自我，获得改变。

其一，对工作者自身的评估，包括理论运用、技巧使用、态度表达、价值观四个因素，这也是工作者在实施过程中经常容易敏锐感觉到的部分。理论是支撑工作者开展服务的基石，分析流浪儿童行为表现的原因、采取适合的介入策略都需要理论的指导；技巧是工作者服务过程的直接体现，恰如其分的使用能够使服务进展明显，反之则容易陷入纠葛；态度影响着服务的深度，积极、平等、无条件的尊重对于流浪儿童而言是在社会流浪时无法得到的，也正是能够切入人心的；价值观则是工作者服务本心的内涵，不似理论、技巧、态度都可以学习，价值观直接影响着服务双方的感受。通过评估工作者自身四个因素进而调整，一方面保证了服务的有效性；另一方面提升了工作者的专业性，有益于服务的长远发展。

其二，对服务对象自身认知的评估，包括自我认识和抗逆力两个维度。前文所述生命教育人与己课程挖掘澄清"自我"概念有助于流浪儿童抗逆力的提升，结合《Piers-Harris 儿童自我意识量表》（PHCSS）和《一般自我效能感量表》（GSES）对抗逆力三要素中的内在优势因素和效能因素进行评估，具体维度包括：完美的个人形象感、积极乐观感、人际技巧、解决问题的能力、情绪管理和目标制定。完美的个人印象感是评估个人对自我的外貌、优缺点、个性的了解，从对外貌的满意到对长短处的悦纳，最后是对自己个性的肯定；积极乐观感展现个体应对挫折的乐观程度，从不会轻易放弃到相信生活的美好逐层递增；人际技巧突现的是与他人的互动频率和相处模式，从不会拒绝和他人合作到赢取别人的信任的积极转变过程，解决问题的能力呈现的是敢于直视问题的勇气和信心、解决问题的思路和方案，从相信有解决方案的存在到制定计划来达到目标的进步；情绪管理主要体现的是对焦虑情绪的控制能力和对情绪的合理释放能力，基于前五者的作用进而形成个体能够健康生活的策略。由此，我们通过二维度五因素的评估能较显著地看出生命教育课程作用于抗逆力的成长。

（五）评估指标体系操作化

规范化的操作能使评估指标体系更加行之有效，本书中评估指标体系的操作化将采用循环验证的方法达致预定目标。

第六章　生命教育在重庆市某流浪未成年人救助保护中心的实践过程

1. 前测

综合评估问卷作为初评由工作者对刚进站的流浪儿童在抗逆力和自我认知部分的需求进行分类甄别，有助于下一步对流浪儿童生命教育课程选择的指导和有针对性地安排课程主题。

2. 过程评估

工作者不用进行前测后测，而需要在每堂生命教育课程结束之后填写工作者评估问卷；对于流浪儿童，则是由工作者在每节生命教育课程之后发放关于本次单元主题的过程评估问卷，并指导填写。过程评估问卷相比综合评估问卷侧重流浪儿童体验生命教育课程之后当下的感受，通过多次累积之后得出其成长的线索。对过程评估采用可量化、定性与定量结合的方式来进行评估，具体的过程评估分析在后文详述。

3. 后测

对于参加过四次及以上，即将遣送回家的流浪儿童在最后一次生命教育课程结束后发放综合评估问卷进行指导填写。后测旨在检验生命教育课程对于流浪儿童抗逆力提升的效度，根据课程设置参加四次及以上的流浪儿童或许完整接受人与己一个周期的体验，或许是在某一单元有深入的感悟，能够保证后测的信度。

4. 对比结论

将综合评估问卷、过程评估问卷、工作者评估问卷按要素进行分类对比，得出每个人各要素的走势情况和各要素整体发展态势，不论是对课程抑或是个人都做出一份阶段性的评估报告。

5. 修改循环

根据阶段性评估报告针对性地修改课程设置和提升工作者的专业服务水平，以一个季度为结点，通过评估指标体系检验流浪儿童生命教育课程的有效性，当阶段性评估报告呈现的数据持平稳趋势，反映了现实亦与预计的目标接近，则可以初步标示着适用于提升流浪儿童抗逆力的生命教育课程成为范式。

二、流浪儿童生命教育评估

（一）流浪儿童生命教育评估指标体系之可操作化

基于对文献的研究和对评估指南的分析，我们围绕生命教育在未成年人救助保护中心内所开展的内容构建出了流浪儿童生命教育的评估指标体系，以验证由生命教育作为流浪儿童抗逆力提升的操作路径具有科学性和可靠性。

其中，评估指标体系可操作性原则的体现有赖于定量分析和定性分析二者的结合。鉴于《标准化工作指南》一书中将标准定义为是衡量人或事物的依据和准则，是事物质变过程中量的规定性，因此，回归到对流浪儿童生命教育实施过程的评价当中，我们就如何区分不同流浪儿童的表现水平，对各个标准的临界点和要求尺度分别做出说明。一般来说，我们是对各个指标进行等级划分进而判断生命教育的实施成效。此处，我们采用三级划分方式，即将各个指标划分为"很符合（80—100分）"、"较符合（60—79.9）"和"不符合（60分以下）"三类，在此基础上，就被要求的尺度展开说明。具体来说，对"很符合"标准而言，在对课程开展评估时，我们要求课程实施不论是在"课堂形式""活动主题""具体内容"还是在"使用道具""时间控制"等方面，都能实现对生命教育教学特色的展现，充分营造出具有"主体性""尊重""信心和希望"的教学氛围；在对工作者自身开展评估时，我们强调工作者在"理论运用""技巧使用""态度表达""价值观"四个方面达到理论运用熟练、价值取向正确、态度表达无误的水准，符合生命教育对于教育者的素质要求；相较于"很符合"标准而言，"较符合"的标准则依次降低一个等级，即意味着我们对于生命教育的实施计划虽然明确，但是对于教学特色的彰显、价值观念的传达发生一定程度的偏差，可操作性不强；最后，关于"不符合"标准，我们评价为：生命教育的实施计划不明确，脉络不清晰，且工作者的价值取向完全偏离生命

第六章 生命教育在重庆市某流浪未成年人救助保护中心的实践过程

教育的方向，生命教育特色没有得到彰显，最终不利于流浪儿童形成对自我概念的正向界定和高水平的自我效能感，抗逆力无法得到提升。

据此，我们在最初构建的生命教育评估指标体系的基础上对其中的每一个指标进行详解，列明其在三个层次下的具体尺度和标准，见表6-25。

表6-25 生命教育评估指标体系的尺度和标准

一级指标	二级指标	层次水平		
		很符合（80—100）	较符合（60—79.9）	不符合（60分以下）
课程评估	课堂形式：绘本使用是否单一	绘本使用不单一	绘本使用比较不单一	绘本使用单一
	活动主题：主题的设定是否浅显	主题的设定较有深度	主题的设定比较浅显	主题的设定浅显
	具体内容：具体内容是否凌乱	具体内容不凌乱，逻辑清晰	具体内容的基本逻辑可以呈现，但较为凌乱	具体内容安排毫无逻辑，十分凌乱
	使用道具：道具使用是否合适	道具使用丰富恰当	道具使用较为合理，但偶尔出现多余和浪费的情况	道具使用不合理，不能达到活动预期效果
	时间控制：时间掌握是否恰当	时间掌控恰当，课堂节奏控制有序	时间掌控比较恰当，偶尔会出现超时现象	时间掌控不恰当，无法调控课堂节奏
工作人员评估	理论运用：对理论的运用是否恰当和熟练	理论运用合理且熟练，并具有灵活性	理论运用较为合理，应用不太熟练，缺乏一定的灵活性	理论选择不恰当，运用不熟练，未达到灵活使用的水准
	技巧使用：使用技巧的类型是否恰当且熟练	技巧使用恰当且熟练，可以灵活应用以随时应对课程突发情况	技巧使用较为恰当，熟练度和灵活度稍有缺乏，应付课程突发情况时稍显迟钝	技巧使用不恰当，不具备熟练度和灵活性，无法应对课程突发情况
	态度表达：表达态度是否有误	态度表达无误	态度表达基本正确，偶尔难以控制自己的情绪，以客观立场进行表达	态度表达不正确，未达到生命教育对于教育者的素质要求，未能体现生命教育和优势视角的信念
	价值观：对流浪儿童实施生命教育的价值取向是否正确	对流浪儿童实施生命教育的价值取向正确	对流浪儿童实施生命教育的价值取向基本正确	对流浪儿童实施生命教育的价值取向不正确

（二）流浪儿童生命教育评估指标体系之实践反馈

流浪儿童生命教育评估指标体系之实践反馈，一方面作为流浪儿童生命教育课程评估指标的实践验证；另一方面不断根据实践而逐步修改、完善流浪儿童生命教育的评估指标体系，使其更具有科学性和导向

流浪儿童生命教育的实践研究

性。对此，我们将实践反馈做出以下几个方面的分析，即调查对象、调查设计、调查工具以及调查数据统计分析。

（1）调查对象。选取重庆市某流浪未成年人救助保护中心 2011—2013 年接受救助的流浪儿童共计 152 名，由笔者与重庆某高校社会工作专业实习生 1 人、未成年人救助保护中心工作人员 2 人一起结成团队开展生命教育课程。另由未成年人救助保护中心工作人员王老师和小王负责协调工作。

（2）调查设计。本次研究，我们共计展开三次调查：

调查一：在开展生命教育以前对 152 名流浪儿童实施抗逆力中效能因素和内在优势因素量表的前测，主要调查流浪儿童于生命教育开展之前的抗逆力水平。

调查二：生命教育课程结束时对这 152 名流浪儿童实施抗逆力中效能因素和内在优势因素量表的后测，主要检测生命教育的开展是否提升了流浪儿童的抗逆力水平。

调查三：在生命教育实施期间，采用本书自制的生命教育评估指标体系，调查流浪儿童及工作者对所开展的生命教育课程的动态评价。

最后对调查一（抗逆力水平前侧）、调查二（心理水平后测）、调查三（生命教育评估指标体系）进行分析得出相关结论。

（3）调查工具。在生命教育课程评估阶段，我们采用定量和定性分析相结合的方式以验证生命教育是否是流浪儿童抗逆力提升的有效路径。其中，我们主要应用的测量工具有：

①小组进度笔记：记录了每次生命教育实践小组的过程进度，以分析小组的发展状况。

②个人自我报告，社工、组员和小组观察员的访谈记录，包括组前的个别访谈资料，作为评估进而形成测量尺度。

③量表。通过对流浪儿童生命教育开展所涉及的特性变量施以不同规则，以实现数据分配，再而为总结反思提供例证。本书中，我们主要采用《Piers-Harris 儿童自我意识量表》（PHCSS）和《一般自我效能感量表》（GSES）作为判断流浪儿童抗逆力是否提升的依据，并应用于研究的前后测中。其中，《Piers-Harris 儿童自我意识量表》主要用于评

第六章　生命教育在重庆市某流浪未成年人救助保护中心的实践过程

价流浪儿童自我意识状况。该量表从行为、智力与学校情况、躯体外貌属性、焦虑、合群、幸福与满足 6 个维度对流浪儿童的自我意识展开测评，以反映个体对自己行为、能力或价值观的感觉、态度和评价，以及对自我在环境和社会中所处的地位认识，从而回应高抗逆力水平对内在优势因素的要求。《一般自我效能感量表》则是对流浪儿童生命教育实施前后的效能感进行测量，涉及努力感、天资、环境感、目标达成感和自我预期 5 个方面，以对应抗逆力效能因素的相关内容。

至于对于生命教育课程开展的过程评估，我们拟用自制的《流浪儿童生命教育课程问卷表》，其中，依据体系内容，问卷共涉及 9 个题目，1—5 题是对课程实施评价标准展开调查，由流浪儿童和工作者于每节课程结束后分别进行测评，6—9 题是对工作者的评价标准进行调查，仅由工作者自行填写。

（4）调查数据统计分析。本书以行动研究作为方法论，强调在研究中展开实验，在实践中进行研究，如此反复，以实现理论与实践的结合，进而呈现动态的研究过程。其中，反思和改进是形成动态研究的关键所在。基于实践中的反思与总结，我们可以发现问题，再而改进实践行动，提高行动效果，最终证明生命教育在未成年人救助保护中心实施具有可行性和有效性，以回应流浪儿童的抗逆力问题。然则，问题是基于评估得以呈现和发掘的。因此，在本书中，笔者将呈现两个阶段的评估过程，以凸显我们的行动研究过程，从而论证本书中所建构出的生命教育模式是具有可行性和有效性的。

1. 前期评估

在入驻未成年人救助保护中心初期，我们选定 10 名流浪儿童组成开放式小组，其中包括固定组员 6 名和暂时驻留在未成年人救助保护中心的流浪儿童 4 名。鉴于对台湾彩虹爱家生命教育协会生命教育课程的学习，我们尝试以绘本故事为媒介开展生命教育小组，活动遵循"故事阅读→分享感受→改编故事→反思总结" 4 个流程进行。然而，待活动开展 4 次以后，经数据整理我们发现，生命教育实施效果不太理想，流浪儿童的积极性普遍较低。具体评估数据呈现见表 6-26、表 6-27、

流浪儿童生命教育的实践研究

表 6-28、表 6-29、表 6-30。

表 6-26 《Piers-Harris 儿童自我意识量表》测评实施前效果

	0—20 分	21—40 分	41—60 分	61—80 分
人数	7	2	1	0
平均分	16.40 分			

表 6-27 《Piers-Harris 儿童自我意识量表》测评实施后效果

	0—20 分	21—40 分	41—60 分	61—80 分
人数	6	3	1	0
平均分	16.60 分			

表 6-28 《一般自我效能感量表》(GSES)测评实施前效果

	10—20 分	21—30 分	31—40 分
人数	9	1	0
平均分	12.60 分		

表 6-29 《一般自我效能感量表》(GSES)测评实施后效果

实施后	10—20 分	21—30 分	31—40 分
人数	9	1	0
平均分	12.60 分		

表 6-30 流浪儿童生命教育课程问卷表

一级指标	二级指标	第一次生命教育						第二次生命教育					
		很符合(80—100分)		较符合(60—79.9分)		不符合(60分以下)		很符合(80—100分)		较符合(60—79.9分)		不符合(60分以下)	
		人数	百分比	人数	百分比	人数	百分比	人数	百分比	人数	百分比	人数	百分比
课程评估	课堂形式:绘本使用是否单一	10	71.43%	4	28.57%	0	0.00%	7	50.00%	6	42.86%	1	7.14%
	活动主题:主题的设定是否浅显	7	50.00%	6	42.86%	1	7.14%	6	42.86%	5	35.71%	3	21.43%

第六章 生命教育在重庆市某流浪未成年人救助保护中心的实践过程

续表

一级指标	二级指标	第一次生命教育						第二次生命教育					
		很符合（80—100分）		较符合（60—79.9分）		不符合（60分以下）		很符合（80—100分）		较符合（60—79.9分）		不符合（60分以下）	
		人数	百分比	人数	百分比	人数	百分比	人数	百分比	人数	百分比	人数	百分比
课程评估	具体内容：具体内容是否凌乱	7	50.00%	7	50.00%	0	0.00%	7	50.00%	7	50.00%	0	0.00%
	使用道具：道具使用是否合适	7	50.00%	7	50.00%	0	0.00%	5	35.71%	9	64.29%	0	0.00%
	时间控制：时间掌握是否恰当	7	50.00%	7	50.00%	0	0.00%	7	50.00%	7	50.00%	0	0.00%
工作人员评估	理论运用：对理论的运用是否恰当和熟练	1	25%	3	75%	0	0%	0	0%	4	100%	0	0%
	技巧使用：使用技巧的类型是否恰当且熟练	2	50%	2	50%	0	0%	1	25%	2	50%	1	25%
	态度表达：表达态度是否有误	2	50%	2	50%	0	0%	1	25%	2	50%	1	25%
	价值观：对流浪儿童实施生命教育的价值取向是否正确	3	75%	1	25%	0	0%	1	25%	1	25%	2	50%
一级指标	二级指标	第三次生命教育						第四次生命教育					
		很符合（80—100分）		较符合（60—79.9分）		不符合（60分以下）		很符合（80—100分）		较符合（60—79.9分）		不符合（60分以下）	
		人数	百分比	人数	百分比	人数	百分比	人数	百分比	人数	百分比	人数	百分比
课程评估	课堂形式：绘本使用是否单一	5	35.71%	6	42.86%	3	21.43%	3	21.43%	4	28.57%	7	50.00%

续表

一级指标	二级指标	第三次生命教育						第四次生命教育					
		很符合（80—100分）		较符合（60—79.9分）		不符合（60分以下）		很符合（80—100分）		较符合（60—79.9分）		不符合（60分以下）	
		人数	百分比	人数	百分比	人数	百分比	人数	百分比	人数	百分比	人数	百分比
课程评估	活动主题：主题的设定是否浅显	6	42.86%	5	35.71%	3	21.43%	4	28.57%	5	35.71%	5	35.71%
	具体内容：具体内容是否凌乱	6	42.86%	8	57.14%	0	0.00%	6	42.86%	8	57.14%	0	0.00%
	使用道具：道具使用是否合适	4	28.57%	6	42.86%	4	28.57%	3	21.43%	5	35.71%	6	42.86%
	时间控制：时间掌握是否恰当	6	42.86%	8	57.14%	0	0.00%	7	50.00%	7	50.00%	0	0.00%
工作人员评估	理论运用：对理论的运用是否恰当和熟练	0	0%	4	100%	0	0%	0	0%	4	100%	0	0%
	技巧使用：使用技巧的类型是否恰当且熟练	1	25%	2	50%	1	25%	0	0%	2	50%	2	50%
	态度表达：表达态度是否有误	1	25%	3	75%	0	0%	1	25%	1	25%	2	50%
	价值观：对流浪儿童实施生命教育的价值取向是否正确	3	75%	1	25%	0	0%	1	25%	2	50%	1	25%

从实施生命教育的前后测量表来看，10名流浪儿童在课程结束后，在《Piers-Harris儿童自我意识量表》中，平均分由16.40分转变为16.60分，仅提高了0.2分；在《一般自我效能感量表》中，两次测量平均分都为12.60分，未发生任何变化。因此，我们可以判断，流浪儿童

第六章 生命教育在重庆市某流浪未成年人救助保护中心的实践过程

在此次生命教育小组的开展过程中不论是内在优势因素还是效能感均未得到明显改善,以至于无法达成我们的预期目标。此时,我们不禁怀疑,生命教育难道不是流浪儿童抗逆力提升的有效路径吗?然而,一次小组活动的失败并不能证明生命教育对于流浪儿童抗逆力的提升毫无益处,经归纳整理《流浪儿童生命教育课程评估量表》所得数据,我们就本次生命教育小组的活动内容进行反思,以便对后期将要开展的课程内容和形式进行调整和修改。

第一,在课程方面,流浪儿童和工作者共同参与评估。评估内容涉及课堂形式、活动主题、具体内容、使用道具、时间控制5个层面。其中,依据上述表中数据可以发现,本次生命教育小组课程的实施,在课堂形式、活动主题和使用道具3个方面依次出现不同程度的问题。就课堂形式和使用道具而言,表中数据走向呈现一致,伴随生命教育活动开展次数的增多,流浪儿童和工作者就绘本使用多样和道具运用合理的符合性评价逐渐降低,由最初的100%符合率分别降低为50%和57.14%的符合率。从某种程度上意味着以绘本为主要载体实施生命教育,以"故事阅读→分享感受→改编故事→反思总结"为流程开展生命活动,形式一致且单一,易造成流浪儿童对课程内容的投入度和关注度的降低,以至于生命教育课程缺乏活力,生命教育小组难以持续。就活动主题而言,前期生命教育小组依据台湾彩虹爱家生命教育协会教材中"人与己—人与人—人与环境—人与生命"的4个部分内容框架,制订活动方案。然而在4次活动以后,有35.71%的评估者认为,活动主题太过浅显,不具有深度性和实用性。其中,在某节小组结束以后,男童安某在填答小组评估时,告诉笔者"其实我觉得这个跟我的生活不太有关系,太简单了,我感觉想要学习怎么跟人家相处,怎么说呢,我在外面的时候,不知道怎么,就会惹别人生气",男童毕某也在一旁肯定道"就是,怎么跟人家说话才好点,我出来(指离开家外出打工)不知道跟人家打过多少架,一说不好就打"。这样的反馈一方面让笔者感到欣喜,他们愿意思考、认识自己的需要。但是另一方面也体现出当下活动主题内容难以匹配他们的需求,尤其是"人与环境""人与生命"与他们而言太过宏观,50分钟的课程难以实现对生命和环境的深度讨论。

第二，在工作人员的课堂表现方面，我们主要从理论运用、技巧使用、态度表达和价值观四个层面进行自评。从上述表中统计结果可以看出，工作者分别在带领第二次生命教育活动和第四次生命教育活动时，在技巧使用、态度表达和价值观三个方面存在偏差。其中，对第二次生命教育活动进行评估时，有50%的工作者认为自己的价值取向尚未和生命教育达成一致，有25%的工作者认为自己在态度表达和技巧使用方面有所失误，第四次生命教育活动的评估数据也是大同小异。经过多次讨论分析，我们一致认为问题主要源于工作者未能始终如一地坚持"接纳"的价值理念。尤其是在面对小组成员李某某和陈某某时，鉴于他们经常欺负智障儿童、占据优势座位、选择中意的活动参加等不良表现，我们常常试图以"改变他人"的气势压制他们，以至于在带领小组活动的过程中，缺乏对关怀他人、坚持接纳的态度和信念的融入。

此外，除对量表展开数据分析以外，我们对小组进度报告、个人自我报告，以及社工、组员和小组观察员的访谈记录进行整理和阅览时发现，在生命教育小组成立以先，我们就存在以下几个问题。

其一，小组成员招募未遵循自愿性原则。前期小组成员主要由10名儿童组成，其中固定组员为长期滞留儿童6名（包括2名滞留一年以上的12岁儿童，4名滞留3个月以上的智力障碍儿童）。尽管依据小组工作原则，成员招募应遵循自愿原则，但由于未成年人救助保护中心认为一方面儿童会把"自愿参加"理解为被筛选，没有参加小组的儿童会产生不良情绪，影响其他服务开展以及日常管理；另一方面参加小组时儿童需从救助区转移至功能区，而依据管理规范儿童进出救助区需要工作人员交接工作，儿童集体活动需要安全管理。为此，我们未考量流浪儿童自身的意愿便将其招募至小组当中，成为小组的一员。

其二，未能筛选合适的成员，造成小组成员异质性大，一致性小组文化难以形成。在小组中，成员异质性越大，问题越复杂，更利于组员在小组中体会经历多元化的生活。但异质性小组的有效进行是以成员间差异中的共同点（如性别、民族、兴趣等）为前提的。生命教育小组成员不论是从年龄、认知水平、兴趣等方面都存在较大差异，以至于任何话题的选择都无法维持小组的平衡。

第六章　生命教育在重庆市某流浪未成年人救助保护中心的实践过程

基于以上两点问题，可以看出前期的生命教育小组难以形成一致性文化和小组动力。值得注意的是，小组中有 4 名是智力障碍儿童，相较于其他成员，他们的认知水平较低，工作者本希望为这些儿童提供体验学习生活的场所，并引导其他儿童了解他人与自己的不同，以此学习照顾他人。然而，鉴于大家水平不同，需求各异，以至于工作者在小组活动中难以顾及所有成员的感受，常常有儿童抱怨"怎么连这个都不明白"。这也是为什么在课程开展时，就活动主题而言，有些成员表示很感兴趣，有些成员则觉得话题太过浅显。最终，前期的生命教育小组活动以不理想告终。

2. 中期：生命教育小组计划修改

在上文对前期生命教育小组进行反思的基础上，我们就生命教育小组的形式和内容重新做出修改和调整，以流浪儿童的不同兴趣点为依据进行成员筛选与划分，并采取个别化方式开展小组活动。具体而言，我们主要从小组性质、成员招募、活动框架、工作者素质要求四个方面做出修改。

第一，小组性质由开放性到封闭性。由于考虑未成年人救助保护中心的儿童流动性较大，前期小组采取开放性，以确保当有组员离开后小组依然能继续进行，继续吸纳新的成员，这样既提高了工作者的工作效率，又节约了小组进行活动的费用。但在小组实施中，开放性的小组性质割离了新老成员之间的关系，成员和工作者都需要花费更多的时间精力适应新的小组氛围。流浪儿童家庭、流浪经历、生活困境等各方面差异较大，另外刚刚脱离困境的儿童自我防御较强，将兴趣点相同的儿童组织到一个封闭性的小组中，更有利于组员之间凝聚力、认同度及信任感的建立，也保证了生命教育小组的目标实现。

第二，成员招募方式由强制参加改为自愿选择。强制参加本身也就违背了小组自愿性的基本原则。华特士认为，"除非孩子本身就想学习，否则无论教了多少，都无法保证他会吸收"，即是强调自愿性。生命教育小组实施中出现的问题也验证了自愿在小组过程中的重要性。因此将成员招募方式改为自愿，在组员招募前我们梳理了两套活动清单

（主要是绘本故事和相关主题活动），在招募时让儿童选择自己感兴趣的活动名称，工作者依据儿童的选择划分小组，以确定小组内容。

第三，修改活动框架。依据现有的问题及原因分析，从教育内容、方案、形式三方面做出修改。首先，对生命教育内容进行筛选。鉴于前期从"人与己、人与人、人与环境、人与生命"4个方面开展生命教育小组活动，内容过于宏观浅显，难以匹配流浪儿童的现实需求，因此，结合小组评估数据和文献研究所得，加之对流浪儿童的现实需要与生命教育的目标的考量，我们将原有4个部分中的人与环境、人与生命部分从小组活动框架中删除，该两部分内容将在其他服务中进行补充。其次，以12岁界线设计两套生命教育小组方案。儿童在不同的年龄段具有不同的成长任务，6岁左右长出第一颗永久齿，12岁左右开始迎接青春期的到来，而到18岁左右身体基本停止成长，生理上变化伴随着相应的心理成长。从12岁开始，儿童进入青少年时期，皮亚杰认为该时期的儿童为"形式运算"的认知阶段，能够通过内省形成新的一般性逻辑原则，并开始经历"自我认同危机"，因此形成正向积极的自我认同是该时期儿童成长的主要任务。该时期是儿童期快速变化的认知过程向青年期成熟的认知过程间的过渡阶段。因此，我们以12岁为界线，划分设计两套生命教育小组方案。最后，拟用多元艺术以丰富生命教育小组的活动形式，改变由绘本为主要载体实施的单一化课堂教学。据前期流浪儿童的反应所得，仅仅由绘本作为工具向流浪儿童传播优质生命信念，对认知水平较高或阅读兴趣较低的流浪儿童而言，收效甚微。因此，我们尝试采用多元艺术，不仅包括绘本阅读，还涉及音乐、绘画、视频、话剧表演等为流浪儿童展开教学，在充分挖掘流浪儿童优势的基础上，还能够激发他们对于生命教育小组的兴趣，易于增强生命教育小组的凝聚力。此外，多元艺术融入生命教育课程，有助于加强课程氛围的感染力，提升活动成效（图6-2）。

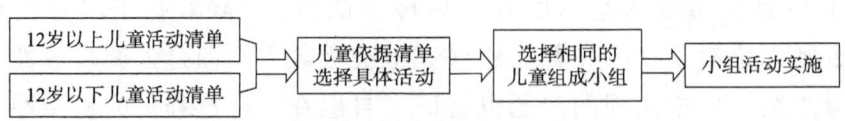

图6-2 小组筹备流程图

第六章　生命教育在重庆市某流浪未成年人救助保护中心的实践过程

第四，明确规范工作者的态度和行为表达。在后期开展生命教育小组以先，我们通过对工作者进行培训，规范其态度和行为表达，以符合生命教育、优势视角及小组工作的价值理念要求。其中，生命教育围绕关怀陪伴指出，我们需要以新眼光看待儿童，以积极正向的态度帮助儿童面对自己的问题；优势视角则常常将"我们可以做到"挂在嘴边，指导我们去欣赏个人、家庭、社区的财富；小组工作特别强调的一个价值观就是，个人有机会实现个人的潜能，从而以个人满意、社会期望的方式来生活。基于以上三点观念，回归流浪儿童救助工作，我们尝试扭转自己旧有的思维模式，学会去接纳成长中的儿童，理解其所置身的生活背景，意识到改变他人是难以实现的，应该以宽容的态度慢慢进行。抱着这样的认知和信念去开展生命教育小组活动，是我们所有工作者在后期小组活动开展以先达成的共识。

3. 后期评估

参照修改后的生命教育计划，我们再次尝试，共计开展了 17 次不同主题的生命教育课程。并依次进行评估，其评估的具体数据如表 6-31、表 6-32、表 6-33、表 6-34、表 6-35。

表 6-31　《Piers-Harris 儿童自我意识量表》后期评估前测试效果
（参与对象人数：152 人）

	0—20 分	21—40 分	41—60 分	61—80 分
人数	90	50	7	5
平均分	18.72 分			

表 6-32　《Piers-Harris 儿童自我意识量表》后期评估后测试效果
（参与对象人数：152 人）

	0—20 分	21—40 分	41—60 分	61—80 分
人数	1	11	35	115
平均分	53.67 分			

表 6-33　《一般自我效能感量表》（GSES）后期评估前测试效果
（参与对象人数：152 人）

	10—20 分	21—30 分	31—40 分
人数	126	23	3
平均分	10.85 分		

表 6-34 《一般自我效能感量表》(GSES)后期评估后测试效果
(参与对象人数：152 人)

	10—20 分	21—30 分	31—40 分
人数	14	37	101
平均分	27.33 分		

表 6-35 《流浪儿童生命教育课程问卷表》后期评估(节选)

一级指标	二级指标	划分层次					
		很符合(80—100分)		较符合(60—79.9分)		不符合(60分以下)	
		人数	百分比	人数	百分比	人数	百分比
一级指标	课堂形式：绘本使用是否单一	7	87.50%	1	12.50%	0	0.00%
	活动主题：主题的设定是否浅显	6	75.00%	2	25.00%	0	0.00%
	具体内容：具体内容是否凌乱	6	75.00%	2	25.00%	0	0.00%
	使用道具：道具使用是否合适	8	100.00%	0	0.00%	0	0.00%
	时间控制：时间掌握是否恰当	6	75.00%	2	25.00%	0	0.00%

在对流浪儿童的自我意识以及效能感的评估中，其所填写的《Piers-Harris 儿童自我意识量表》中平均分由 18.72 分上升至 53.67 分，其所填写的《一般自我效能感量表》中流浪儿童的平均分由 10.85 分上升至 27.33 分，《流浪儿童生命教育课程问卷表》评估中流浪儿童及工作者对生命教育课程评估指标的符合程度均在 75% 以上，在对课堂使用道具时是否合适方面的符合度达到 100%。以上数据从直观角度印证了流浪儿童生命教育修改后的实施成效之大，同时也说明了流浪儿童生命教育对流浪儿童的自我概念和效能感方面有着促进作用，即提升流浪儿童的正向抗逆力。

生命教育是一种的正能量认知及思维方式的传达，通过建立优质生命信念的传输来影响个体的认知、情感、意志和行为，并不是具体的生活指导、物资的提供或者是职业培训。加之生命教育的过程是一次次生命体验的过程，其转变拥有复杂性和长期性的特点，而救助对象在救助站的留候时间非常短，生命教育无法延续开展，在救助对象离站以后是

第六章　生命教育在重庆市某流浪未成年人救助保护中心的实践过程

否有所改变无法测量。基于这两点，生命教育的开展效果具有隐性特征，仅仅依靠活动开展后的及时性问卷和社工的自我评估是不足以证明其有效性的。所以，需要更多可以完善的评估方式和评估手段。

流浪未成年人来站的救助时间很短，未成年人的救助期限为 30 天，成年人的救助期限为 10 天，而活动通常是一个星期一次，所以生命教育活动开展的连续性就存在很大的限制。与此同时更应值得注意的是，生命教育并不是独立的部分，一方面是它作为个体改变的一个环节，需要来自家庭、学校、社区乃至社会力量的共同参与、共同努力；另一方面则它是教育教学的一部分，可将原本的生命教育课堂融入小组中，在流浪儿童有限的救助时间内，按照生命教育知识体系提供知识的同时也可以运用小组这个微型社会关系体，让成员能将知识迅速地在现实中加以体验。在小组成员的互动中，一方面为流浪儿童创造和谐的同伴关系；另一方面为其提供共同学习的机会。

第七章　实施流浪儿童生命教育的技巧

　　流浪儿童生命教育的实施者除了要掌握不同的理论知识，以内化自身价值观和运用于实践指导之外，还应该具备相关技巧，保证生命教育开展的灵活性和有效性。前面的章节中已经提到，流浪儿童生命教育主要是通过体验教学的方式开展，即实施者以生命教育为目的，通过创设合理的情境、活动或借助各种媒介，有计划地组织流浪儿童在其中参与体验，并在体验之后引导流浪儿童对体验过程进行反思、总结，进而内化生命知识。不难看出，体验教学的有效发生要经历三个阶段：讲解、带领和解说。其中，讲解是指实施者在体验活动开始之前，向参与者讲解本次体验活动的内容、规则及注意事项，并在讲解过程中激发参与者的参与积极性，为体验活动的开展做铺垫。带领是指在参与者清楚体验内容、规则及注意事项之后，实施者带领参与者一起参与到体验活动中，并在过程中给予必要的干预和引导，以保证体验活动顺利进行，最终能达到活动设计的效果和目标。解说是指体验活动结束之后，实施者利用参与者的活动经验，引导他们通过反思、分析、分享交流等过程为活动经验赋予意义并内化从活动经验中所学到的东西。在体验教学讲解、带领到解说的三个步骤中，讲解和带领相对而言比较好掌控，只要实施者在活动之前能做到精心设计、认真准备，预设好活动中可能常出

第七章　实施流浪儿童生命教育的技巧

现的突发情况和应对策略，并在活动过程中能保持自信、真诚、尊重的态度，讲解和带领过程一般都能顺利进行。至于解说，由于它处在体验教学过程的最后一阶段，是对整个活动经验的总结和升华，对体验教学的效果起着决定性的意义，因此，实施者要重视解说这一过程，并对解说技巧有所掌握。同时反观本实践研究的参与者在重庆市某流浪未成年人救助保护中心生命教育的实施过程可以发现，尽管实施者的生命教育内容设计新颖，契合流浪儿童的需求，并且在过程中也保证了流浪儿童的参与度，但是由于最终讲解过程的技巧不足，生命教育达不到预期的效果。在此，本书分享几个应用性较强的解说模式及其所涉及的技巧，并总结出一些在生命教育的整个体验教学过程中都适用的人际沟通技巧，以帮助实施者充实自己技巧储备，为生命教育的有效开展做好准备。

第一节　解　说　技　巧

一般来说，实施者在解说的过程中都希望能调动起参与者对自己认知、情感、意识、行为的反思，为达到这一目的，实施者的解说过程通常由一系列的问题构成，这些问题层层递进，由浅入深，引导参与者在回答问题的过程中自我发现、自我改变、自我完善。较为经典的解说模式大部分是依照教育学家大卫·库伯（David Kolb）的经验学习循环引申而来，比较经典的有 Terry Borton 的三阶段引导模式、Roger Greenaway 的"4F"扑克经验反思法、Priest 和 Gass 的漏斗法、Thiagi 六阶段发问模式。

由于上述四个解说模式均源自大卫·库伯（David Kolb）的经验学习循环，且三阶段引导模式和"4F"扑克经验反思法分别是最广泛应用和最易掌握且全面有趣的解说模式，本书将对经验学习循环、三阶段引导模式和"4F"扑克经验反思法进行详述，并以具体的生命教育形式和内容作为三阶段引导模式和"4F"扑克经验反思法的实例来帮助读者加深理解，而漏斗法和六阶段发问模式则做简要陈述。

一、经验学习法

由大卫·库伯（David Kolb）提出的经验学习循环是上述四个解说模式的基础，这个循环主要由四个连续阶段组成：具体经验、观察反思、归纳引申、转化应用（图7-1）。

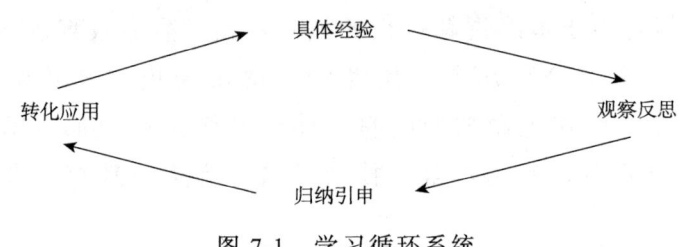

图7-1　学习循环系统

（1）具体经验（Concrete Experience）。学习循环的首要阶段是参与者所经历的活动。经验可以来自于生活的各种处境之中，但在生命教育中，具体经验主要指的是实施者所设计的一系列与生命教育内容有关的体验活动。

（2）观察反思（Reflective Observation）。学习循环的第二阶段是参与者在停下或结束体验活动之后，对已获经验进行回忆、清理、整合、分享等，并寻求连接与过去相关的经验。该阶段强调的是反思之下的事实陈述和主观表达，而不是实际运用。

（3）归纳引申（Abstract Conceptualization）。参与者将反思所得进行归纳，成为知识概念，并整合到已有的思维模式、行为模式和认知框架之中，以方便在日后类似的情境中应用。

（4）转化应用（Active Experience）。这个阶段着重将归纳得来的经验应用在类似的情境或日常生活中。应用方法可以是改变行动、改善承诺或制订行动计划等。该阶段再次强调行动和体验，并在再次体验过程中发现问题，进一步观察反思、归纳引申、转化应用，新的一轮经验学习循环开始运动。

二、三阶段引导模式①

Terry Borton 的三阶段引导模式是目前应用最为广泛的解说模式，它主要由三组问题组成，包括发生了什么？（What?）所以怎么样？（So what?）、现在又怎么样？（Now what?）。

发生了什么？（What?）：主要是向参与者探问活动经验，以描述性问题为主，重点在于事实的发现，例如，"我们经验到了什么？""发现到什么？""产生哪些情绪？""感觉如何？"

所以怎么样？（So what?）：着重解释性提问，引导组员将经验与生活联系，并反省经验结果对个人的意义。例如，"我们从中学会些什么？""活动经验给我们什么启示与教训？""生活中可有类似情况？"

现在又怎么样？（Now what?）：着重于行动取向的提问，目的在引导转化应用。例如，"怎样在日常生活中应用所得到的经验？""个人在未来有哪些地方要改进？"

三阶段引导模式从体验的事实出发，通过提问引导参与者回忆体验过程和在过程中的感受，接着再通过提问的方式引导参与者将体验过程中的发现进一步与个人经验联系起来，赋予个人意义，得到经验和心得，最后引导参与者思考如何将这些经验和心得运用到未来的生活境遇中，从而内化所获得的经验和心得。为加深理解，在此拿生命教育中文本体验教学中的绘本演绎作为实例。

故事简介：微美克人是一群小木头人。他们都是木匠伊莱雕刻成的。他的工作室坐落在一个山丘上，从那儿可以俯瞰整个微美克村。每一个微美克人都长得不一样。有的大鼻子，有的大眼睛；有的个子高，有的个子矮；有人戴帽子，有人穿外套。但是他们全都是同一个人刻出来的，也都住在同一个村子里。

微美克人整天只做一件事，而且每天都一样：他们互相贴贴纸。

---

① 甘炳光：《小组游戏的带领技巧——从概念到实践》，香港：香港城市大学出版社，2010 年。

每一个微美克人都有一盒金星贴纸和一盒灰点贴纸。他们每天在大街小巷里,给遇到的人贴贴纸。木质光滑、漆色好的漂亮木头人总是被贴上星星。木质粗糙或油漆脱落的就会被贴灰点点。

有才能的人当然也会被贴星星。例如,有些人可以把大木棍举过头顶,或是可以跳过堆高的箱子。另外,有些人学问好,还有些很会唱歌。大家都会给这些人贴星星贴纸。有些微美克人全身都贴满了星星!每得到一颗星星,他们就好高兴!他们会想要再做点什么,好再多得一颗星星。然而,什么都做不好的人,就只有得灰点点的份了。

胖哥就是其中之一。他想要跟别人一样跳很高,却总是摔得四脚朝天。一旦他摔下来,其他人就会围过来,为他贴上灰点点。有时候,他摔下来时身体刮伤了,别人又为他再贴上灰点贴纸。然后,他为了解释他为什么会摔倒,讲了一些可笑的理由,别人又会给他再多贴一些灰点。不久之后,他因为灰点太多,就不想出门了。他怕又做出什么傻事,像是忘了戴帽子或踩进水里,那样别人就会再给他一个灰点。其实,有些人只因为看到他身上有很多灰点贴纸,就会跑过来再给他多加一个,根本没有其他理由。

"本来就该贴很多点点的。"大家都这么说,"因为他不是个好木头人。"听多了这样的话,胖哥也这么认为了。他会说:"是啊,我不是个好微美克人了。"他很少出门,每次他出去就会和有很多灰点点的人在一起,这样他才不会自卑。

有一天,他遇见一个很不一样的微美克人。她的身上既没有灰点点,也没有星星,就只是木头。她的名字叫露西亚。可不是别人不给她贴贴纸喔,是因为贴纸根本贴不住。有些人很钦佩露西亚没有得到任何灰点,所以他们便想为她贴上星星,但是一贴,贴纸就掉下来了。有些人因为露西亚没有星星,所以瞧不起她,他们想给她贴灰点,但是也贴不住。

胖哥心里想:我就是想这样。我不想要任何记号。所以,他问那个身上没有贴纸的微美克人,怎么做可以跟她一样。

"很简单啊!"露西亚说,"我每天去找伊莱。"

第七章　实施流浪儿童生命教育的技巧

"伊莱？"

"对呀！就是木匠伊莱。我会跟他一起坐在他的工作室里。"

"为什么？""你自己去看看不就知道了吗？去吧！他就在山丘上。"

那个没有贴纸的微美克人一说完，就转身，踏着轻快的步伐离开了。

"但是，他肯见我吗？"胖哥大喊。不过露西亚没有听到，所以胖哥还是回家了。他坐在窗边，看着外面的微美克人彼此追逐，争相为别人贴贴纸。"这是不对的。"他对自己说。他决定去见伊莱。

他走上通往山顶的小路，然后走进那间大大的工作室。这里的东西都好大，让他不禁睁大了他的木头眼睛。连凳子都跟他一样高。他得踮起脚尖才看得见工作台的台面。而铁锤跟他的手臂一样长。胖哥惊讶的咽了咽口水。

"我不要待在这里。"他转身想走。

这时他听到有人叫他。"胖哥？"那个声音低沉又有力。胖哥停下脚步。

"胖哥！真高兴看到你。过来让我瞧瞧。"

胖哥慢慢转过身，看着那位高大、满脸胡子的木匠。

他问木匠："你知道我的名字？"

"当然喽。你是我造的啊。"伊莱弯下腰，把胖哥抱到工作台上。

"嗯……"这位创造者看见他身上的灰点，若有所思地说："看来，别人给了你一些不好的记号。"

"我不是故意的，伊莱。我真的很努力了。"

"喔，孩子，你不用在我面前为自己辩护。我不在乎别的微美克人怎么想。"

"你不在乎？"

"我不在乎，你也不应该在乎。给你星星或点点的是谁？他们和你一样，都只是微美克人。他们怎么想并不重要，胖哥。重要的是我怎么想。我觉得你很特别。"

胖哥笑了。"我？很特别？为什么？我走不快，跳不高。我的漆也开始剥落。你为什么在乎我？"

伊莱看着胖哥，他把手放在胖哥的小木头肩膀上，缓缓地说："因为你是我的。所以我在乎你。"

胖哥从来没有被人这样盯着看，更不要说是他的创造者。他不知道该说什么才好。

"我天天都盼着你来。"伊莱说。

"我来是因为我碰到一个没有被贴贴纸的人。"胖哥说。

"我知道。她提起过你。"

"为什么贴纸在她的身上都贴不住呢？"

创造者温柔地说："因为她决定要把我的想法看得比别人的想法更重要。只有当你让贴纸贴到你身上的时候，贴纸才会贴得住。"

"什么？"

"当你在乎贴纸的时候，贴纸才会贴得住。你愈相信我的爱，就愈不会在乎他们的贴纸了。"

"我不太懂。"

伊莱微笑地说："你会懂的，不过得花点时间，因为你有很多贴纸。现在开始，你只要每天来见我，让我来提醒你我有多爱你。"伊莱把胖哥从工作台上举起，放到地上。

当胖哥走出门时，伊莱对他说："记得，你很特别，因为我创造了你。我从不失误的。"

胖哥并没有停下脚步，但他在心里想：我想他说的是真的。就在他这么想的时候，一个灰点掉下来了。

该绘本运用在生命教育中，可以从"人与己"的维度出发，帮助流浪儿童认识自我、接纳自我，树立自尊自爱的意识。在该绘本教学中，实施者可以借用PPT，以图文并存的形式向参与者展示绘本，也可以通过绘本演绎的方式邀请参与者切身体验。在参与者对绘本故事有所体验之后，实施者紧接着要做的就是通过三阶段的发问过程引导参与者进行"观察反思""归纳引申""转化应用"，以达到教学目的，具体解说如表7-1所示。

第七章 实施流浪儿童生命教育的技巧

表 7-1 三阶段引导模式

三阶段引导模式	具体提问
发生了什么？（What?）	微美克人每天都在做什么？什么样的微美克人可以被贴星星？什么样的微美克人会被贴灰点点？胖哥的身上被贴满了灰点，结合绘本中胖哥的色彩和动作，你认为此时他的心情怎样？为什么露西亚身上既没有金星贴纸也没有灰点点贴纸
所以怎么样？（So What?）	生活中你有没有被别人贴金星星或者灰点点，你是怎么想的？又是怎么做的？伊莱的话，对你有什么启发
现在又怎么样？（Now What?）	胖哥身上的灰点点为什么会掉落？你认为他以后会怎么做？当未来有人向你贴灰点点的时候，你打算怎么做

此模式不单提出三阶段的发问过程，更建议轮流以分析及直观两种不同的取向发问，以制造节奏，提升解说效果。因为分析性提问较常运用逻辑思维，气氛较为严肃拘谨，却有利于聚焦主题；而直观性发问则常运用自由联想及比喻方法，较多创意与想象，气氛轻松自由，但容易失去讨论重心。轮流以两种方式发问，可以起互补作用。

三、"4F"扑克经验反思法

"4F"扑克经验反思法中的"4F"代表反思的四个过程："Facts"（事实）、"Feelings"（感受）、"Findings"（发现）、"Future"（未来），并对应扑克牌的四种牌型——方块牌、红桃牌、黑桃牌、梅花牌，以方便理解及应用。

"Facts"（事实）对应方块牌（Diamonds），代表经验初次呈现的情况及印象。我最先是如何发现、认知、假定哪些经验？当我们从另一个角度去看它，它又会是怎样的？其他人又是如何看它的呢？相关的提问示例如下：

刚才我们见到什么？听到什么？
首先是如何发现的？
最难忘/不同/有趣的是什么？

"Feelings"（感受）代表红桃牌（Hearts），用以探讨体验过程中的情绪、感受与直觉。在体验当中你有什么样的情绪与直觉呢？它们是怎样的？可有勾起你其他经验的感觉？如果有，它们有什么异同？常见的提问示例如下：

> 活动中最深刻的印象是什么？
> 什么时候感到自己投入得最多/最少？
> 你觉得谁和你的情绪最相近/最不同？

"Findings"（发现）代表黑桃牌（Spades），它取自 Spades 的另一用意：以"钟"作象征，寓意挖掘。问题通常包括寻求原因、解释、判断、总结。发问示例如下：

> 我们学到了什么？找到了什么？
> 什么令你有这种感觉？
> 这次的经验与工作有什么异同？

"Future"（未来）代表梅花牌（Clubs），代表未来的学习转化与转变成长的行动，包括行动计划、学习计划、抉择、演练、想象甚至梦想等。最基本的问题是我们如何能将所学到的在未来日常生活中加以应用？相关发问示例如下：

> 你觉得有什么选择或可能？
> 有什么事你会停止/开始/继续做的？
> 你想从这次经验中得到什么？打算怎样开始？什么时候开始？

最特别的是可活用的大小王牌（Joker）。大小王牌是可赋予任何意思的空牌，它提醒我们不可误将"反思过程"僵化为"4F"的顺序，即一定要按"事实""感受""发现""未来"顺序进行；相反地，我们应按经验及参与者的态度，选择适合的次序，有时甚至需要重复某些部分。毕竟我们需要的是令反省总结成为参与者的学习经验，王牌能让我们自由地及打破常规地进行各种不同的实验与尝试。

上文中的绘本故事《你很特别》除了能从"人与己"的维度启发参与者，还可以从"人与人"的维度出发，引导参与者树立爱人如己、尊重他人的价值观。在此，我们再次用《你很特别》这一绘本作为例子,看"4F"扑克经验反思法是如何帮助参与者内化合理"人与人"关系的,详见表7-2。

表7-2 "4F"扑克经验反思法在"人与人"关系中的应用

"4F"扑克经验反思法	具体提问
Facts(事实)	绘本故事中的胖哥想不想成为优秀的人?为此他做了哪些努力?回忆绘本故事,胖哥被贴上很多灰点点之后选择怎样做?他还像往常一样常常出门吗?伤心的胖哥后来去找了谁?伊莱对胖哥说了什么话
Feelings(感受)	如果你是胖哥,当别人无缘无故地向你贴灰点点,你的感受是怎样的?读完绘本后,你能想到被贴灰点点的人的感受是怎样的吗?听完伊莱的话你有什么样的感受
Findings(发现)	你为什么会有这样的感受呢?你是否也曾经在别人身上贴过灰点点?什么原因使你这样做?你从伊莱的话中学到了什么
Future(未来)	如果时光倒流,你还会给那个人贴灰点点吗?在未来与他人的相处过程中,你会注意些什么

当然,正如大小王牌所提示的那样,四个F之间的顺序,包括问题与问题之间的顺序不是一成不变的,而是要根据参与者的直观感受和态度有所变化,但是在整个解说过程中,实施者始终要铭记教学目标,灵活地将参与者向生命教育方向引导。

四、漏斗法

漏斗法运用不同层次的"漏斗",引导参与者由最初的经验回顾,逐步转化到生活中的实际行动。当中涉及的六个"漏斗"依次是:回顾(review)、回忆与记忆(recall & remember)、感受与影响(affect & effect)、综合(summation)、应用(application)、承诺(commitment)。

五、六阶段发问模式

Thiagi 提出的问题引导法亦是源于经验学习循环,以六条主要问题概括解说历程。不同于前三个解说模式,该解说模式首先关注的是参与者的感受,然后经由感受探寻引发感受的体验过程中的具体事实,继而总结经验所得,再将所得经验与其他类似经验相联系,最后通过行动性问题促进参与者将经验转化应用到未来情境中。六条主要问题包括：

感觉如何？（How did you feel?）
发生了什么？（What happened?）
学到些什么？（What did you learn?）
如何与其他经验联系？（How did it relate to other experience?）
假如……可以怎样？（What if…?）
下一步会如何？（What next?）

第二节 人际沟通技巧

流浪儿童的生命教育过程从某种程度上来说是一个实施者与流浪儿童之间进行建设性沟通的过程，而进行建设性沟通的重要前提是实施者与流浪儿童之间的关系是民主的、平等的、相互尊重和相互信任的。这意味着实施者在生命教育的整个开展过程中必须掌握一定的人际沟通技巧，并将这些技巧的使用贯穿在生命教育体验教学的整个过程中（包括讲解阶段、带领阶段和解说阶段），巧妙地向流浪儿童表达亲切和真诚，使他们感受到自己是时刻被接纳、被尊重的，进而同实施者一起毫无保留地投入生命教育之中，并从中有所收获。从这一点来看，可以发现流浪儿童的生命教育与社会工作的专业服务有异曲同工之妙，都是通过实施者运用一些沟通技巧向服务对象传递同感、真诚、亲切，以此来建立民主、平等的专业关系，并营造充满安全感和信任感的服务氛围，从而保证生命教育和社会工作专业服务的有效开展。因此，本书将借鉴社会工作专业服务中的人际关系技巧，并结合体验教学的要求和流浪儿童的群体特征，具体阐释流浪儿童生命教育实施者应该具备的人际沟通技巧。

第七章 实施流浪儿童生命教育的技巧

一、倾听技巧

倾听技巧是维持专业关系所使用的最基本的技巧。这类技巧是基于对流浪儿童独特性的尊重,也是信任流浪儿童有解决问题能力的表现。众所周知,流浪儿童在流浪过程中,常常会受到一些社会大众的偏见和歧视,其具有自卑特性的同时也十分渴望得到他人的尊重和关爱。实施者通过适当的肢体语言与口头语言,使流浪儿童感到被尊重、被理解、被接纳,从而诱发其学习动机,积极投入互动过程。这些基本的倾听技巧包括专注、鼓励与支持、复述和查证等。

具体来说,实施者在倾听时首先要做到的一点是"专注"。"专注"是指实施者要对流浪儿童的言语内容和非言语内容(包括音量、音调、身体、语言等)专注观察;同时实施者也要用语言及非语言的方式,把对流浪儿童的这种专注行为传达给流浪儿童,向其表明你在专心聆听并且努力贴近他的谈话内容,使流浪儿童感受到实施者的尊重和接纳,从而达到以下目的:鼓励流浪儿童去表达;让流浪儿童感到被接纳,使其心态处于放松状态;让流浪儿童感受到自己是沟通过程中的主角,从而促进其进行自我探索。在倾听的时候,实施者自然而又关切的眼神接触,专注式的身体语言,饱含情感的语音语调和对谈话内容的及时跟进都能传递出倾听的专注。

此外,实施者在倾听时还要适当给出鼓励与支持。这里的鼓励与支持是指实施者要在倾听的过程中用少量的话语去鼓励流浪儿童的表达,是传达同感和理解的一种重要方式,也是向流浪儿童表示自己在专注倾听的一种重要方式。目的之一是鼓励流浪儿童表达,培养其表达的能力和勇气。目的之二是设法激发流浪儿童的勇气,促使其继续去做促进沟通、建立关系、解决问题等行为。目的之三是支持流浪儿童去面对并超越心理障碍。目的之四是创造实施者与流浪儿童之间信任的沟通关系。鼓励与支持的重点在于"鼓励",是要让流浪儿童多说话和自由地、更深入地表达自己。因此,实施者要用少量的话语或非语言的方法去暗示对流浪儿童的关注。用言语鼓励时,实施者话语要尽量简洁,以免破坏

流浪儿童表述的连贯性,同时也避免批判和主观诠释,因此,以简单的短句作为回复最佳,比如:

  以"噢?""这样啊?""那之后呢?""还有呢?"等回答;
  重复谈话中的一两个关键词;
  回复"请告诉我多一些";
  使用"嗯""啊"等;
  简要地复述流浪儿童一段话的最后一句。

以上方法都是鼓励流浪儿童放下戒备之心,不用停顿和有所顾虑,尽管继续说下去,同时,也表示实施者正在留心聆听,并不想打断他的表达。除此之外,流浪儿童在与实施者交流时,会观察实施者的面部表情和身体动作的变化,因此,除了言语的鼓励之外,实施者还应该用小小的非语言来表达关注、兴趣与同感,以鼓励和支持流浪儿童的表达。小小的非语言鼓励包括:

  目光接触;
  前倾身体以表示感兴趣;
  不用无关的、多余的身体动作使流浪儿童分心;
  适当的手势;
  点头;
  有意地默不作声。

二、引导技巧

  流浪儿童生命教育的实施者在教学中主要扮演的是引导者的角色,这意味着实施者必须具备熟练的引导技巧,并用这些技巧去引导流浪儿童具体深入地解说、探讨自己的生命故事、生活经验、处境、问题及对人对事的感受等,循序渐进地领悟到生命教育的真谛。笔者认为这组技巧应该包括邀请、澄清、聚焦、摘要等,此外,实施者还应该在引导过程中适时地向流浪儿童提供资料,引导他们从多角度思

第七章 实施流浪儿童生命教育的技巧

考问题、解决问题。

在引导的过程中，实施者首先要具备的能力就是要能邀请流浪儿童参与到生命教育课堂中来。"邀请"是指实施者通过提问的方式邀请流浪儿童顺畅地把他们的处境、感受和过往经验等表达出来。一般是通过提问的方式实现，并且可以用开放式问题和封闭式问题来将实施者用于引导的提问进行分类。其中，开放式问题在引导过程中用得较多，因为以开放式的问题邀请流浪儿童探讨他们的问题，流浪儿童的回答不会受限于实施者的思想框架或思维模式，能有更多的空间表达自己想法，实施者也能获得更多流浪儿童的相关信息。当然，封闭式问题的使用在某些时候也是必要的，比如当实施者想获取流浪儿童真实客观的相关资料，或需要确定实施者的一些观点的时候。

通常情况下，开放式的邀请谈话会用到这些引导词："怎么""怎样""可以""为什么"，见表7-3。

表7-3 开放式的邀请谈话模式

开放式问题的类型	例子
"怎么"的问题："怎么"的问题可以用来引导流浪者谈论事情的实况和一个处境的细节	到底是什么事情让你感到心神不宁呢？
"怎样"的问题："怎样"的问题可以用来引导流浪儿童谈论事情发生的过程、先后的次序和当时的情绪反应	你对新的学习环境适应得怎么样？他哭泣时，你感觉怎么样？
"可以"的问题："可以"的问题是最开放的问题	可以谈一些你在流浪过程中遇到的困难吗？
"为什么"的问题："为什么"的问题虽然开放，有时却可能会将流浪儿童置于一个不得不为自己辩解的不安境地里。因为有些时候人们也不清楚自己做某些事的原因，因此也就无从为自己解释了。"为什么"的问题有时会让流浪儿童感到被盘问，因此实施者可以用其他类型的开放式问题来替代，然后在流浪儿童的回答中找到缘由	你为什么不喜欢你的老师呢？ 你为什么对你母亲生气呢？ 替代： 你的老师怎么样？ 你可否多谈一些你怎样与你母亲共处

封闭式问题和开放式问题的运用十分考验实施者对流浪儿童表达内容的把握和可深入信息的敏感度。运用不当的封闭式问题可能会使流浪儿童感到实施者对他的话兴趣索然，并且只顾事情的实况而不关心他的感受，因为非此即彼的封闭式问题往往会将实施者的观念和判断强加到流浪儿童的经验上，而不是去邀请流浪儿童谈话，给他们足够的空间

去表达自己。同时，开放式问题如果运用不当或范围较宽，可能会使流浪儿童在回答问题时感到模棱两可和不知所措。所以，不管是开放式问题还是封闭式问题，只有运用得当且符合时宜，才能真正邀请流浪儿童自由地倾谈。

澄清也是实施者在引导过程中需要做到的一点。"澄清"是指实施者引导流浪儿童对模糊不清的信息及不够清晰的陈述做出更详细的解说，使不够明确的信息转化为清楚、具体、深入的信息。此外，由于流浪儿童可能对自身的感受无法表达或表达不清，实施者可根据流浪儿童的情况，对其欲表达的信息加以解说和求证，这种情况也属于"澄清"。澄清的内容可能是澄清问题，使实施者对流浪儿童的问题有准确的了解；也可能是澄清流浪儿童的想法、感受、行动原因、经历的情景等；还可能是澄清语句、词汇、单字和非语言信息；也可能是澄清实施者自己的表达。澄清的主要目的之一是增进实施者对流浪儿童的了解。目的之二是协助流浪儿童做深入具体的自我探索，使其对自己想要表达的问题、面临的处境有较清楚的了解。目的之三是促使流浪儿童领会实施者所传达的信息。在运用该技巧时，实施者要掌握以下基本方法：

第一，可以用开放式的问题引导流浪儿童做出更多的表达。用封闭式问题来获取简单、明确的答案。

第二，可以直接邀请流浪儿童对模棱两可之处做必要补充或举例说明，也可以直接询问流浪儿童所使用的某些词汇、字的意思。

第三，实施者可以使用事例、资料，或以简单易懂的文句、词语，并配合非语言的姿态、动作，重新解说自己想要表达的信息。

引导的另一个技巧就是聚焦。"聚焦"是指将游离的话题、过于分散的谈论范围或几个同时提出来讨论的问题集中，指出重心所在，再继续进行讨论。它的目的是引导大家共同从某一方向来探讨问题，以更好地组织流浪儿童的谈话内容，使探讨更为深入，不会停留在似是而非、东拉西扯的环节中。在运用时，实施者首先需要注意的是要对谈话内容保持敏感性，留意谈话内容是否出现过于散乱、偏离话题、失去方向的情况。如果出现这种情况，实施者需把谈话的重点再次带回主题。在带回原来话题时，实施者不宜立即阻止或强行打断流浪儿童的说话，而应先就他们刚才的说话略作回应，使他们感到受尊重，然后再重申目前应关注的话题，把焦点带回主题上。其次，与主题有关的谈论往往都包含多个环节，分为若干层次，实施者可从微观角度进行提问，主动引导讨论朝某个方向进行。另外，在流浪儿童同时谈及好几个问题，而实施者需要把讨论聚焦的情况下，实施者应该尽量邀请流浪儿童参与决定问题讨论的先后次序、轻重缓急，而非由实施者单方面做出判断。

最后，实施者在引导的过程中还应该为流浪儿童提供信息。"提供资料"是将一些流浪儿童需要得知的资料传达给他们。这些资料可包括政府政策、社会服务、社区资源、机构服务、活动内容、游戏玩法、实施者的经验等。这对于流浪儿童的生命教育来说十分重要，因为生命教育体验教学的最终目的就是要让流浪儿童将从体验活动中所学到的经验转化应用到自己的未来生活当中。这就意味着流浪儿童还需要实施者提供有实用价值和可参考性的资料帮助他们改变行动、制订计划。因此，"提供资料"的目的主要在于协助流浪儿童得到他们需要知道的资料，了解他们所能运用的资源，而这些资料和资源将会有助于他们去考虑自己的情况，采取适当的行动，以达到参与活动、解决问题等目的。

三、反映技巧

"反映"是指实施者把自己代入流浪儿童的世界中看待事物并给出一定的反馈，从而使流浪儿童感受到实施者已进入他们的内心世界和思维之中。在这个过程中，实施者不单要注意流浪儿童的说话内容，还要十分留意流浪儿童表达的方式及表达时的情绪，因此，这一组技巧可包括内容反映、感受反映及经验反映。这一组技巧的使用，一方面可以让实施者了解流浪儿童的切身体会，表达同感和理解；另一方面也让流浪儿童感受到实施者对他们的深度关注，感受到实施者是了解流浪儿童、接纳流浪儿童的，进而备受鼓舞地去表达自己的想法及感受，并将"被明白、被接受的体验"拓展至其他环境之中。

"内容反映"是指实施者用比较少的篇幅、比较新鲜的字眼，指出流浪儿童所表达的主要见解。目的之一是帮助流浪儿童去澄清难以表达的部分。目的之二是使流浪儿童通过实施者的反映,更加准确地掌握他要表达的重点内容,从而加强流浪儿童沟通过程中的自我控制感。实施者在运用时要注意倾听流浪儿童的表达,并在以下情况可能需要采用内容反映技巧。

"感受反映"是实施者把自己"带入"流浪儿童所表达的感受中,如同亲身体验流浪儿童的经历一样,而后用简洁的反映来表达出对流浪儿童感受的了解。这种了解不仅包括流浪儿童直接表达的感受,还包括其言语和非言语信息中隐含的感受。感受反映的目的之一是帮助流浪儿童澄清模糊不清的感觉。目的之二是帮助流浪儿童归纳或澄清他们的感受,因为流浪儿童在同一时间内表达出来的感受有可能是完全相反或者充满矛盾的。目的之三是令流浪儿童觉得实施者能明白他们的感受,从而加强实施者与流浪儿童之间的信任关系。目的之四是使拥有同类感受的流浪儿童产生共鸣。实施者在运用感受反映时首先需要留意的是,实施者在对流浪儿童的感受进行"感同身受"时,自身可能体会到与流浪儿童相类似的感受,因此可能会有不舒服、伤痛的感觉。在这种情况下实施者要有控制自己情绪和避免移情的能力。

"经验反映"是指实施者在与流浪儿童进行一段较长时间的互动和沟通之后,在对流浪儿童有较全面认识的基础上,对流浪儿童的心路历程和过往经历进行综合反映。这包括反映流浪儿童的言语或行为,以及他们表达或暗示的非语言感受。经验反映的目的之一是帮助流浪儿童整合自己目前的状况,从而对自己有一个较为正确且全面的认识。目的之二是让流浪儿童感到实施者与他是同步的,感受到自己是被理解和接纳的。目的之三是让拥有类似经历的流浪儿童产生共鸣,进一步推动生命教育的有效开展。实施者在使用经验反映时需要注意的是,首先,实施者应反映流浪儿童已表达的行为、言语或情绪,经过验证无误后再尝试作综合性的经验反映。其次,除了反映个别流浪儿童的经验外,也要留意去反映流浪儿童作为一个整体的经验,保证每个流浪儿童的参与度。

要注意的一点是,在反映后,实施者要给予流浪儿童足够的空间去思考、分析或感受实施者的反映并等待他们给出回应。如果实施者观察到流浪儿童不能及时做出回应,首先应当表示理解和接纳,然后可帮助流浪儿童回忆思考时的现状、动机和感受，找到真实的回应。

四、影响技巧

影响技巧是一组对流浪儿童的认知、行为、感受可能会产生有力影响的技巧，它可能会给流浪儿童施加影响，促使其从新的层面去理解问题，或者采取其他方法去解决问题。这组技巧包括建议、教育、自我坦白、对质等。目的之一是协助流浪儿童从较深入的层面去理解自己的问题、经历、行为和内在感受。目的之二是协助流浪儿童学习正确的知识、技巧或生活经验，协助流浪儿童了解处理问题的方向和可行方法，从而提高其脱离困境的能力。目的之三是提供实施者的个人经验给流浪儿童参考，以便流浪儿童展开思考，谋求问题的解决方法。目的之四是协助流浪儿童去认识自己在个人言行、认知等方面存在的矛盾，从而改变造成流浪儿童生活障碍的因素。

"建议"是实施者在对流浪儿童的情况和问题有所了解的前提下，经过评估，根据自己的经验对流浪儿童提出的客观、中肯、具有建设性、有助于解决问题的意见。建议的目的是协助流浪儿童认识到可以用来处理自己的问题的方法，了解处理自身问题可选择的方向；增加流浪儿童做决定时可选择的范围；鼓励或劝阻流浪儿童的某些行为、想法或感受，促使流浪儿童采取有建设性的行动。虽然实施者的建议十分重要，但是实施者要避免过早提出建议，以免导致流浪儿童失去探究问题、思考解决方法的机会，更不能将自己的建议强加给流浪儿童，这会使流浪儿童反感，不再信任实施者。

"教育"是实施者基于本身的专业特长，把流浪儿童需要学习的知识和技巧传授给他们。在这里主要是指生命教育的相关知识，包括客观的生命知识及"天人物我"维度下的各种价值观念和意识形态。例如，教授流浪儿童人际沟通技巧。教育的目的在于协助流浪儿童获取对他们生活有所裨益的知识，从而提高生活能力，增进社会功能，进一步达到生命教育的目标。要注意的一点是，实施者应该以适合流浪儿童的学习方法或教学模式来教授，例如，绘本故事、经验分享、角色扮演等。并鼓励流浪儿童去思考有关知识和技巧与自身生活的相关性有多大，在生活中使用的可能性有多大，帮助他们内化所学知识和技巧。实施者最好能与流浪儿童进一步讨论所传达的知识和技巧应如何应用到实际生活中。

"自我坦白"是指实施者有选择地将亲身体会、处事方法和态度、对人对事的感受向流浪儿童坦白，使流浪儿童从实施者的经验中有所收获，找到处理自己问题的参考。自我坦白的目的之一在于引导流浪儿童从其他角度去思考问题或者参考别人的方法来解决自己的问题。目的之二是通过坦露来表示真诚和亲切，促进工作关系。如果流浪儿童知道实施者曾经历过与流浪儿童相似的处境，就会对实施者更有信心，因为他感到实施者可以真正理解他的经历、顾虑与心情。目的之三是树立坦诚沟通的榜样。实施者坦诚开放地把自己的经历、感受与流浪儿童分享，这种举动可作为正面榜样，带动流浪儿童去表露自己深层次的思想及内心的感受。需要注意的是，自我坦白之后实施者要引导流浪儿童就实施者所做的坦白进行讨论和分析，让流浪儿童去考虑这是否能作为他处理自己的问题的参考，以及如何参考。此外，要避免经常性地作自我坦白，因为这容易使实施者变成主要发言者，使谈论的焦点发生转移，从关注流浪儿童的问题转移到关注实施者的经历和个人资料上，忽视了流浪儿童的主体地位。

"对质"是实施者直接指出流浪儿童言谈、行为和感受上的不一致和矛盾之处，或者向流浪儿童提出挑战，要他去面对与现实不符的想法，改变缺乏建设性的、自相矛盾、自我打击的行为。对质的目的之一是协助流浪儿童去审视自己在认知、感受和行为上的矛盾。目的之二是协助流浪儿童检查自己对人、事的理解和要求，令他认识到自己的理解和要求与现实是有差距的。进行对质时，要持真诚与关怀的态度，不能带有任何的偏见和贬低去指出流浪儿童言行中出现矛盾或偏离现实的地方。让流浪儿童感受到实施者指出他们的不足之处，是因为想要真正帮助到他们，并不会因为发现了他们的缺点而嘲笑或抛弃他们。在使用对质后，要细心体察流浪儿童的感受。如有必要，要反映出他的感受或赞赏他的长处，让流浪儿童感到他是被接纳和被关怀的。一定要在此说明

第七章 实施流浪儿童生命教育的技巧

的一点是，对质是一个带有风险的技巧，尤其对于流浪儿童这一个本身就受过很多伤害的群体来说，用得好可以起到事半功倍的效果，用得不好很可能会对流浪儿童造成伤害，甚至摧毁实施者与流浪儿童之间已经建立起来的信任关系。所以，该技巧一定要在建立起信任关系后才可以使用，在对质过程中，如果流浪儿童认为实施者过分批评、排斥他，或许会为了自我保护而不断为自己辩护；如果流浪儿童感到被贬低，或许会加重他的失败感和无力感，导致他无力去改变自己。因此，对质是一个要谨慎运用的技巧。

总而言之，流浪儿童生命教育对实施者的专业性要求是很高的。首先，这种专业性体现在内在素养上。实施者要是一个身心健康的人，要拥有生命情怀，爱自己的生命，也爱他人的生命，并将这种生命情怀投射在生命教育事业中，坚持"以人的生命为本"的教育价值观；实施者要具备洞察和反思的能力，反思自己的教学方法，也反思自己和流浪儿童的生命状态；实施者要具备控制情感、抗击压力的能力，不让自己的负面情感影响流浪儿童与生命教育的开展，同时，能用自己强大的心理素质和抗逆力对抗生活和工作中的一切困境和挑战；实施者要具备较强的组织协调能力，能协调好流浪儿童的需求，并依据这些需求熟练地开展不同形式的生命教育活动，且在活动过程中能调动起流浪儿童的参与积极性；实施者也要具备创新能力，在使命感的驱动下总结流浪儿童生命教育的实施经验，钻研流浪儿童生命教育的更多可能性。其次，这种对实施者的专业性要求还体现在知识储备上。实施者首先要具备足够的理论知识，并用这些理论知识内化生命教育的教育价值观和指导流浪儿童生命教育的实践；实施者还要具备许多有助于生命教育开展的技巧。其中解说技巧在生命教育的体验教学中起着举足轻重的作用，实施者一定要熟练掌握不同的解说模式，并能够将它们灵活地运用在流浪儿童生命教育的实践之中；人际沟通技巧在生命教育中的运用也十分重要，它所涉及的倾听技巧、引导技巧、反映技巧和影响技巧有很强的实用性，能在生命教育的开展过程中起到催化剂的作用，因此，值得每一位实施者反复推敲、认真把握，恰当地运用在流浪儿童生命教育的整个过程之中。

第八章　流浪儿童生命教育的未来发展前景

自从重庆市某流浪未成年人救助保护中心用生命教育替代德育教育对流浪儿童进行教育救助以来，该中心教育矫治的效果得到了较大程度的提升。流浪儿童教育救助不再是实施者单方面的强制灌输，而变成了一个实施者和流浪儿童双方共同参与、主动投入的具有建设性意义的体验过程。在这个体验过程中，流浪儿童是一个个被接纳、被尊重的个体。在和实施者平等民主的相处模式中，他们对自我有了清晰的认识，进而能够欣赏自己、爱自己，建立起应对一切的勇气与信心。在这个教育过程中，流浪儿童的成长是由内产生的，且是潜移默化的。他们的生命观被撼动、被引领，抗逆力得到正向提升。因此，当他们再次回归家庭时，他们可以用更加强大的心理状态和价值观去迎接困境和挑战。不难看出，强调内在建构而非外在矫治的流浪儿童生命教育更能实现流浪儿童的教育救助目标，因此，流浪儿童生命教育值得在我国未成年人救助体系中推广。

任何事物的兴起和发展都离不开公共或社会对这一事物的需求。同样的道理，笔者认为流浪儿童的生命教育在未来是有很大的推广空间，因为它不仅能满足我国社会救助体系的发展趋势,也顺应了我国教育理念的转变方向。

一、流浪儿童生命教育符合我国社会救助体系的发展趋势

从中华人民共和国成立初期到计划经济时期,再到改革开放之后的市场经济体制建设时期,随着经济与社会结构的不断调整,我国的社会救助制度也在不断地发展和完善。2008年,《中华人民共和国社会救助法(征求意见稿)》认为,社会救助"是指国家和社会对依靠自身努力难以满足其生存基本需求的公民给予的物质帮助和服务。社会救助以居民最低生活保障为基本内容,并根据实际情况实施专项救助、自然灾害救助、临时救助以及国家确定的其他救助"。该征求意见稿较清晰地将我国社会救助的内容进行了归类,包括居民最低生活保障、专项救助、自然灾害救助和临时救助,并把大部分的社会弱势群体都包含在我国的社会救助网络之内,在一定程度上保障了弱势群体的基本生活,维护了我国的社会稳定。2014年,《社会救助暂行办法》推出,对救助内容做了进一步的划分和扩展,包括最低生活保障、特困人员供养、受灾人员救助、医疗救助、住房救助、教育救助、就业救助、临时救助,确立了完整清晰的社会救助制度体制。但是,随着我国经济的飞速发展,以及人民生活质量和福利意识的提升,现行的社会救助体系已经滞后于社会发展,逐渐显现出它的弊端所在。

首先,我国社会救助水平的层次较低。一直以来,社会救助的最低标准就是要保障居民的基本生活,而"基本生活"的标准应当与社会经济发展相适应。然而,随着近年来我国经济的飞速发展,"基本生活"的标准已经落后于经济发展水平,不再能够有效保证最低生活保障。其次,也是最重要的一点,目前我国的社会救助形式呈现被动性的特征。主要的社会救助主体仍旧是政府。在救助过程中,政府依据救助标准,将物质(主要是救助金)补发给符合救助条件的受助者。这一过程看似高效,能及时帮助受助者解决温饱等燃眉之急,但是缺乏救助的前瞻性。这种被动性的社会救助忽视了人的主动性,只是一种被动的、消极

式的"输血型救助",而不是强调内在能力建设的"造血式救助"。当受助者用完救助金后,其仍旧会因为缺乏主动摆脱困境的能力和信心而再度沦为弱势群体,再次成为政府资金救助的对象。在这种社会救助形式下,不仅政府的资金得不到有效利用,受助者"自救""自助"的发展权也得不到实现。总而言之,目前我国的社会救助具有明显的补缺性和济贫性的消极特征,不利于培养受助者自我发展的精神和改变现状的能力。

幸运的是,很多专家学者及政府部门已经开始认识到现行社会救助中的上述不足,开始将社会救助的部分重心从物质救助转移到能力救助、精神救助上来,开始关注人改变现状的主观能动性和积极性,提倡建立"以人为本""助人自助"的发展型社会救助体系,这里可以借鉴"发展型福利"这一概念加以理解。发展型福利强调受助者个人责任的重要性,鼓励个人要在取得福利受益资格的同时履行个人职责,通过政府提供的培训和教育机会来增能,从而解决因自身能力不足而产生的社会排斥问题。也就是说,在未来的发展型社会救助体系中,除了最基本的生活救助以外,社会救助主体除了要保障受助者的生存权,还要保障受助者的发展权,将社会救助的方式多元化,不仅要有物质救助,还要有精神救助、能力救助等能够促进受助者自身发展的救助形式。

流浪儿童的救助属于社会救助体系下的流浪乞讨人员救助,理应顺应我国社会救助的发展趋势,将"以人为本""助人自助"的发展型社会救助理念落实到救助过程中。事实也是如此,中华人民共和国成立以来,我国流浪儿童的救助观念已经由"救助—遣返"慢慢转变成"救济、教育和安置",教育在流浪儿童救助中的重要性得到了重视,各地也因此出现了不同的新型救助模式。比如郑州的"类家庭"模式、上海的"工读教育"模式。流浪儿童的生命教育在这样的社会背景下也是具备极大发展潜能的。首先,生命教育"以人的生命为本"的教育价值观与社会救助"以人为本"的救助理念是相契合的。流浪儿童的生命教育将流浪儿童看成一个个充满潜能的生命体,尊重流浪儿童的生存权、平等权、发展权等一切人权,并通过有目的、有计划地开展与生命有关的教育活动,培养流浪儿童珍惜生命、敬畏生命、热爱生命的生命意识,并引导流浪儿童认识到生命的意义,追求生命的价值,培养出积极向上的人生态度,实现心灵和精神救助。其次,流浪儿童的生命教育的教学效果是契合发展型社会救助的救助目的的。发展型社会救助的目的就是要通过物质救助、精神救助和能力救助帮助流浪儿童建立起面对困境的信心和战胜困难的能力。流浪儿童的生命教育强调内在建构,用平等民主的师生关系和体验式、参与式的教学模式,创设不同的情景,让流浪儿童在体验中思考,在思考中内化,从而从内在提升其抗逆力、心理素质等因素,增强其回归家庭和社会之后的抗压能力。

综上所述,流浪儿童的生命教育是符合我国社会救助体系的发展趋势的,因此它在未来具有巨大的发展空间,也值得全国更大范围内的推广。

二、流浪儿童生命教育顺应我国教育理念的转变方向

1977年,由于"文化大革命"的冲击中断了十年的中国高考制度得以恢复,决定以统一考试、择优录取的方式从当年的工人、农民、知青、复员军人、干部和应届高中毕业生中选拔人才上大学,我国由此迎来了尊重人才、尊重知识的春天,而后几十年至今,高考都是我国教育体制中选拔人才的最重要方式。一方面,高考的恢复为中国的发展提供了可靠的人力资源,推动了我国社会、经济在短时间内的飞速发展,使国家和人民意识到知识在 20 世纪的重要性;另一方面,高考选拔人才是通过公平公正的应试竞争方式推动社会纵向流动,给来自于较低社会阶层家庭的学生提供了通过学习改变自身和家族命运更大的可能性。综合高考给中国社会带来的上述积极影响,国家、家庭和学生对高考均极为重视,学习内容和教学方式都以考试成绩和排名为目标,以应试为导向,整个教育理念忽视学生的身心灵发展,呈现出明显功利主义价值取向,逐渐形成了应试教育的风气。后来,随着我国社会的发展,以及知识经济在 21 世纪初的不断显现,人们逐渐意识到只具备知识储备,不具备思想道德素质、心理素质、自我发展能力和创新能力的人才,很难适应社会发展,也很难满足 21 世纪经济社会对高素质综合性人才的需

流浪儿童生命教育的实践研究

求，于是，教育理念开始从"功利主义"的应试教育转变为"以人为本"的素质教育。

素质教育提倡"以人为本"，是一种以全面提高人的基本素质为根本目的，以人的个性为基础，尊重人的主体性和主动精神，注重开发人的智慧潜能，注重形成人的健全个性为根本特征的教育。因此，从内容上，"以人为本"的素质教育不再只关注智育，而是强调德智体美劳全面发展，重视学生的自我发展、身心健康、能力建设、思想道德、价值观念、品质精神；从教学形式上，"以人为本"的素质教育主张以个人为本位，认为学生才是教育活动中的主体，而教师只是充当引导者和协助者的角色，将学生看作是具有无限发展可能的个体，在学生的学习生涯中激发学生的学习主动性和积极性，指导学生的发展路向，最终实现学生的共性发展和共性基础上的个性发展。不难看出，素质教育下的学生身心灵的发展都较为强大和成熟，因而在竞争激烈的当今社会会显现出更强的适应力和创造力。

教育在流浪儿童救助中所发挥的重要作用已经得到普遍的认可，而对于流浪儿童教育类型的选择却是一个值得思考的问题。首先，对流浪儿童的教育要符合我国教育理念的发展趋势。其次，对流浪儿童的教育也要符合流浪儿童这一特殊群体的群体特征。毫无疑问，生命教育满足了以上两个要求。很多专家学者在对生命教育进行归类的时候，都会把生命教育归纳为素质教育。因为，同素质教育一样，生命教育也强调"以人为本"，甚至是更为具体的"以人的生命为本"的教育理念。生命教育认为教育应该以"全人教育"为目标，不应该拘泥于单纯的技能学习，而应该在多元文化共存共荣的和平世界里使人的生命、权利获得应有的尊严和认同，使人与己、人与人、人与社会、人与环境的和谐得以可持续的发展。可见，生命教育的教育理念和素质教育的教育理念是有异曲同工之妙的。此外，生命教育不同于传统教育的知识"填鸭"，而是强调通过充满生命活力的生命体验过程，实现身心灵的内在成长。这不仅适合流浪儿童的文化水平和现实需求，也与素质教育的教学目标不谋而合。

综上可知，流浪儿童生命教育的存在是具有合理性的。它满足我国

第八章　流浪儿童生命教育的未来发展前景

社会救助体系对能力救助的要求，也顺应了我国教育理念由"功利主义"的应试教育向"以人为本"的素质教育过渡的事实。因此，各地未成年人救助保护中心应该对生命教育及其能对流浪儿童产生的重要作用进行深入了解和探究，并将其引进当地的流浪儿童救助体系之中，将会增强流浪儿童的救助效果。

参考文献

一、中文文献

1. 著作

陈向明：《质的研究方法与社会科学研究》，北京：教育科学出版社，2000年。

冯建军：《生命与教育》，北京：教育科学出版社，2004年。

冯契：《哲学大辞典》，上海：上海辞书出版社，1992年。

甘炳光：《小组游戏的带领技巧——从概念到实践》，香港：香港城市大学出版社，2010年。

葛力：《现代西方哲学辞典》，北京：求实出版社，1990年。

黄应全：《死亡与解脱》，北京：作家出版社，1997年。

刘济良：《生命教育论》，北京：中国社会科学出版社，2004年。

刘梦：《小组工作》，北京：高等教育出版社，2014年。

欧巧云：《当代大学生生命教育研究》，北京：知识产权出版社，2008年。

史柏年主编：《社会保障概论》，北京：高等教育出版社，2012年。

王名、刘培峰等：《民间组织通论》，北京：时事出版社，2004年。

王思斌：《社会工作导论》，北京：北京大学出版社，2012年。

张曙光：《生存哲学：走向本真的存在》，昆明：云南人民出版社，2002年。

张曙光：《制度·主体·行为——传统社会主义经济学反思》，北京：中国财政经济出版社，1999年。

张素玲，巴兆成，秦敬民主编：《生命教育》，东营：中国石油大学出版社，2007年。

郑晓江：《生命教育》，北京：开明出版社，2012年。

（美）Dennis Seleebey 编著，李亚文、杜立婕译：《优势视角社会工作实践的新模式》，上海：华东理工大学出版社，2004年。

（美）杰·唐纳·华特士，林莺译：《生命教育:与孩子一同迎向人生挑战》，成都：四川大学出版社，2006年。

（英）Jean McNiff, Pamela Lomax, Jack Whitehead 著，吴美枝、何礼恩译：《行动研究——生活实践家的研究锦囊》，嘉义：涛石文化事业有限公司，2006年。

2. 期刊论文

安怀世：《流浪儿童问题的国际背景和干预途径》，《社会福利》2002年第10期。

毕伟：《流浪儿童救助保护体系的模式探索》，《当代青年研究》2011年第6期。

程红艳：《教育的起点是人的生命》，《现代教育论丛》2003年第5期。

黛安娜·库图：《有一种力量叫复原力》，《商业评论》2003年第7期。

冯建军，武秀霞：《生命教育：研究与评论》，《中国德育》2008年第8期。

冯建军：《生命教育的内涵与实施》，《思想理论教育》2006年第11期。

冯元，彭华民：《我国流浪儿童救助模式的转向研究——基于抗逆力理论的视角》，《江苏大学学报》（社会科学版）2014年第5期。

冯元：《流浪儿童福利发展的阶段特征与动力因素》，《重庆社会科学》2013年第12期。

冯元：《转型期流浪儿童救助服务创新探讨——基于福利多元主义视角》，《长白学刊》2013年第1期。

凤阳阳：《我国流浪儿童救助现状评估——从儿童福利政策视角》，《商界论坛》2014年第1期。

顾宏翔，金钊，李争争：《儿童流浪行为的心理原因分析》，《社会福利》（理论版）2012年第12期。

关颖：《城市流浪儿童的家庭问题和社会干预》，《青年研究》2008年第2期。

胡燕琴：《2004年国内主要教育期刊生命教育研究新进展》，宁波大学学报（教育科学版）2005年第4期。

黄渊基：《生命教育的缘起和演进》，《求索》2014年第8期。

鞠青：《启动制约流浪儿童救助瓶颈》，《社会福利》2004年第2期。

卡尔·罗杰斯：《关于教学和学习的若干个人想法》，《外语教育资料》1984年第2期。

李颖：《生命教育理念的前提反思》，《东北师范大学学报》（哲学社会科学版）2011年第6期。

刘慧：《生命教育的涵义、性质与主题——基于生命特性的分析》，《南昌大学学报》（人文社会科学版）2012年第2期。

刘日飞：《社会工作在流浪儿童救助中的介入及其意义》，《福建行政学院学报》2011年第1期。

刘玉兰：《西方抗逆力理论：转型、演进、争辩和发展》，《国外社会科学》2011年第6期。

柳延延：《现代人的精神追求》，《上海师范大学学报》（哲学社会科学版）2001年第3期。

马巧娜，陈丽君：《优势视角理论对中职生个性化发展的探讨》，《教育论坛》2015年第2期。

马庆钰，贾西津：《中国社会组织的发展方向与未来趋势》，《国家行政学院学报》2015年第4期。

沈之菲：《抗逆力：一种重要的心理品质》，《思想理论教育》2010年第18期。

释宗惇，释慧岳，陈庆余，等：《癌末病人受苦的意义与灵性照顾》，《安宁疗护》2007 年第 1 期。

孙莹：《儿童流浪行为分析及其干预策略》，《中国青年政治学院学报》2005 年第 6 期。

田国秀，赵军：《高危青少年问题行为分析及介入策略——基于隐性抗逆力视角的思考》，《首都师范大学学报》（社会科学版）2014 年第 2 期。

王丹丹，凤阳阳：《流浪儿童生命教育的行动研究》，《湖北民族学院学报》（哲学社会科学版）2016 年第 1 期。

王君健，薛小勇，董凌芳：《社会工作视阈下的抗逆力解读》，《社会工作》（下半月）2010 年第 5 期。

王平：《生命教育的内涵、实践现状及其应然之路》，《教育科学论坛》2011 年第 1 期。

王文伦：《生命教育的功能定位与实施形态》，《当代教育科学》，2010 年第 6 期。

王文伦：《生命教育的功能定位与实施形态》，《当代教育科学》2010 年第 6 期。

王学风：《中小学生命教育论纲》，《教书育人》2003 年第 1 期。

谢琼：《新时期流浪儿童的十大特征——对北京市未成年人救助保护中心的调查》，《中国民政》2007 年第 2 期。

辛继湘：《试论体验性教学模式的建构》，《高等教育研究》2005 年第 3 期。

熊坚：《和谐社会岂能让流浪儿童还再流浪？——从首宗强迫乞讨案说起》，中国行政管理学会：《"构建和谐社会与深化行政管理体制改革"研讨会暨中国行政管理学会 2007 年年会论文集》，北京：中国行政管理学会，2007 年。

许世平：《生命教育及层次分析》，《中国教育学刊》2002 年第 4 期。

薛在兴：《流浪儿童机构救助的困难、困惑与思考》，《中国青年研究》2006 年第 5 期。

薛在兴：《流浪儿童问题研究述评》，《中国青年政治学院学报》2009

年第6期。

薛在兴：《社会排斥理论与城市流浪儿童问题研究》，《青年研究》2005年第10期。

严海波，隋树霞，徐成：《关注中国城市流浪儿童——徐州市流浪儿童状况调查》，《青年研究》2005年第2期。

杨静：《朝向人性化改变的理论——〈受压迫者教育学〉的解读及对社会工作的启示》，《中国农业大学学报》（社会科学版）2017年第3期。

杨雄，刘程：《关于学校、家庭、社会"三位一体"教育合作的思考》，《社会科学》2013年第1期。

杨兆山：《关于人的全面发展的几点认识——兼论马克思人的全面发展思想的时代价值》，《东北师范大学学报》2003年第3期。

叶平之：《生命教育视野下的教师素质建构》，《教育科学》2004年第2期。

余林梁：《开展生命教育，提高大学生的人文素质》，《中山大学学报论丛》2003年第3期。

张冲：《大学生生命教育的意义及实施》，《江苏广播电视大学学报》2007年第6期。

张明锁等：《建立适度普惠型的流浪儿童救助服务体系——以某省流浪儿童救助保护中心为例》，《社会工作》2013年第4期。

赵维泰：《关于中国流浪儿童问题的调查分析》，《中州学刊》2005年第4期。

郑崇珍：《生命教育的目标与策略》，《上海教育科研》2002年第10期。

郑德俊，高凤华：《高校人文社会科学科研绩效评价指标体系构建》，《科技进步与对策》2009年第7期。

钟宇慧：《香港抗逆力辅导工作及其启示——以"成长的天空"计划为例》，《广东青年干部学院学报》2009年第3期。

周碧岚：《复原力研究的进展与方向》，《求索》2004年第10期。

朱虹：《青少年抗逆力的研究及其培养》，《全球教育展望》2013年第9期。

3. 学位论文

冰宁：《城市中流浪的新疆小"扒手"》，上海：华东师范大学硕士学位论文，2008年。

曾琼：《我国流浪儿童救助问题研究》，南昌：江西财经大学硕士学位论文，2012年。

崔嘉瑛：《成都市流浪儿童流浪原因研究》，成都：西南交通大学硕士学位论文，2015年。

崔淑慧：《文化视阈下的青少年生命教育研究》，开封：河南大学硕士学位论文，2013年。

戴昀：《青少年体验式生命教育研究》，漳州：闽南师范大学硕士学位论文，2015年。

杜志悦：《基于绘本的儿童生命教育实验研究》，临汾：山西师范大学硕士学位论文，2014年。

冯元：《流浪儿童需要与机构救助研究》，南京：南京大学硕士学位论文，2013年。

关傲然：《流浪儿童救助模式若干问题研究》，武汉：华中师范大学硕士学位论文，2012年。

郭平：《青少年生命教育现状研究》，上海：华东师范大学硕士学位论文，2009年。

黄建春：《论生命教育的背景及实施》，福州：福建师范大学硕士学位论文，2005。

黄艳：《孔子生命教育思想研究》，郑州：郑州大学硕士学位论文，2013年。

刘日飞：《城市流浪儿童救助保护研究——以广州市为观察对象》，广州：中共广东省委党校硕士学位论文，2013年。

辛继湘：《体验教学研究》，重庆：西南师范大学硕士学位论文，2003年。

杨业：《提升单亲家庭儿童抗逆力的实务研究》，苏州：苏州大学硕士学位论文，2015年。

张静:《流浪儿童救助政策的执行研究》,南京:南京大学硕士学位论文,2014年。

张美云:《生命教育》,武汉:华中师范大学硕士学位论文,2003年。

张美云:《生命教育的理论与实践探究》,上海:华东师范大学博士学位论文,2006年。

张娜:《生命教育理论研究》,长春:东北师范大学硕士学位论文,2004年。

郑颖虹:《宁波市流浪儿童救助多方合作模式研究》,上海:同济大学硕士学位论文,2008年。

周俊:《当代中国城市流浪儿童社会救助现状及路径研究》,南昌:南昌大学硕士学位论文,2012年。

二、英文文献

1. 专著

A.S.Ann Masten,Resilience in individual development:Successful adaptation despite risk and adversity,Margaret C Wang and Edmund W.Gordon,*Educational Resilience inner-city:Challenges and Prospects*,New York:Loutledge,1994.

E.J.Anthony,The syndrome of the psychologically invulnerable child,In E.J.Anthony and C.Koupernik,*The Child and his Family*,New York:Wiley,1974.

J.K.Felsman,Risk and resiliency in childhood:The lives of street children,In T.F.Dugan and R.Codes,*The child in our times:Studies in the development of resiliency*,New York:Brunner-Mazel,1989.

M.W.Fraser,*Risk and resilience in childhood:an Ecological Perspective*,Washington,DC:The NASW Press,2004.

Michael Ungar,*Handbook for Working with Children and Youth:Pathway to Resilience Across Cultures and Contexts*,London:SAGE Publications,2005.

N.Garment,Stres resistant children:the search for protective factors,J.Stevenson,

Recent Research in Developmental Psychopathology,Oxford:Pergamon Press,1985.

S.Dennis,*The strengths Perspective in Social Work Practice*,London:Longman Pub Group,1996.

2. 期刊

Melissa S.Harris et al,Community reinsertion success of street children programs in Brazil and Peru,*Children and Youth Services Review*,Vol.33,No.5,2011,pp.723-731.

N.F.Watt et al,The Life Course of Psychological Resilience:A Phenomenological Perspective on Deflecting Life's Slings and Arrows,*Journal of Primary Prevention*,Vol.15,No.3,1995,pp.209-246.

N.Garmezy,children in Poverty:Resilience Despite Risk,*Psychiatry*,Vol.56,No.1,1993,pp.127-136.

N.Garmezy,Resilience in Children's Adaptation to Negative Life Events and Stressed Environments,*Pediatric Annals*,Vol.20,No.9,1989,pp.459-460,pp.463-466.

R.B.William,The Role of Self-understanding in Resilience Individuals:The Development of a Perspective,*American Journal of Orthopsychiatry*,Vol.59, No.2,1989,pp.266-278.

R.D.Everall,K.Jessica,Altrows and Barbara L.pauson,Creating a future:A study of resilience in suicidal Female adolescents,*Journal of counseling & development*,Vol.84,Issue4,2006,pp.461-470.

Rutter M,Pathways from children to adult life,*Journal of Child Psychology and Psychiatry*,Vol.30,Issue1,1989,pp.23-51.

S.S.Luthar and E.Zigler,Vulnerability and Competence:A Review of Research on Resilience in Childhood,*American Journal of Orthopsychiatry*,Vol.61,No.1,1991,pp.6-22.

S.Howard,J.Dryden,B.Johnson Source,Childhood Resilience:Review and Critique of Literature,*Oxford Review of Education*,Vol.25,No.3,1999,pp.307-323.

附录一　Piers-Harris 儿童自我意识量表（PHCSS）

姓名_____　性别____　年龄____　年级_____

　　下面有 80 个问题,是了解你是怎样看待你自己的。请你决定哪些问题符合你的实际情况,哪些问题不符合你的实际情况。如果你认为某一个问题符合或基本符合你的实际情况,就在答卷纸上相应的题号后的"是"字上划圈,如果不符合或基本不符合你的实际情况,就在答卷纸上相应的题号后的"否"字上划圈。对于每一个问题你只能作一种回答,并且每个问题都应该回答。请注意,这里要回答的是你实际上认为你怎样,而不是回答你认为你应该怎样。填时请不要在表上涂改,填完后连同本表一同交回。

1. 我的同学嘲弄我　　　　　　　　　　　　　是　　否
2. 我是一个幸福的人　　　　　　　　　　　　是　　否
3. 我很难交朋友　　　　　　　　　　　　　　是　　否
4. 我经常悲伤　　　　　　　　　　　　　　　是　　否
5. 我聪明　　　　　　　　　　　　　　　　　是　　否

附录一　Piers-Harris 儿童自我意识量表（PHCSS）

6. 我害羞　　　　　　　　　　　　　　　是　　否
7. 当老师找我时，我感到紧张　　　　　　是　　否
8. 我的容貌使我烦恼　　　　　　　　　　是　　否
9. 我长大后将成为一个重要的人物　　　　是　　否
10. 当学校要考试时，我就烦恼　　　　　是　　否
11. 我和别人合不来　　　　　　　　　　是　　否
12. 在学校里我表现好　　　　　　　　　是　　否
13. 当某件事做错了常常是我的过错　　　是　　否
14. 我给家里带来麻烦　　　　　　　　　是　　否
15. 我是强壮的　　　　　　　　　　　　是　　否
16. 我常常有好主意　　　　　　　　　　是　　否
17. 我在家里是重要的一员　　　　　　　是　　否
18. 我常常想按自己的主意办事　　　　　是　　否
19. 我善于做手工劳动　　　　　　　　　是　　否
20. 我易于泄气　　　　　　　　　　　　是　　否
21. 我的学校作业做得好　　　　　　　　是　　否
22. 我干许多坏事　　　　　　　　　　　是　　否
23. 我很会画画　　　　　　　　　　　　是　　否
24. 在音乐方面我不错　　　　　　　　　是　　否
25. 我在家表现不好　　　　　　　　　　是　　否
26. 我完成学校作业很慢　　　　　　　　是　　否
27. 在班上我是一个重要的人　　　　　　是　　否
28. 我容易紧张　　　　　　　　　　　　是　　否
29. 我有一双漂亮的眼睛　　　　　　　　是　　否
30. 在全班同学面前讲话我可以讲得很好　是　　否
31. 在学校我是一个幻想家　　　　　　　是　　否
32. 我常常捉弄我的兄弟姐妹　　　　　　是　　否
33. 我的朋友喜欢我的主意　　　　　　　是　　否
34. 我常常遇到麻烦　　　　　　　　　　是　　否
35. 在家里我听话　　　　　　　　　　　是　　否

36. 我运气好	是	否
37. 我常常很担忧	是	否
38. 我的父母对我期望过高	是	否
39. 我喜欢按自己的方式做事	是	否
40. 我觉得自己做事丢三落四	是	否
41. 我的头发很好	是	否
42. 在学校我自愿做一些事	是	否
43. 我希望我与众不同	是	否
44. 我晚上睡得好	是	否
45. 我讨厌学校	是	否
46. 在游戏活动中我是最后被选入的成员之一	是	否
47. 我常常生病	是	否
48. 我常常对别人小气	是	否
49. 在学校人同学们认为我有好主意	是	否
50. 我不高兴	是	否
51. 我有许多朋友	是	否
52. 我快乐	是	否
53. 对大多数事我不发表意见	是	否
54. 我长得漂亮	是	否
55. 我精力充沛	是	否
56. 我常常打架	是	否
57. 我与男孩子合得来	是	否
58. 别人常常捉弄我	是	否
59. 我家里对我失望	是	否
60. 我有一张令人愉快的脸	是	否
61. 当我要做什么事时总觉得不顺心	是	否
62. 在家里我常常被捉弄	是	否
63. 在游戏和体育活动中我是一个带头人	是	否
64. 我笨拙	是	否
65. 在游戏和体育活动中我只看不参加	是	否

66. 我常常忘记我所学的东西　　　　　　　　是　　否
67. 我容易与别人相处　　　　　　　　　　　是　　否
68. 我容易发脾气　　　　　　　　　　　　　是　　否
69. 我与女孩子合得来　　　　　　　　　　　是　　否
70. 我喜欢阅读　　　　　　　　　　　　　　是　　否
71. 我宁愿独自干事，而不愿与许多人一起做事情　是　　否
72. 我喜欢我的兄弟姐妹　　　　　　　　　　是　　否
73. 我的身材好　　　　　　　　　　　　　　是　　否
74. 我常常害怕　　　　　　　　　　　　　　是　　否
75. 我总是跌坏东西或打坏东西　　　　　　　是　　否
76. 我能得到别人的信任　　　　　　　　　　是　　否
77. 我与众不同　　　　　　　　　　　　　　是　　否
78. 我常常有一些坏的想法　　　　　　　　　是　　否
79. 我容易哭叫　　　　　　　　　　　　　　是　　否
80. 我是一个好人　　　　　　　　　　　　　是　　否

量表内容及评分方法

儿童自我意识量表是美国心理学家 Piers 及 Harris 于 1969 年编制、1974 年修订的儿童自评量表，主要用于评价儿童自我意识的状况，可用于临床问题儿童的自我评价及科研，也可作为筛查工具用于调查。该量表在国外应用较为广泛，信度与效度较好。2001 年由中南大学精神卫生研究所苏林雁教授联合国内 20 多家单位，将此量表进行了标准化并制定了全国常模，现已被用于儿童青少年行为、情绪的研究。儿童自我意识反映了儿童对自己在环境和社会中所处地位的认识，也反映了评价自身的价值观念，是个体实现社会化目标、完善人格特征的重要保证。如果在发育过程中受内外因素的影响，儿童的自我意识出现不良倾

向,则会对儿童的行为、学习和社会能力造成不良影响,使儿童的人格发生偏异。

PHCSS 含 80 项是否选择型测题,适用于 8—16 岁儿童。分六个分量表,即行为、智力与学校情况、躯体外貌与属性、焦虑、合群、幸福与满足,并计算总分。采用统一指导语,由儿童根据问卷自己在答卷上填写。可以个别进行,也可以团体进行。主试者根据记分键计分。本量表为正性记分,凡得分高者表明该分量表评价好,即无此类问题,如"行为"得分高,表明该儿童行为较适当,"焦虑"得分高,表明该儿童情绪好,不焦虑,总分得分高则表明该儿童自我意识水平较高。

各项目标准答案如下

1.否	11.否	21.是	31.否	41.是	51.是	61.否	71.否
2.是	12.是	22.否	32.否	42.是	52.是	62.否	72.是
3.否	13.否	23.是	33.是	43.是	53.否	63.是	73.是
4.否	14.否	24.是	34.否	44.是	54.否	64.否	74.否
5.是	15.是	25.否	35.是	45.否	55.是	65.是	75.否
6.是	16.是	26.是	36.是	46.否	56.否	66.是	76.是
7.否	17.是	27.是	37.否	47.是	57.是	67.是	77.否
8.是	18.否	28.否	38.否	48.否	58.否	68.否	78.否
9.是	19.是	29.是	39.是	49.是	59.否	69.是	79.否
10.否	20.否	30.是	40.否	50.否	60.是	70.是	80.是

各分量表组成如下

行为	12	13	14	21	22	25	34	35	38	45
	48	56	59	62	78	80				
智力与学校情况	5	7	9	12	16	17	21	26	27	30
	31	33	42	49	53	66	70			
躯体外貌与属性	5	8	15	29	33	41	49	54	57	60
	63	69	73							
焦虑	4	6	7	8	10	20	28	37	39	40
	43	50	74	79						
合群	1	3	6	11	40	46	49	51	58	65

附录一　Piers-Harris 儿童自我意识量表（PHCSS）

```
                     69  77
幸福与满足      2   8   36  39  43  50  52  60  67  80
总分            从 1 到 80 相加
```

划界分的制定：划界分下界为各分量表及总分第 30 百分位，低于 30 百分为自我意识水平偏低；用>第 70 百分位作划界分上界时灵敏度仅 6%，究其原因，我国异常儿童未表现为 PHCSS 得分高，相反许多在学校较为优秀的学生及学生干部 PHCSS 得分较高，可能反映了这类儿童对自己要求高，至于是否对挫折的耐受能力不足尚有待进一步研究。暂时不推荐用第 70 百分位作为自我意识水平过高的划界分。各年龄组划界分见附表 1。

附表 1　PHCSS 各年龄组划界分

年龄	8—12 岁（男）n=503	13—16 岁（男）n=343	8—12 岁（女）n=506	13—16 岁（女）n=346
行为	11—16	11—16	12—16	12—16
智力与学校	9—17	9—17	9—17	9—17
躯体外貌	6—13	7—13	6—13	6—13
焦虑	8—14	8—14	8—14	8—14
合群	7—12	8—12	8—12	9—12
幸福与满足	7—10	7—10	7—10	7—10
总分	49—80	51—80	52—80	53—80

附录二 一般自我效能感量表（GSES）简介

自我效能感是指个体对自己面对环境中的挑战能否采取适应性的行为的知觉或信念。一个相信自己能处理好各种事情的人，在生活中会更积极、更主动。这种"能做什么"的认知反映了一种个体对环境的控制感。因此自我效能感是以自信的理论看待个体处理生活中各种压力的能力。一般自我效能感量表由德国柏林自由大学的著名临床和健康心理学家 Ralf Schwarzer 教授编制。请仔细阅读下面的一些描述，每个描述后有四个选项，请根据真实情况，在最符合您情况的一项上打√。

选项：完全不正确　尚算正确　多数正确　完全正确

1. 如果我尽力去做的话，我总是能够解决问题的。□□□□
2. 即使别人反对我，我仍有办法取得我所要的。□□□□
3. 对我来说，坚持理想和达成目标是轻而易举的。□□□□
4. 我自信能有效地应付任何突如其来的事情。□□□□
5. 以我的才智，我定能应付意料之外的情况。□□□□
6. 如果我付出必要的努力，我一定能解决大多数的难题。□□□□
7. 我能冷静地面对困难，因为我信赖自己处理问题的能力。□□□□

附录二 一般自我效能感量表（GSES）简介

8. 面对一个难题时，我通常能找到几个解决方法。☐☐☐☐
9. 有麻烦的时候，我通常能想到一些应付的方法。☐☐☐☐
10. 无论什么事在我身上发生，我都能够应付自如。☐☐☐☐

记分方法
完全不正确 1
尚算正确 2
多数正确 3
完全正确 4

1—10 你的自信心很低，甚至有点自卑，建议经常鼓励自己，相信自己能行，正确地对待自己的优点和缺点，学会欣赏自己。

10—20 你的自信心偏低，有时候会感到信心不足，找出自己的优点，承认它们，欣赏自己。

20—30 你的自信心较高。

30—40 你的自信心非常高，但要注意正确看待自己的缺点。

后　　记

对于我而言，本书的写作既是一段研究经历，也是一个尝试和挑战，更是理论知识和实践智慧的融合和碰撞，还是一种超越自我的过程。这一切应当归功于一路上给予我支持与鼓励的师长和亲朋好友。

首先，感谢重庆市救助管理站未成年人救助保护中心。感谢你们给予的信任和空间，让我有机会将生命教育课程内容和方法带给流浪儿童。感谢傅金国站长、王利亚副站长、社会工作科副科长文小丽在流浪儿童生命教育实施过程中给予的帮助和鼓励。

其次，感谢我的学生。因为有你们参与课题研究，我们可以一起为流浪儿童提供生命教育和研究的素材。特别感谢凤阳阳、谭鑫、金玉、李培鑫、刘川钰在前期成果收集和后期资料整理归纳中付出的努力。

再次，感谢流浪儿童。我们在实践研究中发现了你们的潜能，感受到你们在逆境中面对生活的信心和勇气。

然后，感谢我所学的专业，在我面对流浪儿童时能够坚定自己的信念，在行动研究中保持尊重和理解的态度，在书写中秉持平等化和非评判的理念。

后　记

最后，我要衷心感谢支持和帮助我的领导，感谢专家的指点和同行的帮助与鼓励。

王丹丹

2018年3月